Relações de gênero e
trabalho: história e teoria

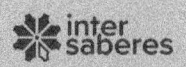

inter saberes

inter saberes

Rua Clara Vendramin, 58 . Mossunguê . CEP 81200-170 . Curitiba . PR . Brasil
Fone: (41) 2106-4170 . www.intersaberes.com . editora@editoraintersaberes.com

Conselho editorial
　Dr. Alexandre Coutinho Pagliarini
　Dr.ª Elena Godoy
　Dr. Neri dos Santos
　Dr. Ulf Gregor Baranow
Editora-chefe
　Lindsay Azambuja
Gerente editorial
　Ariadne Nunes Wenger
Assistente editorial
　Daniela Viroli Pereira Pinto
Preparação de originais
　Palavra Arteira Edição
　e Revisão de Textos

Edição de texto
　Caroline Rabelo Gomes
　Millefoglie Serviços de Edição
Capa
　Charles L. da Silva (*design*)
　EAKARAT BUANOI/Shutterstock (imagem)
Projeto gráfico
　Bruno de Oliveira
Diagramação
　Fabio Vinicius da Silva
Designer responsável
　Charles L. da Silva
Iconografia
　Regina Claudia Cruz Prestes

Dados Internacionais de Catalogação na Publicação (CIP)
(Câmara Brasileira do Livro, SP, Brasil)

Machado, Bárbara Araújo
　Relações de gênero e trabalho : história e teoria / Bárbara Araújo Machado, Camila Fernandes Pinheiro. -- Curitiba : Editora Intersaberes, 2022.

　Bibliografia.
　ISBN 978-65-5517-089-4

　1. Discriminação de gênero no trabalho 2. Feminismo – Aspectos sociais 3. Identidade de gênero 4. Mulheres – Emprego – Condições sociais 5. Mulheres negras – Condições sociais I. Pinheiro, Camila Fernandes. II. Título.

22-122129　　　　　　　　　　　　　　　　　　　　CDD-305.42

Índices para catálogo sistemático:
1. Mulheres : Trabalho : Sociologia　305.42

Cibele Maria Dias – Bibliotecária – CRB-8/9427

1ª edição, 2022.
Foi feito o depósito legal.
Informamos que é de inteira responsabilidade das autoras a emissão de conceitos.
Nenhuma parte desta publicação poderá ser reproduzida por qualquer meio ou forma sem a prévia autorização da Editora InterSaberes.
A violação dos direitos autorais é crime estabelecido na Lei n. 9.610/1998 e punido pelo art. 184 do Código Penal.

Relações de gênero e trab
história e t

Bárbara Araújo M
Camila Fernandes P

Sumário

9 *Apresentação*
15 *Como aproveitar ao máximo este livro*

Capítulo 1
19 O que é gênero?

(1.1)
21 O que veio antes do conceito de gênero?

(1.2)
29 Por uma história das mulheres?

(1.3)
33 A constituição dos estudos de gênero

(1.4)
42 Conceito de gênero

(1.5)
54 Gênero e feminismos

Capítulo 2
67 **Exploração do trabalho, dominação e opressão das mulheres**

(2.1)
69 Gênero, trabalho e classe social

(2.2)
74 Primeiras articulações entre gênero, trabalho e classe

(2.3)
83 Exploração, dominação e opressão

(2.4)
91 Trabalho doméstico: um debate histórico

(2.5)
99 Abordagens atuais: a teoria da reprodução social

Capítulo 3
113 **Mulheres e relações de sexo/gênero: as discussões na França**

(3.1)
115 Contexto histórico da França após a Segunda Guerra Mundial

(3.2)
118 O debate francês dos anos 1960-1970

(3.3)
127 A classe operária tem dois sexos: divisão sexual do trabalho

(3.4)
136 Feminismos materialistas

Capítulo 4
159 Feminismos negros e a articulação entre gênero, raça e classe

(4.1)
161 Gênero, raça e classe

(4.2)
164 Angela Davis: mulheres, raça e classe

(4.3)
168 bell hooks e Audre Lorde: feminismo da margem ao centro

(4.4)
173 O conceito de interseccionalidade

(4.5)
178 Patricia Hill Collins: o pensamento feminista negro como epistemologia

Capítulo 5
189 Gênero, raça e classe no Brasil

(5.1)
191 Por que pensar gênero, raça e classe de maneira articulada no Brasil

(5.2)
197 Heleieth Saffioti: a mulher na sociedade de classes

(5.3)
201 Por um feminismo afro-latino-americano

(5.4)
205 Lélia Gonzalez: um olhar "amefricano"

(5.5)
211 Sueli Carneiro e o movimento de mulheres negras no Brasil

Capítulo 6
223 **Precarização e cuidado**

(6.1)
225 Gênero, precarização e cadeias produtivas

(6.2)
238 Cuidado e gênero

(6.3)
253 Trabalho emocional e trabalho relacional

265 *Considerações finais*
269 *Referências*
293 *Bibliografia comentada*
299 *Respostas*
307 *Sobre as autoras*

Apresentação

Por meio desta obra, visamos oferecer um panorama sobre diferentes abordagens que podem apoiar os estudos sobre relações de gênero e o mundo do trabalho em contextos espaciais e temporais diversos, particularmente no Brasil. Expomos ao longo deste escrito alguns dos debates acadêmicos mais relevantes sobre gênero e trabalho sob uma perspectiva que historiciza esses debates e permite que o leitor e a leitora estabeleçam relações e diálogos entre eles. Com isso, pretendemos fazer uma sistematização crítica da teoria feminista sobre gênero e trabalho, enfatizando a relevância de outras relações sociais, como as de classe social e raciais, para conformação de um quadro analítico aprofundado sobre o assunto. A obra é destinada a estudantes e pesquisadores interessados nas relações sociais entre gênero e trabalho, podendo ser proveitoso para todas as pessoas interessadas no assunto.

Desde a década de 1960, a partir da publicação de *A mulher na sociedade de classes*, da socióloga Heleieth Saffioti (2013), a reflexão sobre mulheres e o mundo do trabalho tem sido um campo cada vez mais relevante no Brasil. Esse tema está profundamente atrelado à construção da sociedade brasileira, tendo em conta que a história do trabalho não pode ser pensada sem se considerar o peso de quatro séculos de escravidão de mulheres e homens. O Brasil se construiu sobre uma história de violência e abuso dos corpos de mulheres negras e indígenas, exploradas sexualmente e como mão de obra escrava. As mulheres compuseram uma parte significativa da classe trabalhadora brasileira em suas profundas contradições, tornando-se fundamental aprofundar as discussões sobre gênero e trabalho.

Falar de gênero não significa tratar estritamente de mulheres, mas das relações envolvidas na construção social do gênero, daquilo que se considera socialmente feminino, masculino e de elementos que não se encaixam em tal binômio. Por isso, compreender as disputas em torno do conceito de gênero é um requisito necessário para a proposta deste livro.

No Capítulo 1, debatemos as diferenças entre **sexo** e **gênero** e delimitamos o campo que se constituiu como **história das mulheres**. Observamos os embates teóricos e políticos que deram origem ao campo acadêmico dos "estudos de gênero", em constante tensão com pessoas que defendiam a necessidade de se destacar o sujeito *mulheres*. Ainda, versamos sobre a multiplicidade de abordagens do conceito de gênero, destacando sua relação íntima com a construção de diferentes pautas políticas dos movimentos feministas.

Tendo formado essa base teórica e histórica sobre gênero, no Capítulo 2, discorremos sobre os conceitos de trabalho e de classe social, elementos indissociáveis na história do olhar feminista para o trabalho. Partimos de uma discussão teórica sobre a articulação dos conceitos de gênero, trabalho e classe social para, em seguida, observarmos de que formas esses conceitos foram abordados historicamente pelos movimentos sociais, particularmente por feministas e socialistas. Para complexificar a discussão, tratamos dos conceitos de exploração, dominação e opressão, centrais nas diferentes abordagens acadêmicas e políticas sobre gênero no mundo do trabalho.

Apresentamos, ainda, o vigoroso debate sobre o trabalho doméstico travado por feministas na década de 1970, dando origem a novas formulações teóricas e propostas políticas que foram base para transformações importantes. Por fim, discutimos as formulações atuais desenvolvidas com base no acúmulo político sobre o tema, desde o século XIX até os feminismos das últimas décadas do século XX. O foco nesse ponto é o desenvolvimento da nova teoria da reprodução social, que tem sido um importante campo de desenvolvimento de reflexões sobre gênero e trabalho.

No Capítulo 3, versamos sobre o desenvolvimento do debate sobre gênero e trabalho na França a partir dos anos 1960, fortemente marcado pela noção de **divisão sexual do trabalho** e **patriarcado**. O debate francês tomou um caminho particular no campo do feminismo, dando origem a um aparato conceitual e teórico bastante rico e complexo. Até mesmo o conceito de **gênero** é posto em questão com a proposta de ideias sobre **relações sociais de sexo**.

No Capítulo 4, enfocamos a questão racial, observando como feministas negras defenderam historicamente a necessidade de compreender gênero, raça e classe social de maneira articulada. Para tanto, partimos do pioneiro Combahee River Collective, coletivo político de mulheres negras socialistas e lésbicas dos Estados Unidos. As integrantes do grupo redigiram um manifesto que delineou as bases de uma compreensão que articula prática e teoria no entendimento de uma realidade contraditória em termos de gênero, raça, classe e sexualidade. Outras intelectuais negras estadunidenses fundamentais para a construção desse entendimento são bell hooks[1] e Audre Lorde, cujas obras citamos no capítulo em busca desse olhar de

---

1   *bell hooks é o pseudônimo de Gloria Jean Watkins, que opta por grafá-lo em minúsculas, padrão que acompanhamos nesta publicação.*

articulação das relações sociais. O conceito de **interseccionalidade** nomeia essa forma articulada de compreender gênero, raça, classe e outras clivagens sociais, revolucionando o debate feminista nos anos 1990. Nos detemos nesse conceito, desenvolvido pela jurista estadunidense Kimberlé Crenshaw, analisando também críticas e apropriações do conceito. Por fim, tratamos da obra de Patricia Hill Collins, particularmente de sua proposta de compreensão do pensamento feminista negro como epistemologia.

Tendo constituído essa base teórica ampla, no Capítulo 5, voltamos nossa atenção às relações de gênero, raça e classe no Brasil. Salientamos, nesse ponto, a necessidade de se pensar articuladamente gênero, raça e classe no país, considerando as particularidades históricas da formação da sociedade brasileira. Em seguida, discutimos as obras de autoras brasileiras fundamentais na construção desse tipo de abordagem, a começar pela pioneira Heleieth Saffioti. A noção referente à localização sócio-histórica do Brasil na América Latina é necessária para aprofundar a discussão proposta, o que nos encaminha para a obra de Lélia Gonzalez, fundamental intérprete da sociedade brasileira e, em particular, das relações raciais, de gênero e de trabalho no Brasil. Por fim, a obra de Sueli Carneiro evidencia a luta do movimento de mulheres negras no Brasil, com pautas políticas intimamente ligadas às discussões desenvolvidas neste capítulo.

No Capítulo 6, concluímos nossa abordagem versando sobre a precarização contemporânea do trabalho e sua relação com a inserção diferenciada da mão de obra feminina e masculina no mercado de trabalho flexibilizado, a partir da crise capitalista dos anos 1970. Em seguida, enfocamos o trabalho de cuidado e sua precarização. O trabalho de cuidado (ou *care*, como tem sido chamado) é um tema recorrente nas pesquisas feministas e nas pautas políticas desse movimento. É presente no senso comum a noção de que a maior parte do trabalho de cuidado na sociedade recai sobre as mulheres. Isso tem sido refinadamente trabalhado por pesquisadores e pesquisadoras que se dedicam a questões que vão do mercado produtivo ao trabalho emocional de cuidado. Esse tipo de abordagem condensa um conjunto de variáveis comentadas ao longo deste livro, sendo também uma forma de sintetizar as discussões promovidas no decorrer da obra.

Como aproveitar ao máximo este livro

Empregamos nesta obra recursos que visam enriquecer seu aprendizado, facilitar a compreensão dos conteúdos e tornar a leitura mais dinâmica. Conheça a seguir cada uma dessas ferramentas e saiba como elas estão distribuídas no decorrer deste livro para bem aproveitá-las.

Introdução do capítulo

Logo na abertura do capítulo, informamos os temas de estudo e os objetivos de aprendizagem que serão nele abrangidos, fazendo considerações preliminares sobre as temáticas em foco.

Importante!

Algumas das informações centrais para a compreensão da obra aparecem nesta seção. Aproveite para refletir sobre os conteúdos apresentados.

Síntese

Ao final de cada capítulo, relacionamos as principais informações nele abordadas a fim de que você avalie as conclusões a que chegou, confirmando-as ou redefinindo-as.

Indicações culturais

Para ampliar seu repertório, indicamos conteúdos de diferentes naturezas que ensejam a reflexão sobre os assuntos estudados e contribuem para seu processo de aprendizagem.

Atividades de autoavaliação

Apresentamos estas questões objetivas para que você verifique o grau de assimilação dos conceitos examinados, motivando-se a progredir em seus estudos.

Atividades de aprendizagem

Aqui apresentamos questões que aproximam conhecimentos teóricos e práticos a fim de que você analise criticamente determinado assunto.

Bibliografia comentada

Nesta seção, comentamos algumas obras de referência para o estudo dos temas examinados ao longo do livro.

CAPÍTULO 1
O que é gênero?

Camila Fernandes Pinheiro

Neste capítulo, analisaremos a construção histórica do conceito de gênero e os embates teóricos e políticos que a permearam. Para tanto, identificaremos autoras e discussões importantes na construção do conceito no campo das ciências humanas, especialmente na historiografia, como a história das mulheres e a própria profissionalização da disciplina História. Em seguida, situaremos a passagem da história das mulheres para os estudos de gênero, conceituando-o e, finalmente, articulando a produção acadêmica às lutas feministas.

(1.1)
O QUE VEIO ANTES DO CONCEITO DE GÊNERO?

Em qualquer balanço sobre o que existiu no campo da história antes da construção do conceito de gênero, a história das mulheres certamente figura como área que estabeleceu as bases para o que viriam a ser os estudos de gênero.

A história das mulheres emergiu na década de 1970, embora a profissionalização do campo tenha se desenvolvido desde o século XIX. Até então, a profissão havia sido monopolizada por historiadores homens, uma vez que as mulheres das camadas médias levavam uma vida majoritariamente doméstica[1]. Sendo assim, somente eles dispunham do tempo e das oportunidades demandadas pelas atividades que fundamentavam a história profissional, como a pesquisa em arquivos e o ensino nas universidades.

A resultante de tal contexto de profissionalização foi uma produção de histórias que, por meio da história política, se referiam a (grandes) homens e ao Estado-nação, importante financiador da nova

---

1 Referimo-nos às camadas médias, pois parte significativa dos historiadores advinham desses grupos.

ciência histórica. Esse sistema garantia plenos direitos de cidadania apenas aos homens. Smith (2003, p. 16-17) conclui sobre tais historiadores que é "evidente, portanto, que eles estariam mais inclinados a defender sua própria história".

Entre as ciências humanas, a disciplina de História foi a que mais tardiamente tomou para si a categoria *gênero*, bem como *mulher* e *mulheres* na condição de categorias analíticas. Tal demora tem sido atribuída ao caráter universal dado ao sujeito da história, representado pela categoria *homem*, que era, em regra, branco e ocidental. Acreditava-se que as mulheres estariam contempladas quando se falava dos homens, o que, em realidade, não ocorria (Soihet; Pedro, 2007).

A história dos séculos XIX e XX, todavia, não foi escrita somente por historiadores homens, nem versa apenas sobre eles. Desde o final do século XVIII, as mulheres do Ocidente têm demonstrado um interesse profícuo nas questões de gênero e seu registro, embora não gozem de igual reconhecimento. Se coube a eles a prestigiada história profissional, um grupo de historiadoras amadoras encontrou um modo mais "superficial" para escrever sobre o passado (Smith, 2003).

Historiadoras como Mercy Otis Warren, Louise-Félicité de Keralio, Germaine de Staël, Johanna Schopenhauer, Caroline Pichler e Anna Brownell Jameson dedicaram-se a uma grande quantidade de histórias culturais e sociais, narrativas sobre rainhas e mulheres singulares de seu tempo (Smith, 2003). Esse trabalho de escrita da história de grandes mulheres seria posteriormente retomado por uma parte da área de história das mulheres.

Escritoras diligentes, muitas vezes chegando ao ponto da grafomania, incansáveis coletadoras de informações durante tempos perigosos, extenuadas e exploradas colaboradoras das minguadas economias domésticas, privadas de direitos políticos e de propriedade, as mulheres historiadoras produziram um grande fluxo de histórias culturais e sociais e de narrativas sobre rainhas e mulheres notáveis. Esse repetitivo foco histórico em assuntos superficiais requer uma investigação em termos epistemológicos e psicológicos. (Smith, 2003, p. 29)

Ao contrário dos afamados historiadores do século XIX[2], que foram genericamente chamados de *positivistas*, as amadoras se tornaram pouco conhecidas, a despeito de sua vasta produção. Segundo Smith (2003), a historiografia erradicou o amadorismo para contar uma história singular sobre as altas realizações do profissionalismo.

O positivismo tornou-se referência a ser citada graças à importância que assumiu como corrente historiográfica no século XIX. Sua percepção da história como um processo contínuo, linear e causal acabou por operar uma dupla exclusão com relação às mulheres: de um lado, por associar o político exclusivamente ao público, escolhendo, assim, os homens como únicos protagonistas; de outro, por impedir que as mulheres acessassem a profissão de historiador (Gonçalves, 2006).

Portanto, quando Simone de Beauvoir, em *O segundo sexo* (Beauvoir, 2009), afirmou que as mulheres não tinham história, não podendo orgulhar-se de si próprias, o fazia mirando uma tradição historiográfica dominada por homens, na qual elas foram escamoteadas, seja como produtoras de conhecimento, seja como temas de pesquisa. Smith (2003) demonstrou olhar atento para mapear a produção das amadoras. Em que pese a intensa produtividade das historiadoras

---

2 Os historicistas Wilhelm von Humboldt e Leopold von Ranke, por exemplo, são facilmente encontrados em manuais sobre a história científica. Eles praticavam uma história herdeira da tradição iluminista, que privilegiava fontes administrativas, diplomáticas e militares, em que as mulheres apareciam pouco (Frizzo, 2018).

amadoras, foi necessária mais de uma centena de anos de constituição da disciplina de História para que surgisse uma área dedicada às mulheres como sujeitos históricos: a história das mulheres.

Conforme mencionamos, a área de estudos de história das mulheres desenvolveu-se a partir dos anos 1970, nos países ocidentais, especialmente nos Estados Unidos. Ela foi impulsionada pelos movimentos feministas crescentes à época, que passaram a questionar o lugar das mulheres no processo histórico e impuseram uma revisão sobre sua ausência. Como resultado, as mulheres passaram a alçar o posto de sujeito da história de forma sem precedentes. (Vasquinhas, 2015)

As condições intelectuais para o desenvolvimento dessa área foram estabelecidas pela Escola dos Annales, que na década de 1930 propôs a ampliação da gama de fontes e a observação da presença de pessoas comuns, colaborando para a posterior incorporação das mulheres (Gonçalves, 2006). A tradição dos Annales contribuiu para o deslocamento do enfoque nos acontecimentos políticos para a vida privada, alargando o campo histórico às práticas cotidianas, aos comportamentos "vulgares" e às "mentalidades comuns" (Gonçalves, 2006, p. 55).

Todavia, a corrente dos Annales interessava-se prioritariamente pelas categorias sociais e conjunturas econômicas, sem ter a relação entre os sexos como preocupação primária. Assim, além dos Annales e da explosão do feminismo dos anos 1970, a história das mulheres articulou-se ao crescimento da antropologia, da história das mentalidades e da nova história social.

Durante a década de 1960, o conhecimento histórico passou a referir-se tanto a determinada época do passado quanto ao historiador no tempo em uma dada situação, com vistas a interpretar os processos de mudança por um conhecimento dialético. Tal quadro também facilitou a inserção da experiência social das mulheres na história, uma vez que ela transcorre no cotidiano, não dos grandes marcos (Dias, 1992).

A história social destacou-se particularmente nesses novos paradigmas, contando com o engajamento de correntes marxistas. Estas se preocupavam com as identidades coletivas de uma miríade de grupos sociais, até então esquecidos nos interesses da história mais tradicional. Tratava-se de camponeses, escravizados e pessoas comuns, tornando plurais os objetos de investigação histórica. Nesse movimento, as mulheres foram alçadas à condição de objeto e sujeito da história. Ganhou espaço a interação entre micro e macro, o cotidiano e as vivências desses grupos (Soihet; Pedro, 2007).

Influenciados pela tradição marxista, ganharam força nos anos 1970 os estudos que privilegiavam as mulheres no mundo do trabalho. Frequentemente, tinham como objetivo identificar os elementos da opressão masculina e capitalista sobre as mulheres.

Em sintonia com o campo historiográfico, o contexto histórico da década de 1970 foi de crescimento de debates sobre os direitos das mulheres em organismos internacionais, como a Organização das Nações Unidas (ONU), que celebrou o ano Internacional das Mulheres em 1975 e a década delas entre 1976 e 1985. No âmbito nacional, crescia a participação feminina no ensino superior e no mercado de trabalho, o que influenciou o interesse por sua história (Vasquinhas, 2015).

> **Importante!**
>
> Desde sua constituição, a história das mulheres teve como uma de suas principais contribuições o tensionamento de correntes historiográficas assentadas em um sujeito humano universal. Dessa forma, ela dedicou-se a compilar dados sobre mulheres do passado, revelando a influência delas nos acontecimentos da vida pública e insistindo que a vida privada tinha uma dimensão política. Nesse contexto, foi apontada a importância de considerar o tempo em sua dimensão fragmentária, as dimensões temporais demarcadas pela vida doméstica e o privado.

Muitas pesquisadoras da área enxergaram o predomínio dos historiadores homens como fator decisivo para o apagamento do papel real das mulheres na história. Diante disso, uma parte da historiografia envolvida nas questões femininas dedicou-se a biografar "grandes mulheres", geralmente aquelas cujas trajetórias assemelhavam-se às dos homens, dando visibilidade às suas atuações na vida pública, o que realçava o caráter da sua excepcionalidade.

A consequência de tal tensionamento foi a conclusão de que as periodizações tradicionais não funcionavam se as mulheres eram levadas em conta e, claro, a negação de que o sujeito da história fosse uma figura universal. Foi, então, apontada a incompletude da história, uma vez que ela precisava ser suplementada com informações sobre mulheres e, consequentemente, que os historiadores tinham um conhecimento parcial sobre o passado.

Os ataques contra as inconsistências de um "sujeito universal" representado pela figura masculina da história tradicional – e mesmo daquela não tão tradicional assim – contemplavam não apenas a crítica a uma historiografia em que os sujeitos submergiam às "estruturas" (econômicas, sociais, políticas), mas também apostavam a insustentabilidade de um saber histórico que não se apoiasse na multiplicidade dos sujeitos. (Gonçalves, 2006, p. 64)

A análise da construção das diferenças sexuais em diálogo com a história das mulheres foi desenvolvida em dois marcos principais: (1) pela história social, defendida por historiadores como Louise Tilly, Eleni Varikas e Catherine Hall, inspirada na corrente historiográfica de vertente marxista, adotada por Edward P. Thompson, Eric Hobsbawm, Natalie Davis, Michelle Perrot e outros; (2) pela perspectiva pós-estruturalista, encabeçada por Joan Scott, sob a influência da obra de Foucault e Derrida (Tilly, 1994).

Sobre as contribuições entre a história das mulheres e a história social, Tilly (1994) considera que a qualidade da biografia coletiva feita pela primeira foi sua maior contribuição, evidenciando a experiência das mulheres. As pesquisas se ancoravam na noção de esferas distintas, uma pública e aberta aos homens, outra privada e ocupada pelas mulheres.

> *A contribuição particular da história das mulheres foi a de reorientar o interesse pelas pessoas comuns do passado – motor da história social – na direção das mulheres e das suas relações sociais, econômicas e políticas. Fazendo isto, os(as) historiadores(as) das mulheres utilizaram o método chave da história social: a biografia coletiva, agrupamento de descrições individuais, padronizadas de modo a traçar o retrato de um grupo inteiro e oferecer um meio de estudo das variações interindividuais. Além disso, elas utilizaram melhor do que seus colegas da história social os arquivos individuais e os testemunhos orais.* (Tilly, 1994, p. 35)

As obras da área descreviam como as mulheres agiam segundo um conjunto de valores e atitudes diferentes daquele aplicados aos homens. Eram abordadas minuciosamente as vidas das mulheres estudadas e a forma como elas forjaram esferas de autonomia e influência, além de analisar até que ponto aceitaram as limitações sociais e políticas impostas a elas[3].

Já na década de 1980, a história das mulheres consolidava-se a passos largos no ensino superior, contando com crescimento de cursos, núcleos de estudos e produção bibliográfica, sendo reconhecida como movimento fecundo na historiografia mundial. Reconhecia-se a capacidade de a história das mulheres inovar nos temas de investigação e conceitos que redimensionaram paradigmas interpretativos.

Com relação aos impactos na produção científica, a história das mulheres permitiu uma revisão crítica dos conhecimentos históricos quando questionou os fundamentos epistemológicos do saber, ou seja, a neutralidade, a relação entre público e privado, as noções de universal e natureza. Com base nesse caráter político e até subversivo, acabou por atuar como catalizador para a renovação da ciência (Vasquinhas, 2015). Apesar do notório impacto na produção do conhecimento, os trabalhos da área sofreram diversas críticas, das quais trataremos na seção a seguir.

---

[3] *Algumas do obras do período, mencionadas por Tilly (1994) são:* Woman's World in the Old South, *de Catherine Clinton;* Free Women of Petersburg Status and Culture in a Southern Town, *1784-1860, de Suzanne Lebsock; e* Ladies of the Leisure Class: The Bourgeoisie of Northern France in the Nineteenth Century, *de Bonnie Smith.*

(1.2)
POR UMA HISTÓRIA DAS MULHERES?

A história das mulheres representou um avanço capaz de evidenciar a importância da diferença sexual na organização da vida social em contextos distintos, os quais ela mapeou. No campo historiográfico, entretanto, a área recebeu diversas críticas, que emergiram de fora e, sobretudo, de dentro dela.

Após o reconhecimento inicial da área, a maioria dos historiadores passou a entender a história das mulheres como um domínio separado, em que elas têm uma história à parte, legada às feministas e não concernente a todos. Ademais, a participação das mulheres nos grandes eventos gerou interesse mínimo, não alterando a compreensão dos fenômenos mesmo diante da descoberta de que as mulheres participaram desses eventos. Tal quadro, segundo Scott (1990), forjou um desafio teórico, que exige a análise da relação entre experiências masculinas e femininas no passado, bem como a ligação entre a história do passado e as práticas históricas atuais.

De seus pares historiadores adveio o questionamento acerca dos impactos de suas pesquisas sobre a disciplina. Eles perguntavam qual seria (se existisse) o efeito para a história de se reconhecer que eventos como a Revolução Francesa teriam contado com a participação das mulheres. O historiador Norman Hampson, por exemplo, criticou as pesquisadoras por fazerem o que ele considerava uma "história uterina", em oposição à "história real". Segundo ele, o grupo teria uma visão parcial da história. A esse tipo de leitura, elas responderam que a história universal havia sido fálica até então, ao escrever a história do homem branco (Scott, 2011).

A crítica mais geral, que considerou a história das mulheres insatisfatória por ser descritiva, quando se desejava ter resultados mais amplos, postulava que não bastava acrescentar histórias de mulheres aos livros didáticos; era necessário repensar o saber histórico e priorizar abordagens analíticas[4]. Essa crítica tornou-se uma questão a ser considerada na área, conforme refletiu Scott (2011), com vistas a produzir estudos que, além de descritivos e interpretativos, resolvessem problemas analíticos, vinculando suas respostas às questões mais gerais colocadas à história. Assim, a tendência de um enfoque exclusivo sobre mulheres deu lugar aos estudos das relações entre os sexos, graças ao pressuposto de que as mulheres são definidas também em relação aos homens (Pinsky, 2009).

Os historiadores e historiadoras sociais ligados à história das mulheres, que trocavam contribuições com o movimento feminista, também foram questionados por algumas noções com as quais trabalhavam; a começar pela suposição de uma categoria *mulheres*, que eram pessoas biologicamente femininas, cuja essência não se alterava, mesmo movendo-se em contextos distintos.

Não obstante, a interpretação sobre a unicidade da categoria *mulheres* contribuiu para a defesa de uma identidade coletiva, que fortaleceu o movimento feminista da década de 1970, ajudou a estabelecer a oposição "homens *versus* mulheres" como preocupação política e dentro da história. Portanto, ela deu vazão a importantes mobilizações políticas (Soihet; Pedro, 2007).

Ainda no final dos anos 1970, o questionamento à viabilidade da categoria *mulheres* gerou tensões tanto no interior da disciplina quanto no movimento feminista. A "diferença" tornou-se um problema a

---

4   Uma parte importante da produção da história das mulheres considerava a experiência das mulheres como um fato histórico a ser descoberto e descrito, como aponta Tilly (1994) e outros críticos.

ser analisado, diante das inúmeras contradições que evidenciavam a dificuldade de se falar em uma identidade comum.

Feministas negras, indígenas e trabalhadoras passaram a reivindicar uma diferença dentro da diferença. A categoria *mulheres*, que já representava uma diferença de identidade em relação à categoria *homens*, era insuficiente para explicá-las. Elas não se sentiam incluídas nas reivindicações do movimento, nem mesmo consideravam, como Betty Friedan (1971), em *Mística feminina*, que o trabalho fora de casa as libertaria (Soihet; Pedro, 2007).

Assim, a ideia universal de *mulheres* foi dividida por classe, raça, etnia, geração, sexualidade, sendo demarcadas, ainda, as diferenças políticas no bojo do movimento feminista. A crença inicial de uma identidade comum deu lugar à certeza da existência de diversas vivências e identidades.

De um lado, a ênfase na diferença permitiu o deslocamento do foco da ação política e dos agentes históricos, questionando o discurso universal masculino. De outro, foram desafiadas as categorias unívocas de feminino, que haviam sido condensadas naqueles estudos cujo enfoque incidia sobre a ação coletiva das mulheres.

A respeito das críticas internas, entre as fragilidades atribuídas à escrita da história das mulheres figuravam:

- *a predileção sempre sensível pelo estudo do corpo, da sexualidade, da maternidade, da fisiologia feminina e das profissões próprias de uma "natureza" feminina;*

- *a dialética sempre utilizada da dominação e da opressão que não sai senão do enunciado tautológico, uma vez que não se tenta analisar por quais mediações específicas, no tempo e no espaço, essa dominação se exerce;*

- *uma inflação de estudos sobre os discursos normativos que mal levam em conta as práticas sociais e os modos de resistência a estes discursos, e que induz, algumas vezes, a uma espécie de autofascinação pela infelicidade;*
- *um desconhecimento da história do feminismo e de sua articulação com a história política e social;*
- *uma falta de reflexão metodológica e, sobretudo, teórica.* (Soihet; Soares; Costa, 2001, p. 9)

Em que pesem tantas críticas, sobretudo por escrever uma história descritiva e binária, a história das mulheres foi considerada um avanço, uma vez que surgiu no seio de uma história pouco preocupada com a diferença sexual. Na avaliação de Scott (2011, p. 77), há uma ambiguidade inerente à história das mulheres, que está no fato de ela ser um "suplemento inócuo à história estabelecida e um deslocamento radical dessa história". As mulheres foram simultaneamente adicionadas à história e provocaram sua reescrita, construíram algo extra e foram necessárias à complementação, "são supérfluas e indispensáveis" (Scott, 2011, p. 77).

Na tentativa de resolver o desafio teórico posto pelos limites da história das mulheres, o conceito relacional de gênero emergiria como ferramenta analítica das experiências masculinas e femininas do passado e sua relação com o presente. No entanto, Scott (2011) critica certa leitura linear da história das mulheres, que narra uma evolução da política feminista para a história das mulheres e, então, para a análise propiciada pelo gênero. Tal interpretação, além do problema da linearidade, enxerga uma ruptura do gênero com a política, por entendê-lo como um termo neutro, "desprovido de propósito ideológico imediato" (Scott, 2011, p. 67).

A história deste campo não requer somente uma narrativa linear, mas um relato mais complexo, que leve em conta, ao mesmo tempo, a posição variável das mulheres na história, o movimento feminista e a disciplina da história. Embora a história das mulheres esteja certamente associada à emergência do feminismo, este não desapareceu, seja como uma presença na academia ou na sociedade em geral, ainda que os termos de sua organização e de sua existência tenham mudado. Muitos daqueles que usam o termo gênero, na verdade se denominam historiadores feministas.
(Scott, 2011, p. 67-68)

Detalharemos na próxima seção a trajetória do conceito de gênero, fortemente marcada pela política.

(1.3)
A CONSTITUIÇÃO DOS ESTUDOS DE GÊNERO

Datam do século XVI usos antigos de *gênero* como sinônimo de *sexo*, nos escritos de Henri-Corneille Agrippa de Nettesheim, quando se referiu ao *gênero masculino* e *gênero feminino* para designar, além de categorias gramaticais, categorias humanas de macho e fêmea[5]. O uso não gramatical da palavra *gênero* também apareceu com frequência em textos do século XVIII, de forma inovadora para o período, pela utilização do par sexo/gênero associado à natureza/cultura (Offen, 2011).

Segundo Offen (2011), os debates que chamamos hoje de *construção social do gênero* tiveram origem nas discussões francesas do século XVIII, sobre a questão das mulheres e a formação que deveriam receber. A maior parte dos textos franceses daquele século associava mulher

---
5 *O escritor ainda argumentou em favor da "nobreza e excelência do sexo feminino e sua proeminência sobre o outro sexo" (Offen, 2011, p. 59).*

à cultura e não à natureza. A enciclopédia de Diderot, por exemplo, trazia no artigo "Gênero" a distinção entre "sexo" e "gênero"[6] (Offen, 2011, p. 63). Assim, a discussão levantada por Simone de Beauvoir tem raízes fincadas nesses debates. Para Offen (2011, p. 63), há um apagamento da trajetória do conceito em território francês:

> Assim, a compreensão do gênero como construção social do sexo na frança está profundamente enraizada, desde muito tempo, nos discursos de emancipação das mulheres, e (implicitamente ou explicitamente) preocupou todos aqueles e aquelas que discutiram a educação e a instrução das meninas – e dos meninos. Que Simone de Beauvoir seja considerada a transmissora dessas ideias às leitoras anglo-americanas, por meio de uma linguagem da filosofia existencialista (ser e tornar-se) e sem utilizar explicitamente a terminologia sexo/gênero, nos fala sobre o apagamento do discurso feminista através dos tempo

Em *Requisição das Armas à Assembleia Nacional*, brochura anônima publicada em 1789, durante a Revolução Francesa, há a reivindicação da igualdade entre os gêneros e sexos, inclusive gramaticalmente (Offen, 2011).

1. Todos os privilégios do sexo masculino são completamente e irrevogavelmente abolidos em toda a França.

2. O sexo feminino gozará sempre da mesma liberdade, as mesmas vantagens, os mesmos direitos e as mesmas honras que o sexo masculino.

3. O gênero masculino não será mais visto, mesmo gramaticalmente, como o gênero mais nobre, visto que todos os gêneros, todos os sexos e todos os seres devem ser e são igualmente nobres. (Soboul, citado por Offen, 2011, p. 62)

---

6 Trata-se do volume VII, publicado em 1757 (Offen, 2011).

O que se seguiu a essas reivindicações, no período contrarrevolucionário, foi um discurso médico de profícua produção, que contou com um esforço para estabelecer os limites biológicos e anatômicos das mulheres na condição de sexo e que tentava "naturalizar" a mulher. Esses tratados visavam combater o emprego anterior do conceito de gênero utilizado pelos textos emancipacionistas. Ainda no século XVIII, algumas feministas reconheceram que a biologização das mulheres pelos médicos fazia parte de uma política sexual do saber.

> **Importante!**
>
> O conceito de gênero no seu sentido político, como o utilizamos atualmente, surgiu em meados dos anos 1980, embora sua construção nas ciências sociais tenha ocorrido coletivamente, ao longo das décadas anteriores, contando com as contribuições de teóricas do feminismo. A categoria *mulher* (ou *mulheres*) parecia apresentar uma vulnerabilidade, por estar assentada no corpo biológico desse sujeito, e o gênero surgiria para dar conta de relações socialmente construídas (Pedro; Veiga, 2015).
>
> O processo político e acadêmico que culminou no estabelecimento dos estudos de gênero contou com contribuições de diferentes teóricas, entre elas a filósofa Simone de Beauvoir e a antropóloga Gayle Rubin, cujas obras são consideradas essenciais nessa construção. Há estudiosas que publicaram obras antes de Beauvoir, mas suas contribuições não chegaram a ser tão difundidas.

A feminista alemã Mathilde Vaerting, em *The dominant sex*, publicado em 1921, criticou a noção de um caráter masculino e feminino fixo, argumentando que ele refletia relações de poder. Nas sociedades em que as mulheres detinham o poder, os homens apresentavam características que a sociedade burguesa europeia considerava femininas. Com um argumento que ligava padrões psicológicos à estrutura social, essa foi considerada uma primeira teoria social estendida do gênero (Connell; Pearse, 2015).

Em *Sexo e temperamento*[7], publicado em 1935, a antropóloga Margaret Mead rejeitou uma possível relação fixa entre o sexo biológico e as características do gênero, citando sociedades não ocidentais nas quais os arranjos de gênero funcionavam bem. A noção de "papéis sexuais" do sociólogo Talcott Parsons tratou o papel masculino como instrumental e o feminino como expressivo, e definiu o gênero como uma consequência da necessidade de um sistema social por integração e estabilidade (Connell; Pearse, 2015).

Beauvoir situou-se em uma fase de resgate da identidade feminina, no contexto do pós-guerra, no qual a França havia enfrentado a ocupação alemã e lidava com as consequências nefastas do conflito. Em *O segundo sexo*, publicado originalmente em 1949, ao afirmar que "não se nasce mulher, torna-se" (Beauvoir, 2009, p. 361), a filósofa já sugeria que o sexo não garantia a conformação de uma pessoa em correspondência com o gênero[8]. A ideia de que se aprende a ser mulher, uma vez que o feminino não é dado pela biologia, ou pela anatomia, e sim construído pela sociedade, faz muitas especialistas enxergarem na obra as raízes do conceito de gênero (Saffioti, 1999).

---

7   O título original em língua inglesa é Sex and Temperament in Three Primitive Societies *(Connell; Pearse, 2015).*

8   *A noção de que o destino das mulheres é socialmente construído pela cultura, e não determinado pelo sexo anatômico, já estava presente em Beauvoir; porém, se passaram mais de duas décadas até que as feministas batizassem o conceito de* gender, *ou "gênero", em língua portuguesa.*

A palavra *gender* (gênero), porém, somente passou a ser utilizada amplamente duas décadas depois.

O segundo sexo foi considerado o primeiro e mais completo questionamento dos valores que davam suporte à construção social do feminino, marcando o início da reflexão sobre a subalternidade feminina, tema que seria futuramente encampado pelos estudos de gênero. A filósofa refletiu sobre a hierarquia entre masculino e feminino estar fundamentada na cultura, ser uma construção social que começa na família, atravessa a experiência escolar e a religiosidade (Heilborn; Rodrigues, 2018).

A obra de Beauvoir se tornou um marco na produção teórica do feminismo no século XX, influenciando as ciências sociais, e o trabalho de Gayle Rubin. *O segundo sexo* abriu dois debates importantes: sobre o lugar da mulher sendo diferente daquele ocupado pelo homem e sobre *mulher* como categoria universal. Posteriormente, a autora foi criticada por estudar *a mulher* e não *as mulheres*, referindo-se a um universal feminino. Uma das autoras a fazer esta crítica foi a filósofa norte-americana Judith Butler (2020) – de quem trataremos ainda neste capítulo.

Beauvoir recusou-se a encarar como dada a polarização entre masculino e feminino, explorando o modo como as mulheres se constituíam na condição de o "outro" na consciência dos homens. Depois, fez uma série de retratos sociais nos quais explorou as formas como as mulheres poderiam contestar essa situação e se constituírem a si mesmas (Connell; Pearse, 2015).

> **Importante!**
>
> Em 1972, a socióloga Ann Oakley publicou *Sex, Gender and Society*, obra na qual apresentou sua perspectiva de diferenciação entre sexo e gênero. Segundo Oakley, o sexo se refere às diferenças biológicas entre homem e mulher, a diferença visível pela genitália e as diferenças na função reprodutiva. O gênero, por sua vez, se relaciona à cultura, significa a classificação social de masculino e feminino. A justaposição de sexo (macho e fêmea/natureza) e gênero (masculino e feminino/cultura) foi rapidamente adotada no mundo anglo-saxão e se difundiu para além das fronteiras da produção feminista nas ciências sociais, penetrando inclusive na mídia. A distinção entre natureza e cultura foi utilizada para combater a dita *inferioridade* da mulher em relação ao homem (Offen, 2011).

Em *O tráfico de mulheres*, publicado originalmente em 1975, Gayle Rubin (2017a) produziu um texto seminal para os estudos de gênero na antropologia e nas ciências humanas, de maneira mais ampla. Utilizando pela primeira vez o termo *gênero* em um texto de teoria antropológica, a antropóloga definiu o **sistema sexo-gênero** e abriu caminhos para a ruptura que ocorreria na década seguinte. O ensaio introduziu o conceito de gênero no debate sobre as causas da opressão das mulheres. Embora o termo já fosse utilizado, como relatamos, foi a partir da conceitualização de Rubin que ele se difundiu com força inédita até então.

Rubin (2017a) partiu da reflexão de Karl Marx de que somente em determinadas relações é que um homem negro se torna escravizado e expandiu-a para a opressão imposta às mulheres. Assim, voltou-se à investigação de quais são as relações por meio das quais uma mulher se torna oprimida, para então definir o sistema de sexo/gênero:

> Como definição preliminar, podemos dizer que um "sistema de sexo/gênero" consiste em uma série de arranjos por meio dos quais uma sociedade transforma a sexualidade biológica em produtos da atividade humana, nos quais essas necessidades sexuais transformadas são satisfeitas. (Rubin, 2017a, p. 11)

Com base na análise marxista sobre o funcionamento do capitalismo, Rubin percebeu que o trabalho doméstico é essencial para a reprodução do trabalhador, de quem se tira mais-valia. Como esse trabalho é geralmente realizado pelas mulheres, é por meio do trabalho doméstico que as mulheres se vinculam à mais-valia, condição essencial para o funcionamento do capitalismo. Além do trabalho doméstico, a tradição cultural também é necessária à reprodução do trabalhador.

> É precisamente esse "elemento moral e histórico" que determina que uma esposa esteja entre as necessidades de um trabalhador, que as mulheres, e não os homens, façam o trabalho doméstico, e que o capitalismo seja herdeiro de uma longa tradição na qual mulheres não falam com Deus. Foi esse "elemento histórico e moral" que instaurou no capitalismo um patrimônio cultural de formas de masculinidade e feminilidade. (Rubin, 2017a, p. 16)

A autora informa que toda sociedade tem um sistema de sexo-gênero, ou seja, um "conjunto de disposições pelas quais a matéria-prima biológica do sexo e da procriação humana é moldada pela intervenção humana, social, e satisfeita de uma maneira convencional" (Rubin, 2017a, p. 17). Ele pode ser igualitário ou estratificado de acordo com o gênero, como ocorre na maioria das sociedades de que se tem conhecimento. Além disso, um sistema de sexo-gênero não se limita à reprodução biológica.

Rubin (2017a) destaca a necessidade de distinguir entre a capacidade e a necessidade que a sociedade tem de criar um mundo sexual e as maneiras empiricamente opressivas pelas quais os mundos sexuais são organizados. No caso do termo *patriarcado*, por exemplo, já estão abarcados o sistema e a forma opressiva. Já na noção de sistema de sexo-gênero está referida a questão e não há indicação de uma opressão inevitável.

A autora rejeita, assim, a utilização do termo *patriarcado*, por ser uma forma específica de dominação, que se refere a autoridades e oficiais eclesiásticos. Ela, ainda, alerta que nem toda sociedade estratificada em termos de gênero é patriarcal.

Partindo da noção de parentesco, princípio primordial da antropologia, que nas sociedades pré-estatais funciona como uma linguagem de interação social que organiza atividades políticas, cerimoniais e sexuais, a autora buscou retomar o projeto de Friedrich Engels. Logo, sua proposta era pensar a opressão sexual sob a ótica da teoria de parentesco, contando com a vantagem do amadurecimento da etnologia. Nesse intento, seu trabalho teve como norteadores o marxismo, em Marcel Mauss e Lévi-Strauss, e a psicanálise freudiana (Rubin, 2017a).

A troca de mulheres estabelece o parentesco, em uma transação organizada pelos homens, em que as mulheres são objeto dessa troca, enquanto ela confere poder aos parceiros da troca. O conceito de troca de mulheres serve para situar a opressão nos sistemas sociais, e não na biologia; ele viabiliza a percepção de que as mulheres não têm plenos direitos sobre si, sendo a subordinação delas um produto das relações que produzem e organizam o sexo e o gênero, uma vez que nenhum aspecto da sexualidade pode ser tomado como natural. Para Rubin, o parentesco cria o gênero.

A divisão do trabalho por sexo, portanto, pode ser vista como um "tabu": um tabu contra a uniformidade entre homens e mulheres, um tabu que exacerba as diferenças biológicas entre os sexos e, dessa forma, cria o gênero. A divisão do trabalho também pode ser vista como um tabu contra arranjos sexuais diferentes daqueles que envolvam pelo menos um homem e uma mulher, prescrevendo, assim, o casamento heterossexual.

[...]

No nível mais geral, a organização social do sexo é baseada no gênero, na heterossexualidade compulsória e na imposição de restrições à sexualidade feminina.

O gênero é uma divisão de sexos imposta socialmente. Ele é produto das relações sociais da sexualidade. Os sistemas de parentesco se baseiam no casamento. Eles, portanto, transformam pessoas do sexo masculino e pessoas do sexo feminino em "homens" e "mulheres", como se cada uma dessas metades incompletas encontrasse completude unida à outra.
(Rubin, 2017a, p. 30-31)

Tomando por base o pensamento de Lévi-Strauss, Rubin (2017a) caracterizou a identidade de gênero como a supressão das diferenças naturais, e não uma expressão delas. Portanto, o gênero é um imperativo da cultura. Era necessária uma repressão de qualquer que fosse a versão local: dos traços femininos nos homens, bem como nas mulheres o seu inverso. Esse é o sistema que oprime as mulheres nas relações de troca vigentes e a todos por sua divisão rígida de personalidade. Além disso, o gênero é incutido nas pessoas de modo a garantir o casamento, incidindo, assim, sobre o desejo sexual e instituindo a heterossexualidade.

A autora defende a atualidade de Lévi-Strauss, afirmando que a organização do sexo e do gênero, que outrora teve funções diferentes, hoje organiza somente a si própria. O parentesco foi sistematicamente esvaziado de suas funções políticas, econômicas e organizacionais. No entanto, as formas de relações sexuais estabelecidas no passado ainda exercem papel dominante na vida sexual dos indivíduos e nas ideias sobre homens e mulheres que as pessoas têm (Rubin, 2017a).

> *Ao formular essa proposta, Rubin insere-se numa linha de autoras que procuram afastar-se de recortes parciais tais como os desenvolvidos pelas feministas que se limitaram a analisar a realidade das mulheres, sem recorrer à totalidade dos sistemas culturais para explicar essas realidades.*
> (Piscitelli, 2002, p. 10)

Segundo Piscitelli (2002), para explicar a realidade das mulheres, a formulação de Rubin foi capaz de compreender a totalidade dos sistemas culturais, o que era uma dificuldade de parte das pensadoras feministas.

(1.4) Conceito de gênero

No campo da história, após férteis anos de produção da história das mulheres, na década de 1980, a introdução do conceito de gênero estimulou importantes rupturas. A historiadora norte-americana Joan Scott publicou *Gender: A Useful Category of Historical Analysis*, em 1986, artigo que reformularia o construto e influenciaria profundamente os debates sobre ele dentro e fora da disciplina (Scott, 1986). No Brasil, a revista *Educação e Realidade* publicou sua tradução – *Gênero: uma categoria útil para a análise histórica* – em 1990 (Scott, 1990).

No artigo paradigmático, Scott divide sua definição de gênero em duas partes e algumas subpartes, relacionadas entre si: (1) gênero é um elemento constitutivo das relações sociais baseado nas diferenças percebidas entre os sexos; (2) uma forma primeira de significar as relações de poder.

Como elemento que constitui as relações sociais fundadas sobre as diferenças percebidas entre os sexos, o gênero contém algumas subpartes relacionadas entre si: (1.1) símbolos culturalmente disponíveis que evocam representações múltiplas, como Eva e Maria na tradição cristã, mitos de escuridão e luz, respectivamente; (1.2) conceitos normativos que colocam em evidência a interpretação do sentido dos símbolos que tentam limitar e conter suas possibilidades metafóricas, ou seja, conceitos religiosos, educativos, científicos políticos e jurídicos que tomam forma binária e afirmam de forma categórica o sentido de masculino e feminino, são apresentados como se fossem consensuais; (1.3) o objetivo da nova pesquisa histórica deve ser explodir a noção de fixidez e descobrir a natureza do debate ou da repressão que leva à aparência de uma permanência eterna na representação binária dos gêneros; (1.4) a identidade subjetiva (Scott, 1990).

Segundo Scott (1990, p. 23), o gênero é um meio de decodificar os sentidos das formas de interação humana, sendo a política um dos domínios em que ele pode ser utilizado para a análise histórica:

> O gênero é, portanto, um meio de decodificar o sentido e de compreender as relações complexas entre diversas formas de interação humana. Quando os(as) historiadores(as) procuram encontrar as maneiras como o conceito de gênero legitima e constrói as relações sociais, eles/elas começam a compreender a natureza recíproca do gênero e da sociedade e das formas particulares, situadas em contextos específicos, como a política constrói o gênero e o gênero constrói a política.

Scott criticou Rubin por avaliar que a antropóloga reduziu o uso da categoria *gênero* ao sistema de parentesco, limitando sua mirada ao universo doméstico e à família como fundamento da organização social. Scott defendeu um olhar que inclua o parentesco, mas também o mercado de trabalho, a educação e o sistema político. Ela não vê sentido em perceber as relações contemporâneas entre homens e mulheres como produtos de sistemas anteriores de parentesco, baseados na troca de mulheres, pois, embora o gênero se construa através do parentesco, não o faz exclusivamente por meio dele (Scott, 1990).

A noção de Scott está ancorada em um conjunto de concepções que guiam seu pensamento, havendo outras das quais faz questão de se diferenciar. Ela contesta modelos que explicam as transformações históricas pela continuidade de certas estruturas, como o conceito de patriarcado, e das abordagens da diferença que partem do pressuposto de uma unidade cultural interna, que se referencia em um outro exógeno. Ela trabalha com uma ideia pulverizada de poder, e qualifica a produção do saber como ato de poder. Parte da valorização da linguagem e do discurso como práticas relacionais que produzem e constituem instituições e os próprios sujeitos históricos (Piscitelli, 2002).

No artigo, a historiadora explica que a disciplina de História não se trata apenas do registro, mas da forma como os sexos se organizavam e dividiam funções em diferentes períodos. Logo, a história é, em si, responsável pela "produção da diferença sexual" (Scott, citada por Pedro, 2011, p. 273), uma vez que sua narrativa nunca é neutra; e, quando descreve acontecimentos protagonizados por homens, constrói, no presente, o gênero. Nessa perspectiva, a história é uma narrativa sobre o sexo masculino e conforma o gênero ao estabelecer que apenas os homens (ou principalmente) fazem história. Além disso, salienta que gênero se refere a relações entre homens e mulheres, ou seja, deve-se deixar de focalizar a mulher ou as mulheres (Pedro, 2011).

> **Importante!**
>
> O principal pressuposto da noção de gênero é a ideia de que a diferença entre os sexos não está assentada apenas na natureza, mas se trata de uma construção cultural e histórica.

Esse pressuposto seria compartilhado por inúmeros pesquisadores e pesquisadoras da área nos anos posteriores. Isso revela um acerto político na estratégia das pesquisadoras feministas como Scott, as quais o desenvolveram em busca de legitimidade institucional para seus estudos durante a década de 1980.

> **Importante!**
>
> As origens do conceito de gênero estão na linguística anglo-saxônica e sua adoção pelo vocábulo das ciências sociais, incluindo a história. Nessas áreas, ele tomou uma conotação que significa a distinção entre atributos culturais designados a cada um dos sexos. Sinalizando a construção social das diferenças sexuais, e referindo-se às construções sociais de feminino e masculino, o gênero deu historicidade a esses dois elementos.

Embora seja frequentemente utilizada como sinônimo de *mulheres*, a palavra *gênero* semanticamente carrega uma ambiguidade, uma vez que designa categorias tanto gramaticais (feminino e masculino) quanto literárias (entre outras). É justamente nessa ambiguidade que se encontra a diferença entre a história das mulheres e os estudos de gênero. A especificidade do gênero é ser mais generalista, abrigando estudos sobre homens e sexualidade (Vasquinhas, 2015). Não obstante, a história das mulheres foi considerada mais retrógrada, por criar guetos no saber científico. Ainda assim, esta, como já assinalamos, tem a vantagem de ser mais empirista, explícita e dar visibilidade às mulheres.

Embora *gênero* não seja sinônimo de *mulheres*, seu estudo deu visibilidade a elas nas pesquisas e possibilitou análises que as consideram produtos do meio social e cultural, bem como os homens. O termo *gênero* estimulou o questionamento da exclusão das mulheres da cidadania política, além de servir de ferramenta para correlacionar a suposta incapacidade física, intelectual e política das mulheres.

Portanto, o gênero afastou o espectro da naturalização, conferiu precisão à noção de assimetria e hierarquia nas relações entre homens e mulheres, uma vez que incorporou a dimensão das relações de poder. Além disso, evidenciou o caráter relacional entre os gêneros, no qual nenhuma compreensão de um gênero é alcançada por um estudo que o tenha completamente em separado. Ele tem servido para desvelar os sentidos da manutenção da ordem social e apontado direcionamentos para mudá-la. Ademais, o gênero foi articulado com classe e raça/etnia, diante da clareza das pesquisadoras de que as desigualdades se organizam, no mínimo, em três eixos – gênero, raça e classe (Soihet; Pedro, 2007). Versaremos sobre essas outras dimensões nos capítulos a seguir.

A introdução da categoria *gênero* representou, para boa parte da historiografia, um considerável avanço em relação à história das mulheres, por motivos distintos. Para alguns, por considerarem uma forma mais "neutra", mais científica e menos politizada do que o conhecimento que vinha sendo construído sobre as mulheres. Para outros, a qualidade estava em seu caráter relacional. De todo modo, seu advento gerou usos distintos, que Gonçalves (2006) dividiu em três perspectivas diferentes. Na **primeira**, utilizou-se a categoria como sinônimo de *mulher*, passando por um processo de absorção que a tornaria sinônimo também de *história das mulheres*. A **segunda** negava a substituição da história das mulheres pela noção de gênero e afirmava que se tratava da construção social das categorias *masculino* e *feminino*, por meio de discursos e práticas. Nessa visão, portanto, o gênero e a história das mulheres eram diferentes e estava mantida a necessidade de uma história social das mulheres. A **terceira** perspectiva informava a dificuldade de incorporação da categoria ao fazer historiográfico, e quando ocorria, havia a dificuldade de reconstituir o masculino, tendo se tornado um sinônimo de *história das mulheres* (Gonçalves, 2006).

Essa sobreposição entre a primeira e a terceira perspectiva do debate foi qualificada como uso descritivo do conceito de gênero. Joan Scott (1990), todavia, situa-se entre as historiadoras que defenderam ultrapassar os usos descritivos do conceito. Segundo ela, tal uso faz do gênero um conceito vinculado às coisas relativas a mulheres, porém, sem a força analítica suficiente para questionar e mudar paradigmas existentes na história. O limite de tal abordagem, que não questionou os conceitos dominantes no bojo da disciplina, foi não abalar seu poder ou transformá-lo.

A consequência dos usos descritivos, segundo a autora, tem sido a produção de trabalhos nos quais a relação entre os sexos é mais evidente, como as mulheres, as crianças e as famílias. Já temáticas ligadas à política, à diplomacia e às guerras não teriam a ver com essas relações. Houve, assim, a adesão a uma visão funcionalista baseada na biologia, com a perpetuação de esferas separadas na escrita da história, na qual o gênero aparenta ser irrelevante à reflexão nos trabalhos que versam sobre poder e política. Dessa forma, perpetuou-se a ideia de esferas separadas nesta escrita, entre mulheres ou homens, família ou nação, sexualidade ou política. Cabe ressaltar que os usos descritivos do conceito foram feitos por parte das pesquisas da área.

No ano seguinte à publicação de Scott, a filósofa Judith Butler publicou *Problemas de gênero*, livro que se tornaria o mais influente sobre os estudos de gênero dos anos 1990. Inspirada na obra de Michel Foucault, Butler (2020) desconstruiu a ideia de corpo "natural" e o afirmou tão cultural quanto o gênero. Se em Scott a pergunta era sobre como o gênero funciona nas relações sociais, em Butler o questionamento se voltou para como o gênero funciona na definição ontológica do sujeito (Heilborn; Rodrigues, 2018).

O deslocamento da questão proposto por Butler inscreveu na área um problema epistemológico[9] e o desafio de pensar relações sociais de gênero não mais com base na distinção sexo/gênero, mas no trinômio sexo/gênero/desejo, em que a heterossexualidade compulsória é questionada como heteronormatividade (Heilborn; Rodrigues, 2018).

Butler escreveu *Problemas de gênero* sob impacto do trabalho de Gayle Rubin, em *Pensando o sexo* (Rubin 2017b). Nessa obra de 1984, Rubin demonstrou que a forma como havia trabalhado a sexualidade na noção de sistema sexo/gênero, de 1975, não dava conta das especificidades dela em relação ao gênero. Ela descreveu um "sistema de estigmatização erótica" (Rubin, 2017b, p. 85) que hierarquiza valores sexuais, no qual a sexualidade considerada boa e normal deveria ser heterossexual, marital e monogâmica.

De acordo com esse sistema, a sexualidade "boa", "normal" e "natural"
seria idealmente heterossexual, conjugal e, monogâmica, reprodutiva e

---

9 *O termo refere-se à "Teoria do conhecimento. Algumas de suas questões centrais são: a origem do conhecimento; o lugar da experiência e da razão na gênese do conhecimento e a certeza, e entre o conhecimento e a impossibilidade do erro; a possibilidade do ceticismo universal; e as formas de conhecimento que emergem das novas conceituações do mundo. Todos esses tópicos se relacionam com outros temas centrais da filosofia, tais como a natureza da verdade e a natureza da experiência e do significado" (Blackburn, 1997, p. 118-119).*

não comercial. Ela se daria entre casais, dentro da mesma geração e em casa. Ela não envolveria pornografia, objetos de fetiche, brinquedos sexuais de nenhum tipo ou quaisquer outros papéis que não fossem masculino e feminino. Qualquer forma de sexo que viole essas regras é "má", "anormal" ou "não natural". (Rubin, 2017b, p. 85)

No texto publicado em 1984, Butler (2020) promoveu um debate sobre a distinção sexo/gênero, que classificou como *binária*, por pensar o sexo como natural e o gênero como socialmente construído (natureza *versus* cultura). Para a autora, aceitar esse pressuposto binário significaria aceitar também que o gênero expressa uma essência do sujeito. A questão acertada, segundo ela, seria discutir como e se a noção de gênero decorre do sexo. Logo, a própria utilidade da categoria de análise gênero estava sendo colocada à prova.

A autora indica que o gênero também produz o sexo:

*Se o sexo é, ele próprio, uma categoria tomada em seu gênero, não faz sentido definir o gênero como uma interpretação cultural do sexo. O gênero não deve ser meramente concebido como inscrição cultural de significado num sexo previamente dado (uma concepção jurídica); tem de designar também o aparato mesmo de produção mediante o qual os próprios sexos são estabelecidos. Resulta daí que o gênero não está para a cultura como o sexo para a natureza; ele também é o meio discursivo/cultural pelo qual "a natureza sexuada" ou "um sexo natural" é produzido e estabelecido como "pré-discursivo", anterior à cultura, uma superfície politicamente neutra **sobre a qual** age a cultura.* (Butler, 2020, p. 27, grifo do original)

A proposta da filósofa indica a existência de três dimensões contingentes da corporeidade: (1) o sexo anatômico; (2) a identidade de gênero; (3) a *performance* de gênero. A *performance* se refere àquilo que perturba a associação sexo/gênero e explicita sua arbitrariedade.

Para ela, os debates que tentam estabelecer uma prioridade entre gênero, diferença sexual e sexualidade se deparam com o problema de que há uma constante dificuldade em determinar onde começa e termina o biológico, o psíquico, o discurso e o social (Heilborn; Rodrigues, 2018).

A abordagem pós-estruturalista ou pós-moderna de Butler alude a uma teoria da linguagem em que a ordem clássica da causalidade é invertida. O sujeito, que antes era causa, torna-se efeito, um produto de discursos. A inteligibilidade desses discursos depende de significações anteriores, "significações que, graças à função reiterativa do discurso, se introduzem nas mais cotidianas e banais práticas linguísticas de significado" (Varikas, 2016, p. 100).

> *O que está em jogo aqui já não é uma representação unitária que não corresponde à multiplicidade e à fragmentação das vivências históricas das mulheres, mas a própria possibilidade de **toda e qualquer representação** que suporia, forçosamente, um grau de **correspondência** entre as experiências das mulheres e dos homens e sua reconstituição narrativa. A experiência já não é fonte de atribuição de sentido e de ação históricos, ela é o **produto do discurso pelo qual, e por meio do qual, ela é enunciada**. A historicidade do gênero, por conseguinte, tem que ser buscada nos procedimentos discursivos que produzem os sentidos do masculino e do feminino.* (Varikas, 2016, p. 100-101, grifo do original)

As proposições de Butler geraram diversos debates dentro das ciências humanas. Nessas áreas, o contexto acadêmico dos anos 1990 e 2000 foi de uma passagem de estudos das mulheres para estudos de gênero, formando questões lésbicas, *gays* e sobre transgêneros. Esse movimento gerou uma controvérsia sobre se isso minaria o cunho político dos estudos das mulheres. Se, de um lado, a ascensão dos debates foi um sucesso para o feminismo, de outro, gerou uma reação conservadora persecutória em torno do tema nos espaços institucionais, fossem eles as universidades ou o Estado (Connell; Pearse, 2015). Por parte das ativistas feministas havia uma preocupação com a ascensão do gênero, pois elas temiam que o feminismo burocrático e acadêmico se afastasse dos movimentos sociais, perdendo seu catalisador político, tornando-se incompreensível às mulheres trabalhadoras. Para Connell e Pearse (2015, p. 140), "tudo o que essas ativistas temiam acabou acontecendo".

As autoras consideram que a teoria de gênero nos países anglófonos[10] acabou se tornando "abstrata, contemplativa ou analítica em seu estilo ou se focou inteiramente na subversão cultural" (Connell; Pearse, 2015, p. 140). Elas observaram que a literatura da teoria de gênero do período quase não fez referência à educação das meninas, à violência doméstica, à saúde das mulheres, às visões dominantes de gênero, ao Estado ou a políticas públicas pelas quais as feministas vinham lutando; o enfoque passou a ser a sexualidade, a identidade pessoal, a representação, a linguagem e a diferença (Connell; Pearse, 2015).

No centro do feminismo acadêmico dos anos 1990, a obra de Butler propunha que o radicalismo do gênero está na subversão da identidade, não na mobilização feminista em torno de uma identidade como "mulher". A subversão quebraria a dicotomia de gênero, deslocando suas normas. Tratava-se de mais um tensionamento em torno da categoria *mulher* como sujeito do feminismo e das pesquisas feministas.

---

10 *A expressão utilizada pelas autoras é* metrópole anglófofona, *pois sua matriz reflexiva é a história global. Com essa expressão, estão se referindo aos países de língua inglesa do norte global, mais precisamente Estados Unidos e Inglaterra, e não a todos os países falantes da língua inglesa (Conrad, 2019).*

Conforme Connell e Pearse (2015, p. 141), "Butler defendeu que não há fundamentos fixos das categorias de gênero e, portanto, também na estratégia feminista. O gênero é 'praticável' trazendo à existência as identidades por meio de ações repetitivas, em vez de serem a expressão de uma realidade preexistente".

Outra revisão das teorias feministas e de gênero seria feita pelas feministas negras norte-americanas, novamente a partir da crítica à categoria *mulher* como unificadora, como utilizavam as feministas brancas. Pensadoras como bell hooks denunciaram que a forma das feministas brancas abordarem a categoria *mulher* representava uma cumplicidade com o racismo, o que gerou um ressurgimento das lutas pela integração entre as pautas de classe, raça e gênero.

Em *Pensamento feminista negro*, publicado originalmente em 1991, Patrícia Hill Collins (2019) mapeou os mecanismos de opressão das mulheres negras e as formas encontradas por elas no enfrentamento a eles. No mapeamento da importância do pensamento feminista negro, a socióloga desvelou os aspectos econômicos, políticos e ideológicos que permeiam a opressão das mulheres negras estadunidenses. A obra de Collins contribuiu para a promoção de uma política de identidades internas ao feminismo[11] (Connell; Pearse, 2015, p. 143).

Já esclarecemos que a utilização política do conceito de gênero, embora conte com menções anteriores ao século XX, ocorreu em meados da década de 1970. Uma exceção a essa utilização acadêmica do construto é a França, que não incorporou a categoria anglo-americana à sua produção. Segundo Offen (2011), o gênero não faz sentido na realidade francesa, nem em sua língua. A utilização da tradução

---

11 *Voltaremos a abordar mais detidamente o feminismo negro no Capítulo 4. Utilizamos o singular para nos referir a esta vertente por uma questão de forma, uma vez que os feminismos, em seus diversos períodos e grupos foram reiteradamente plurais, como é comum aos movimentos sociais.*

francesa para *gender*, que é *genre*, chegou a ser desaconselhada pela Comissão Geral de Terminologia e de Neologia localizada junto ao primeiro-ministro. A palavra foi considerada "neologismo e anglicanismo" (Thébaud, 2009, p. 41). Já Scott (2012) relaciona a recusa das pesquisadoras a sua interpretação de que o conceito reduziria a observação das desigualdades visíveis entre homens e mulheres.

A academia francesa tem uma larga tradição de pensamento feminista de difusão global, pelo menos, desde os anos 1960. A historicidade da produção intelectual nas ciências humanas daquele país ajuda a explicar tal afastamento. Em paralelo à escrita de *O tráfico de mulheres*, de Gayle Rubin (2017a), a socióloga Christine Delphy publicava *The Main Enemy* (Delphy, 1977), obra que daria as bases para o feminismo materialista francês. Nessa tradição, a noção mais próxima ao conceito de gênero é a de **relações sociais de sexo**, termo emprestado do léxico marxista, que gozava de bastante influência nas humanidades no período. Trabalharemos a trajetória do feminismo materialista e seus conceitos no Capítulo 3.

As pesquisas na área de estudos de gênero nas últimas três décadas vêm demonstrando capacidade renovada em observar as desigualdades entre homens e mulheres, a despeito das críticas de esvaziamento que receberam. A apropriação do conceito pela extrema-direita, que utiliza a expressão *ideologia de gênero*, é um dos indícios de seus impactos no mapeamento e denúncia das desigualdades, bem como de sua penetração no debate público.

As origens de tal ofensiva conservadora foram o Pontifício Conselho para a Família e as conferências episcopais católicos, de meados dos anos 1990 e início dos 2000 (Junqueira, 2019). Nos mais de 20 anos dessa ofensiva reacionária, a iniciativa foi capaz de espalhar-se por dezenas de países e catalisar manifestações contra políticas sociais, reformas jurídicas e ações pedagógicas que promoviam direitos sexuais e combatiam violências (hetero)sexistas. Estiveram na mira desses grupos as iniciativas voltadas a descriminalizar o aborto, criminalizar a transfobia, "legalizar o casamento igualitário, reconhecer a homoparentalidade, estender o direito de adoção a genitores do mesmo sexo" e as políticas educacionais de reconhecimento da diversidade sexual e de gênero, bem como aquelas de igualdade sexual e de gênero (Junqueira, 2019, p. 2).

(1.5) Gênero e feminismos

Temos reiterado ao longo deste capítulo que o movimento feminista do século XX colaborou com o feminismo acadêmico, em uma relação de reciprocidade que expressa sua preocupação com a produção de conhecimento em prol de um projeto emancipatório. A contundente crítica feminista à ciência incidiu sobre seu caráter particularista, ideológico, racista e sexista. Assim, a incapacidade da ciência ocidental de pensar a diferença, graças à sua lógica da identidade[12], foi denunciada por ser excludente (Rago, 2019).

Tal colaboração tem relação com algumas mudanças demográficas que marcaram a segunda metade do século XX. Entre elas, destacamos a expansão das universidades e dos programas de pós-graduação, que passaram a receber um número maior de alunos. Esse foi o contexto de crescimento da participação feminina no ensino superior e do interesse por sua própria história nas esferas pública e privada,

---

12 *As ciências humanas eram pensadas a partir de uma noção universal de homem branco, heterossexual e do Primeiro Mundo, deixando de lado todos que escapam a esse padrão, conforme já discutimos na primeira seção do capítulo.*

o que resultaria no conjunto de questionamentos que descrevemos até aqui.

A história do feminismo tem sido narrada pela historiografia feminista conectada às categorias *mulher, mulheres* e *relações de gênero*. Segundo Rago (2019), as teóricas feministas postularam que o sujeito deixasse de ser adotado como ponto de partida e fosse tomado de forma dinâmica, inserido em relações sociais, sexuais e étnicas. Dessa forma, os estudos da mulher seriam pensados como uma identidade socialmente construída e não como uma essência biológica pré-determinada.

> *É na luta pela visibilidade da "questão feminina", pela conquista e ampliação dos seus direitos específicos, pelo fortalecimento da identidade da mulher, que nasce um discurso feminista e que se constitui um campo feminista do conhecimento. É, portanto, a partir de uma luta política que nasce uma linguagem feminista.* (Rago, 2019, p. 377)

Embora o pensamento feminista não componha um conjunto unificado de conhecimentos, há quem defenda que todos os envolvidos em sua reflexão deveriam "partir de um ponto comum que seria o da subordinação da mulher ao homem, para entender e explicitar, relacionalmente, as muitas vicissitudes de como tais relações de dominação e opressão são elaboradas socialmente" (Matos, 2008, p. 337). Da preocupação com essas opressões, emergiram termos cunhados com o intento de explicá-las, como *patriarcado* e *dominação masculina*.

Na narrativa historiográfica, parte dos estudiosos entende que as ideias feministas formaram ondas em períodos históricos específicos.

Na **Primeira Onda**, que se estendeu do final do século XIX ao início do XX, em busca de conquistar o espaço público, as mulheres reivindicaram direitos políticos, sociais e econômicos. O período ficou marcado graças à luta pelo voto feminino, por meio do movimento sufragista. No Brasil, o movimento era composto principalmente por mulheres das camadas médias, inseridas no mercado de trabalho. Além do voto e da elegibilidade, elas lutavam pelo acesso pleno à educação de qualidade, em busca de capacitação que lhes permitisse superar as barreiras impostas ao trabalho feminino remunerado (Soihet, 2012a).

A **Segunda Onda**, iniciada em meados dos anos 1960, ficou marcada pelas exigências relacionadas à sexualidade (direito ao prazer), direito ao corpo (aborto e contracepção) e pela luta contra o patriarcado – discutiremos as controvérsias em torno desse conceito no Capítulo 3. A conjuntura política brasileira foi determinante para as especificidades do movimento no país. Em virtude da ditadura empresarial-militar sob a qual viviam, os movimentos de mulheres e feministas estiveram fortemente ligados às lutas da esquerda, em torno de pautas como liberdade de expressão e problemas da mulher trabalhadora. Outra questão cara nesse período de mobilização era a violência contra a mulher (Pedro, 2012).

Com relação ao labor, não somente a participação no mercado de trabalho era reivindicada durante a chamada *Segunda Onda*, mas também as especificidades do trabalho doméstico. Ele, que havia sido visto historicamente como encargo feminino, passou a ser questionado pelas feministas. O grupo pleiteava a divisão das tarefas entre homens e mulheres e a atuação do Estado, na construção de creches, lavanderias coletivas e restaurantes populares (Pedro, 2012). No feminismo acadêmico, o tema renderia um fértil debate, que se estende até a atualidade, haja vista as demandas não terem sido atendidas. Abordaremos esse assunto no Capítulo 6.

A **Terceira Onda** emergiu nos anos 1990, com a crítica às concepções da Segunda Onda, seja proveniente da influência do pós-estruturalismo, seja proveniente do contraponto nascido entre as feministas negras e do Terceiro Mundo. Do pós-estruturalismo viria a categoria *relações de gênero*, da crítica feminista, a emergência da categoria *mulheres*. O feminismo dos anos 1970 foi duramente criticado por ter se construído em torno da categoria *mulher* como unidade e de uma "irmandade [...] imaginada" (Hemmings, 2009, p. 231).

Segundo Hemmings (2009, p. 229), para que o pós-estruturalismo surgisse como algo que está "além da diferença particularizada e simultaneamente inclusivo dessas diferenças", foi necessário criar uma narrativa problemática sobre a Segunda Onda, que seria finalmente salva pelas formulações da Terceira Onda:

> *Um feminismo essencialista universalizado é direta ou indiretamente associado aos anos 70, e críticas raciais e sexuais são contidas nos anos 80 para que o pós-estruturalismo possa, finalmente, superar o essencialismo e incorporar as identidades associadas à diferença sexual, sexualidade e raça.* (Hemmings, 2009, p. 229)

Algumas críticas têm sido feitas a essa história que anuncia os momentos de maior mobilização do feminismo como se eles formassem ondas. A **primeira** e mais óbvia é a possível conclusão, a partir da metáfora da onda, de que fora dos momentos de pico o feminismo teria desaparecido, seja como movimento político, seja como movimento acadêmico. Ora, as muitas correntes do feminismo não sumiram nos períodos situados no vale das ondas (parte mais baixa), nem as feministas deixaram de produzir conhecimento durante eles, fosse esse saber mais acadêmico ou político.

Uma **segunda** crítica, ligada à primeira, diz respeito à crença em um progresso do pensamento feminista, que pode servir para considerar algumas pautas superadas e até mesmo desqualificar as práticas de feministas de outros tempos.

A **terceira** crítica incide sobre as ondas serem baseadas nas feministas brancas de classe média dos Estados Unidos, da França e da Inglaterra, ocultando a atuação de mulheres negras e trabalhadoras, por exemplo. Em algumas regiões do globo, durante a Segunda Onda, a luta anticolonial era mais urgente do que reivindicações pela participação no mercado de trabalho.

Uma **quarta** crítica refere-se à percepção de um deslocamento linear de sua trajetória, que credita a cada década uma categoria analítica: 1970 – mulher; 1980 – mulheres; 1990 – relações de gênero.

Ainda, uma **quinta** observação foi feita à centralidade dos países do norte global na definição dos marcos da trajetória, reforçando a ideia de que há um centro de onde irradiam as teorias e as suas margens[13].

No caso brasileiro, a categoria *mulher* continuou em voga nos trabalhos produzidos nos anos 1980, por exemplo. Da mesma forma, a coleção *História das mulheres no Ocidente* foi publicada nos anos 1990 (Duby; Perrot, 1994). Em pesquisa sobre as temporalidades do feminismo no Cone Sul[14], Pedro (2011) salienta que as três categorias foram utilizadas simultaneamente, fugindo a essa sequência linear, sempre com atraso em relação ao "Norte".

No âmbito dos países do Norte, de fato, por um período essas narrativas privilegiaram a atuação de feministas brancas das camadas médias, principalmente dos Estados Unidos, da França e da Inglaterra, relegando a segundo plano as mulheres negras e da classe

---

13 Os termos norte e sul global *são utilizados por pesquisadores voltados para a importância do período colonial na formação da modernidade capitalista. Tais termos não se referem a divisões territoriais, mas ao papel que determinados Estados desempenham, conforme sua herança colonial* (Connell; Pearse, 2015).

14 *Cone Sul é a porção austral da América do Sul, abaixo do Trópico de Capricórnio, onde estão localizados os estados da Região Sul do Brasil, o Uruguai, a Argentina e o Chile.*

trabalhadora. Enquanto Betty Friedan (1971), em *Mística feminina*, de 1963[15], enxergava no trabalho remunerado e na carreira uma forma de libertação, para essas mulheres ele era uma realidade há muito tempo, e significava um cansaço a mais (Stolke, 2004). O livro de Friedan explorou a atuação da publicidade e do sistema de ensino na construção de um consenso em torno do papel doméstico das mulheres e teve grande impacto nos debates feministas da Segunda Onda.

Perrot (1989) destacou as diferenças de registro da memória feminina, que se mostrou mais atenta aos detalhes do que a masculina e voltou-se para as pequenas manifestações do cotidiano, em geral menos percebidas pelos homens. Entre os temas fomentados pela prática feminista, estiveram, a partir da Segunda Onda, as formas de dominação e resistência, sob a influência da história social, e, posteriormente, mais ligados à nova história, bruxaria, prostituição, loucura, aborto, parto, maternidade, saúde, sexualidade, história das emoções e dos sentimentos etc.

Os vários formatos de movimento feminista e de mulheres em distintos países, inclusive no Brasil, têm deixado um legado civilizatório inegável para as sociedades onde floresceram e se multiplicaram. As reformulações que vêm sendo empreendidas naqueles aspectos mais centrais referentes aos problemas da sociedade brasileira, tais como a discussão sobre a feminização da pobreza, sobre a universalização qualificada da educação básica e fundamental, sobre o acesso em perspectiva crítica aos bancos universitários, sobre as ainda injustas e permanentes formas de discriminações vividas no âmbito da violência doméstica e no mercado de trabalho, sobre o acesso às mais variadas formas de políticas públicas que hoje já possuem um viés de gênero (incluindo aí, sobretudo, aquelas no

---

15 O livro de Friedan havia sido amplamente influente durante a Segunda Onda do feminismo.

campo da saúde e da segurança e defesa sociais), e isso para citar apenas alguns pontos mais relevantes, têm hoje um toque feminino e feminista incontestável. (Matos, 2008, p. 351)

Entre disputas acadêmicas e políticas, o movimento feminista tem deixado um legado de transformação social nas sociedades em que floresceu. Matos (2008, p. 351) caracteriza esse legado como "civilizatório".

Síntese

Neste capítulo, relatamos que, antes de se constituir uma área dedicada a estudar o sujeito histórico *mulheres*, a organização da História como disciplina excluiu as mulheres que faziam pesquisa histórica, considerando-as amadoras. Na década de 1960, graças ao aumento da participação feminina nas universidades, as mulheres alcançaram destaque ao escrever e pesquisar a história, formando a área de história das mulheres, que teria contornos mais bem-definidos nos anos 1970, não por acaso, simultaneamente à ascensão do movimento feminista.

As historiadoras, impactadas pelas inovações da teoria feminista, desbravaram o cotidiano, valorizando a dimensão política da vida privada. Elas destacaram as biografias de mulheres e as evidências da participação feminina nos acontecimentos históricos. Além disso, produziram a crítica da racionalidade e do sujeito universal do conhecimento (homem, branco, geralmente em posições de poder). Posteriormente, produziriam também a crítica da categoria universal do feminino, que era o sujeito político do feminismo, gerando embates acerca da diferença.

Salientamoss as críticas feitas à história das mulheres sobre seu caráter descritivo e binário no papel de suplementação à história. Do seio dessa crítica seria construído o conceito relacional de gênero no campo das humanidades. Embora Simone de Beauvoir tenha sido pioneira em apontar que o sexo não define a correspondência de uma pessoa com o gênero, o termo apareceria somente nos escritos da antropóloga Gayle Rubin e seu sistema sexo-gênero, abrindo caminho para a ruptura ocorrida na década seguinte à sua publicação.

Discutimos como a historiadora Joan Scott compôs os contornos do conceito de gênero que utilizamos hoje. Em sua reflexão, ele foi definido como construção social em torno da diferença sexual, relacionado à construção social de feminino e masculino. Embora a recepção e os usos do conceito tenham sido por diversas vezes descritivos, ele forneceu uma importante ferramenta metodológica para as análises da realidade. Judith Butler questionaria o conceito sob o argumento de que o corpo natural é tão cultural quanto o gênero, propondo pensar as relações de gênero sem partir da distinção sexo/gênero.

Finalizamos estabelecendo conexões entre o gênero construto e os feminismos. Traçamos a cronologia das três ondas feministas identificadas ao longo do século XX e sua imbricada relação com as pesquisas feministas, que foram atravessadas por tensionamentos relativos à categoria *mulher*. De todo modo, as pesquisas nessa área demonstraram aguçada capacidade de observar desigualdades entre homens e mulheres, sempre em diálogo com os movimentos sociais e suas pautas, em contribuições recíprocas. O resultado delas seria um forte impulso em direção à renovação científica.

Indicações culturais

Assista aos filmes indicados a seguir para saber mais sobre o movimento feminista da chamada *Segunda Onda* e as discussões que ele gerou entre as mulheres de diferentes grupos sociais.

O SORRISO de Mona Lisa. Direção: Mike Newell. EUA: Columbia Pictures; Sony Pictures Entertainment, 2003. 119 min.

FEMINISTAS: o que elas estavam pensando? Direção: Johanna Demetrakas. EUA: Netflix, 2018. 86 min. Documentário.

Atividades de autoavaliação

1. De acordo com uma das autoras estudadas neste capítulo, o positivismo operou uma dupla exclusão das mulheres por:
   a) escolher as mulheres como protagonistas, em detrimento dos homens.
   b) escolher os homens como únicos protagonistas e impedir que as mulheres acessassem a profissão de historiador.
   c) escrever uma história plural, com fontes não oficiais e diversidade de sujeitos históricos.
   d) associar o político exclusivamente ao espaço privado, sem atribuir relevância à esfera pública.
   e) eleger como sujeitos da história os grupos subalternos, racializados, utilizando uma gama diversa de fontes para estudá-los.

2. A história das mulheres dedicou-se compilar dados sobre mulheres do passado, revelando a influência delas nos acontecimentos da esfera pública. Uma das consequências desse trabalho foi:

a) a confirmação de que o sujeito da história era uma figura universal, representada pelo homem.
b) a conclusão de que as periodizações tradicionais estavam perfeitas e funcionavam muito bem mesmo se as mulheres eram levadas em conta.
c) a conclusão de que as informações sobre mulheres não tinham importância para a história.
d) o esclarecimento de que os historiadores já tinham um conhecimento completo sobre o passado e esses dados eram irrelevantes.
e) o apontamento da incompletude da história, pois ela precisava ser suplementada com informações sobre mulheres.

3. Em *O tráfico de mulheres,* a antropóloga Gayle Rubin (2017a) introduziu o conceito de gênero no debate sobre as causas da opressão das mulheres. No ensaio, ela explicou seu sistema de sexo/gênero, que pode ser definido como:
a) série de arranjos por meio dos quais uma sociedade transforma a sexualidade biológica em produtos da atividade humana.
b) série de encontros entre homens e mulheres, em que há exploração da mão de obra masculina.
c) conjunto de atividades por meio das quais as mulheres assumem a governança em suas comunidades.
d) conjuntos de arranjos por meio dos quais as mulheres organizam a troca de maridos.
e) série de relações construídas pelas mulheres, em que os homens são objeto de troca.

4. Joan Scott (1990) publicou "Gênero: uma categoria útil para a análise histórica", artigo paradigmático que seria amplamente utilizado para discutir as relações de gênero na história. No texto, gênero é definido como elemento constitutivo das relações sociais fundadas sobre as diferenças percebidas entre os sexos, que envolve algumas subpartes, exceto:
   a) símbolos culturalmente disponíveis que evocam representação múltiplas, como Eva e Maria na tradição cristã.
   b) conceitos normativos que colocam em evidência a interpretação do sentido dos símbolos que tentam limitar e conter suas possibilidades metafóricas – conceitos religiosos, educativos, científicos políticos e jurídicos que tomam forma binária e afirmam de forma categórica sentido de masculino e feminino – são apresentados como se fossem consensuais.
   c) o objetivo da nova pesquisa histórica deve ser explodir a noção de fixidez e descobrir a natureza do debate ou da repressão que leva à aparência de uma permanência eterna na representação binária dos gêneros.
   d) a identidade subjetiva.
   e) a identidade objetiva.

5. A filósofa Judith Butler (2020), em *Problemas de gênero*, questionou como pensar as relações sociais sem partir da distinção sexo/gênero. Para ela:
   a) o gênero não é uma construção histórica, cultural e política.
   b) o gênero é uma construção histórica e não cultural.
   c) o corpo "natural" é tão cultural quanto o gênero.

d) homens e mulheres são determinados pela natureza, não tendo relação com construções da sociedade.

e) o corpo "natural" é dado somente pela natureza, e o gênero, pela cultura.

Atividades de aprendizagem

Questões para reflexão

1. Com base nas reflexões de Joan Scott (1990) sobre as relações de gênero serem construídas socialmente, você já pensou sobre como algumas habilidades são estimuladas de forma diferenciada para meninos e meninas? Você observa essas diferenças nas famílias com as quais convive? Por que razão, segundo você, algumas profissões, como a enfermagem e a pedagogia, são dominadas por mulheres, ao passo que as engenharias contam com um contingente maior de homens?

2. Com base em suas vivências, escolha um grupo de pessoas (família, colegas de faculdade ou trabalho) e verifique quais das mudanças sociais reivindicadas pelos feminismos do século XX, estudados ao longo do capítulo, parecem ser mais evidentes na vida do grupo escolhido.

Atividade aplicada: prática

1. Considerando o que discutimos na última seção deste capítulo, elabore um quadro que contenha duas colunas e diversas linhas, como o modelo a seguir. Nas linhas da primeira coluna você deve registrar as reivindicações do feminismo da chamada *Segunda Onda*; já nas linhas da segunda coluna, classifique

essas pautas como conquistadas, parcialmente conquistadas e não conquistadas.

Reivindicações	Status no século XXI

Capítulo 2
Exploração do trabalho, dominação e opressão das mulheres

Bárbara Araújo Machado

Neste capítulo, faremos um percurso histórico pelas principais abordagens da relação entre mulheres e trabalho no sistema capitalista. Muitos autores e autoras, desde fins do século XVIII, têm pensado sobre como e por que as mulheres são exploradas, dominadas e oprimidas socialmente e quais as relações disso com o mundo do trabalho. Nesse percurso, conheceremos algumas discussões teóricas fundamentais a fim de responder a essas perguntas. Nos ocuparemos, a princípio, dos conceitos de trabalho e classe social e suas relações com o gênero, percebendo como esses conceitos foram articulados ao longo da história, em particular no campo do marxismo. Em seguida, nos ateremos aos conceitos de exploração, dominação e opressão, que têm sido centrais para autores e autoras que pensaram sobre a condição das mulheres no mundo do trabalho. Em seguida, conheceremos as discussões sobre o trabalho doméstico e o trabalho de reprodução social e as diferentes abordagens que surgiram e se renovaram nessas discussões.

(2.1)
Gênero, trabalho e classe social

Embora a palavra *trabalho* tenha uma acepção um tanto negativa na atualidade – assim como, em contrapartida, a palavra *folga* remete a um sentimento de satisfação –, o trabalho tem sido compreendido como um elemento que compõe a vida humana. Ele foi um aspecto central na obra do filósofo alemão Karl Marx, que o concebeu como atividade humana vital e prática de manipulação da natureza de acordo com suas necessidades, desenvolvendo posteriormente uma compreensão do trabalho ligada à dinâmica do capital (Marx, 2010; 2017).

Na concepção do materialismo histórico, conforme desenvolvido por Marx, contextos históricos diferentes produzem relações de trabalho diferentes – e por elas são produzidos. Nesse sentido, pensar o trabalho é fundamental para pensar as sociedades humanas, bem como as clivagens específicas, como gênero e raça, que tornam os seres humanos diferentes entre si.

Em sociedades pré-capitalistas, o trabalho era um meio de subsistência, de manutenção da vida. Segundo Susan Ferguson (2020), os camponeses da sociedade feudal europeia, no período pré-capitalista, trabalhavam para viver, diferentemente de nós que, no capitalismo, vivemos para trabalhar.

A transformação do caráter do trabalho promovida pelo advento do capitalismo é central na explicação de Marx sobre a origem histórica desse sistema. Marx (2017, p. 785) classifica como "a assim chamada acumulação primitiva" o processo no qual trabalhadores do campo são privados do acesso aos meios de produção, particularmente à terra, e passam a dispor apenas de uma única fonte de obtenção de meios de subsistência: seu próprio corpo, sua energia para trabalhar em meios de produção sobre os quais não têm controle. Esse processo de **expropriação** do campesinato europeu foi o que permitiu que grandes contigentes de trabalhadores precisassem vender sua força de trabalho para sobreviver, tornando-se mão de obra assalariada e tendo seu trabalho explorado nas novas relações de produção características do capitalismo.

Algumas autoras têm defendido que essa expropriação na gênese do capitalismo afetou as mulheres de maneira diferenciada, num processo igualmente vital para permitir o desenvolvimento do capitalismo. Uma das mais conhecidas atualmente é Silvia Federici, que, em *Calibã e a bruxa*, argumenta que as mulheres europeias sofreram um processo específico de expropriação: de seus saberes tradicionais ligados à cura, do controle de sua sexualidade e da reprodução biológica (Federici, 2017). A italiana radicada nos Estados Unidos entende que o capitalismo procurou disciplinarizar os corpos femininos e, no âmbito de trabalho, restringi-los às atividades de cuidado e reprodução da vida ligadas ao espaço privado do lar, que são atividades sistematicamente desvalorizadas nesse sistema social.

O trabalho, então, tem sido uma questão central para as mulheres que lutam por direitos nos últimos séculos. De acordo com Susan Ferguson (2020), o trabalho se tornou uma pauta inescapável para as mulheres justamente porque o capitalismo coloca essa questão como central. Assim como Federici, Ferguson argumenta que o desenvolvimento do capitalismo não se baseia apenas na exploração do trabalho assalariado, mas também na reorganização e desvalorização de atividades de reprodução da vida (Ferguson, 2020). Essas atividades, que vão desde preparar comida até cuidar de pessoas, têm sido majoritariamente atribuídas às mulheres, inclusive no tipo de trabalho que convencionou-se chamar de *doméstico*, o trabalho de reprodução da vida que acontece nos lares privados.

Com base nesse raciocínio, é razoável concluir que a relação entre mulheres e trabalho extrapola o labor assalariado típico do capitalismo, envolvendo outras formas de trabalho que recaem sobre elas e que são, em geral, desvalorizadas. Por isso, mulheres trabalhadoras e feministas têm no trabalho uma importante bandeira de lutas.

Quando se estabelece uma relação entre mulheres e trabalho, é forjada também uma relação entre os conceitos de gênero e de classe social. Classe social é um desses conceitos das ciências humanas que podem ser adotados com diversos conteúdos, mas com o mesmo rótulo. De modo geral, podemos classificar os entendimentos de classe social em dois grandes conjuntos: (1) quantitativos (ou descritivos) e (2) qualitativos.

Os **entendimentos quantitativos** são aqueles que priorizam os valores ligados ao poder de compra das pessoas para definir as diferentes classes. É nesse grupo que podemos localizar as classificações usadas em pesquisas demográficas que classificam, em classes A, B, C, D e E, grupos de pessoas que recebem uma quantidade específica de salários-mínimos por mês, conforme os critérios utilizados pelo Instituto Brasileiro de Geografia e Estatística (IBGE).

Outra classificação comum é a utilizada pela Associação Brasileira de Empresas de Pesquisa (Abep), que calcula pontos para a presença e quantidade de determinados equipamentos nos domicílios das famílias, como televisores, computadores, geladeiras etc. Esse tipo de classificação tem seu foco no aspecto do **consumo** e provê dados bastante específicos, capazes de produzir importantes estatísticas.

Contudo, tais dados informam pouco sobre a qualidade das relações sociais envolvidas na **produção** e na **circulação** de mercadorias na nossa sociedade. É aí que entram as **concepções qualitativas** de classe, dentre as quais destacamos a categoria marxista de classe social.

Há intensas discussões sobre essa importante categoria no campo do marxismo, mas, de modo geral, a classe em sentido marxista está necessariamente ligada à ideia de luta de classes, isto é, ao entendimento de que existem grupos sociais antagônicos, com interesses diferentes e conflitantes, em constante e tensa relação na vida social. A definição primordial de classe social em Marx tem relação direta com o mundo do trabalho. Mais que o âmbito do consumo, como nas classificações quantitativas de classe, para o marxismo, as relações de produção de mercadorias e, mais amplamente, de produção e reprodução da própria vida, definem as relações de classe – particularmente no sistema capitalista. Assim, trabalho remete a classe e o contrário também é verdade.

É bastante comum associar os termos *classe trabalhadora* e *burguesia*, as classes fundamentais do capitalismo, à imagem de capitalistas de cartola e de trabalhadores – homens – da indústria pesada. No entanto, as classes são muito mais complexas do que essa imagem, a começar pelo fato de que elas são diversas em termos de gênero.

Ao longo da história, as relações entre gênero e classe coexistiram com diferentes graus de integração e tensão nos movimentos sociais da classe trabalhadora. É o que registra Cinzia Arruzza (2019), em *Ligações perigosas*. A autora ressalta a participação das mulheres em importantes processos históricos ligados à classe trabalhadora, como o movimento sindical inglês de fins do século XIX, a Comuna de Paris de 1871 e a Revolução Russa de 1917, em que elas foram responsáveis pela greve que serviu de estopim para o processo revolucionário.

A situação das mulheres trabalhadoras guardava particularidades em relação à dos homens. Fazendo referência ao contexto da Inglaterra pós-Revolução Industrial, no século XIX, Arruzza (2019, p. 39) afirma:

> A mulher operária, na maioria dos casos, vivia uma experiência contraditória. Fazia parte do sistema de produção, mas isso não permitia que ela fosse independente economicamente dos homens. As mulheres, na verdade, recebiam cerca de metade do valor pago aos homens pelo mesmo trabalho e, portanto, na maioria dos casos, não tinham como viver sozinhas. Nessa situação, restavam-lhe apenas dois caminhos: o casamento ou a prostituição.

Observando-se as especificidades dos diferentes contextos históricos, é necessário salientar, como fez Elizabeth Souza-Lobo (2021), no título de seu livro, que *A classe operária tem dois sexos*, não apenas no sentido de reconhecer a existência das mulheres ao se abordar as questões de trabalho e classe social, mas de efetivamente integrar as dimensões de gênero e classe em nossas análises.

Souza-Lobo (2021) analisou como sociólogos e historiadores abordaram – ou não – as mulheres trabalhadoras até a década de 1980. Ela concluiu que a representação masculina do operário não apenas invisibilizou as mulheres da análise, mas resultou numa generalização de práticas masculinas que são tomadas como universais da classe trabalhadora. De acordo com a autora, "a universalidade da relação de classe apenas admite uma situação específica das mulheres enquanto mais exploradas frente ao universal masculino" (Souza-Lobo, 2021, p. 199), excluindo-se da análise as especificidades e contradições do gênero nas relações de produção e reprodução.

Apesar do predomínio desse tipo de análise enviesada, principalmente até a década de 1970, houve esforços significativos para articular gênero e classe social como categorias sócio-históricas relacionadas, com influência mútua. Esses esforços, com origem no século XIX, passando pelas revolucionárias socialistas e culminando em um debate intenso na década de 1970, têm voltado às discussões políticas e teóricas, conforme comentaremos adiante.

(2.2) Primeiras articulações entre gênero, trabalho e classe

Sem dúvidas, um marco no pensamento sobre as relações entre mulheres e trabalho foi a obra *Reivindicação dos direitos das mulheres*, da escritora inglesa Mary Wollstonecraft (2016), publicado pela primeira vez em 1792 – um ano após a publicação da Declaração dos Direitos do Homem e do Cidadão pela Assembleia Constituinte da França revolucionária, que excluiu as mulheres da categoria de cidadãos (Moraes, 2016).

Wollstonecraft (2016), diferentemente das feministas que a antecederam, entende o trabalho como uma questão central para a promoção de igualdade entre homens e mulheres. Além disso, ela foi pioneira ao associar suas revindicações feministas a uma forte crítica à desigualdade social em geral, posicionando-se contra a riqueza excessiva de alguns grupos sociais.

No entendimento de Wollstonecraft, o trabalho era a chave para uma civilização racional, igualitária e produtiva. Susan Ferguson (2020, p. 36) analisa a visão de Wollstonecraft com o trabalho da seguinte maneira:

> As mulheres deveriam revolucionar seus hábitos para tornarem-se boas [...] trabalhadoras – para se tornarem indivíduos autônomos com paridade em relação aos homens. Nesse cálculo, a divisão de gênero do trabalho é apenas um problema na medida em que obstrui a busca por participação igual no mercado de trabalho.

Nesse trecho, Ferguson aponta para a ausência de um questionamento aprofundado quanto ao fato de o trabalho doméstico ser majoritariamente relegado às mulheres. Para Wollstonecraft, o acesso das mulheres à educação e, consequentemente, ao mercado de trabalho, é necessário para que elas atingissem sua independência, que seria "a grande benção da vida, a base de toda virtude" (Wollstonecraft, 2016, p. 17). Todavia, essa independência não tem relação necessariamente com uma reestruturação do trabalho doméstico, apenas com a possibilidade de as mulheres fazerem escolhas bem-informadas na estrutura social existente.

Embora seja pioneira ao dar centralidade ao trabalho na discussão sobre direitos das mulheres, Wollstonecraft (2016) não elabora uma articulação significativa dessas questões com a desigualdade de classes. Foram os socialistas, homens e mulheres, que desenvolveram reflexões sobre como a opressão sobre as mulheres e a exploração do proletariado pela burguesia se relacionam.

Em sua crítica ao capitalismo e formulações sobre outras organizações sociais possíveis, as socialistas utópicas do início do século XIX inovaram ao afirmar que o trabalho doméstico desempenhado pelas mulheres era, de fato, trabalho, e não um atributo ligado ao gênero feminino. Elas defendiam uma reorganização geral do labor, em particular uma coletivização daquele de caráter doméstico, que deixaria de pesar sobre as mulheres como um fardo, possibilitando uma equalização de sua relação com os homens.

Contudo, a reflexão do socialismo utópico não foi muito além disso, com a importante exceção de dois intelectuais irlandeses, Anna Wheeler e William Thompson. Wheeler e Thompson foram pioneiros ao perceber uma relação que só viria a ser retomada e aprofundada na década de 1970: aquela necessária, mas contraditória, entre o trabalho produtivo capitalista e o trabalho doméstico, produzido na esfera do lar, fora do mercado do capital[1]. Esses intelectuais concordavam com a necessidade de coletivização do trabalho doméstico, mas chegaram à essa conclusão por outro caminho. Apesar de socialmente desvalorizado, o trabalho doméstico teria papel decisivo na produção de riqueza social geral e, justamente por isso, deveria ser coletivizado (Ferguson, 2020).

A relação entre trabalho doméstico e trabalho produtivo não foi desenvolvida pelos marxistas que sucederam Wheeler e Thompson,

---

[1] *A ideia de trabalho produtivo capitalista em linhas gerais, se refere ao trabalho produzido dentro do mercado capitalista e que, portanto, produz mais-valia (o equivalente ao tempo de trabalho não pago ao trabalhador pelo capitalista, que vira lucro para este último). Desenvolveremos essa questão mais à frente.*

ao menos não durante muito tempo. Contudo, a articulação entre gênero e classe e a reflexão sobre o papel das mulheres sob o capitalismo e na Revolução foi um ponto importante de discussão.

Não se pode abordar a luta pelos direitos das mulheres e contra a exploração capitalista no século XIX sem se mencionar Flora Tristan. Francesa de ascendência peruana, a autora publicou *União operária*, em 1843, no qual "defendia – alguns anos antes de Marx e Engels – a criação de uma organização internacional que unisse todos os operários do mundo" (Arruzza, 2019, p. 35). Embora tenha sido reconhecida em vida como uma das mais notáveis figuras do socialismo francês, sendo, até mesmo, citada por Marx e Engels, sua memória tem sido recuperada apenas pontualmente desde sua morte, sendo ela "redescoberta" em diversos momentos e contextos (Konder, 1994).

Os temas da libertação feminina e da libertação social por meio da unificação da luta operária no mundo se articularam na obra e na vida de Flora Tristan. Ela advogava a "necessidade de uma ação coletiva que envolvesse as mulheres e [...] uma compreensão dos vínculos entre exploração econômica e opressão feminina" (Arruzza, 2019, p. 37). Entretanto, a relação interna entre esses dois elementos não foi explorada na obra da autora. Assim como Mary Wollstonecraft, Flora Tristan defendia o acesso das mulheres à educação e ao trabalho, defendendo a valorização do trabalho doméstico do ponto de vista moral. Assim, elas não apontaram, como fizeram Wheeler e Thompson, para o valor econômico do trabalho doméstico, enfatizando sua contribuição para a produção de riqueza social.

Como indica Susan Ferguson (2020), o avanço de Tristan com relação à Wollstonecraft se deu no reconhecimento da questão de classe e da subordinação das mulheres da classe trabalhadora ao capitalismo. Uma das propostas de Tristan foi retomada pelos movimentos socialistas do século XIX: a de que ter acesso a trabalhos e salários iguais aos dos homens colocaria as mulheres em melhor posição para derrubar o capitalismo, o que libertaria a todos, incluindo as mulheres. Essa perspectiva, embora articule classe e gênero, efetiva-se sob uma perspectiva dualista, que reduz a opressão de gênero à classe, com a ideia de que a superação do capitalismo seria capaz de proporcionar, naturalmente, a superação da opressão das mulheres (Ferguson, 2020).

A proposta sobre a necessidade de promover o acesso às mulheres ao mercado de trabalho para que elas integrassem as fileiras da classe trabalhadora em maior número foi popularizada no livro *A mulher e o socialismo*, de August Bebel (1986, tradução nossa), um dos fundadores do Partido Social-Democrata alemão. De acordo com Wendy Goldman (2014, p. 56), *A mulher e o socialismo*, publicado originalmente em 1879, foi "um marco importante no distanciamento do antifeminismo proletário em direção a uma estratégia mais unificadora dentro do movimento operário". Contudo, o trabalho oferecia pouca análise teórica, contraindo-se em uma crítica à sociedade burguesa e seus aspectos opressivos às mulheres e à sexualidade.

A primeira formulação teórica marxista de fôlego sobre a opressão das mulheres foi *A origem da família, da propriedade privada e do Estado*, de Friedrich Engels (2019), publicado em 1884. Com base nos cadernos etnográficos de Marx e na leitura do antropólogo evolucionista Henry Morgan, Engels analisou as transformações nos papéis sociais de mulheres e de homens na comunidade e na família, desde um passado "tribal" (que denota a marca do evolucionismo cultural[2] de Morgan) até o advento da propriedade privada e do Estado. Para Engels (2019), nessas primeiras sociedades tribais, as mulheres teriam papel de prestígio por sua centralidade da linhagem reprodutiva, já que a maternidade é muito mais simples de se comprovar do que a paternidade. Essa configuração se transformou radicalmente com o estabelecimento da agricultura e do sedentarismo e, com estes, o surgimento da propriedade privada. Com a linhagem materna, era impossível aos homens transferirem sua propriedade para seus filhos, tendo por isso se desenvolvido a família patriarcal, com a abolição do direito materno e a imposição de fidelidade às mulheres, para que a patrilinearidade fosse garantida.

 Embora tenha sido altamente influente nos movimentos socialistas subsequentes e seja relevante ainda hoje nos debates sobre gênero e classes sociais, o livro de Engels tem problemas significativos. Um deles é a premissa da existência de uma sociedade tribal matriarcal original, em que predominava o amor livre e o poder das mulheres. Essa premissa tem relação com a literatura antropológica disponível na época, inclusive a obra de Henry Morgan e sua concepção evolucionista social; nessa linha de raciocínio, as sociedades humanas se posicionavam em lugares mais primitivos ou mais civilizados, em um contínuo linear de progresso humano. Além disso, Engels confunde **matrialinearidade** com **matriarcado**. Segundo Cinzia Arruzza (2019, p. 94), "a descendência matrilinear não implica ela

---

[2] *O evolucionismo cultural foi uma corrente da antropologia do século XIX que se baseava no evolucionismo de Charles Darwin para construir um entendimento linear e evolutivo sobre o desenvolvimento das sociedades humanas. No entendimento dos antropólogos evolucionistas, algumas sociedades eram primitivas, outras estavam em estado de barbárie e outras tantas – notadamente na Europa Ocidental – havia se atingido o estado de civilização (Laraia, 2001).*

mesma em [sic] um poder maior às mulheres ou num papel mais prestigioso ou importante na sociedade". O matriarcado consiste em uma sociedade em que o poder se concentrava nas mãos das mulheres, ao passo que a matrilinearidade apenas significa que a descendência era definida pela linhagem da mãe, e não do pai.

A ideia de que a superação do capitalismo levaria à libertação das mulheres também estava presente na obra de Engels, assim como na de August Bebel, como já informamos. Diante disso, as socialistas Clara Zetkin e Alexandra Kollontai, na Alemanha e na Rússia/URSS, respectivamente, procuraram promover uma nova perspectiva. Zetkin e Kollontai intentaram convencer os membros de seus partidos a apoiar a luta pela igualdade das mulheres como parte da luta pelo socialismo, e não mais como algo que ocorreria como consequência da derrubada do capitalismo (Ferguson, 2020).

Segundo Silva (2017, p. 69), uma das principais contribuições de Alexandra Kollontai foi a defesa do "entrelaçamento da luta por direitos das mulheres à luta revolucionária construindo uma ideia de dependência mútua entre elas". A historiadora aponta como fragilidade de sua proposta a reprodução por parte de Kollontai de "um discurso de supervalorização do espaço produtivo e da perda de importância da família, fadada a um fim iminente" (Silva, 2017, p. 70). Esse discurso, não restrito à Kollontai, mas presente no movimento socialista contemporâneo a ela, faz ecoar Marx, que afirma em algumas de suas obras que o avanço do capitalismo tende a liberar a classe trabalhadora da família patriarcal. Em *O capital*, ele indica que a dissolução dos laços familiares promovida pela tendência capitalista de explorar ao máximo toda mão de obra abre caminho para novas relações mais interessantes no futuro:

Por terrível e repugnante que pareça a dissolução do velho sistema familiar no interior do sistema capitalista, não deixa de ser verdade que a grande indústria, ao conferir às mulheres, aos adolescentes e às crianças de ambos os sexos um papel decisivo nos processos socialmente organizados da produção situados fora da esfera doméstica, cria o novo fundamento econômico para uma forma superior da família e da relação entre os sexos.
(Marx, 2017, p. 560)

Como sabemos, os séculos que se seguiram à Revolução Industrial não confirmaram o prognóstico de Marx; além disso, a família vem sendo reforçada por meio do Estado, de religiões e de vários outros mecanismos sociais. Susan Ferguson e David McNally (2017) sublinham que Marx falhou em registrar a importância de jogadas legislativas nesse sentido, que já reafirmavam as diferenças de gênero e reforçavam a família da classe trabalhadora no contexto inglês, que ele analisava. A forma como o capitalismo reforçou os laços familiares e a divisão de gênero e os utilizou em seu favor foi uma questão identificada e discutida pelas feministas marxistas a partir dos anos 1970, como abordaremos adiante.

A alemã Clara Zetkin, leitora de Marx, Engels e Bebel, foi, segundo Goldman (2014, p. 63), "a primeira a situar a opressão das mulheres dentro de uma compreensão mais sutil de classe". Embora as formulações de Zetkin não se chocassem com as de Engels e Bebel, ela ampliou suas análises, evidenciando que a perda da função produtiva das mulheres – que havia sido crucial no pré-capitalismo – foi fundamental no aprofundamento da desigualdade entre homens e mulheres. Ainda que Zetkin concordasse com Engels quanto à relação entre o surgimento da propriedade privada e a opressão das mulheres, Goldman (2014, p. 62) registra que a autora alemã entendia que:

o movimento das mulheres contra essa opressão somente poderia emergir das condições capitalistas de produção, que empurravam as mulheres para fora da esfera pública ao mesmo tempo que impunham diversas restrições sobre sua capacidade de agir dentro dela. Zetkin, assim, usou o quadro marxista para explicar a própria gênese da "questão da mulher" no século XIX.

A chamada *questão da mulher* teve enorme importância na Revolução Russa, processo que teve início com uma greve de trabalhadoras. Além da participação das mulheres no movimento, a libertação das mulheres figurava na pauta revolucionária bolchevique. Um ponto central nos pensamentos de Lênin, Trotsky e Kollontai era a necessidade da libertação das mulheres do trabalho doméstico por meio da coletivização das atividades nele envolvidas: lavanderias, restaurantes e creches públicas substituiriam o que antes ficava restrito ao domínio do privado e sob responsabilidade feminina. Ao lado dessa discussão caminhava a obsolescência da família e do casamento, já que essas instituições definhariam diante da subtração do elemento econômico que desenhava em suas configurações uma intensa dependência. A ideia de amor livre, de relacionamentos baseados somente em sentimentos mútuos, também esteve em pauta nos anos precedentes e imediatamente posteriores à Revolução de 1917.

Contudo, ainda com base na ideia de que a libertação das mulheres tinha relação com sua integração ao âmbito produtivo e, consequentemente, à esfera pública, os bolcheviques "não estavam profundamente preocupados em redefinir os papéis de gênero dentro da família" (Goldman, 2014, p. 30). Sem dúvida, as mulheres experimentaram reformas e liberdades sem precedentes nos primeiros anos após a Revolução Russa – a União Soviética foi, por exemplo, o primeiro país do mundo a legalizar o aborto. No entanto, as reflexões e práticas desenvolvidas não foram capazes de criar uma sociedade igualitária em termos de gênero, e qualquer possibilidade nesse sentido foi definitivamente enterrada com a consolidação do stalinismo, regime particularmente conservador no atinente a questões de gênero e família. Sob Stalin, o aborto voltou a ser proibido e foram reforçadas a divisão dos papéis sexuais, a figura do chefe de família e da mulher como esposa e mãe (Arruzza, 2019).

Engels, Bebel, Zetkin e Kollontai identificaram a separação operada pelo capitalismo entre uma esfera produtiva (de produção de mercadorias) e uma esfera reprodutiva (que eles associaram com o trabalho doméstico); entretanto, não investigaram a causa da desvalorização do trabalho doméstico sob o capitalismo e nem qual a utilidade dessa desvalorização para o sistema. A ideia de que a opressão das mulheres tem como base o surgimento da propriedade privada e a tendência de os homens passarem suas propriedades para seus herdeiros biológicos, conforme formulada por Engels, impediu que análises mais complexas sobre a relação entre trabalho produtivo capitalista e trabalho doméstico fossem elaboradas (Goldman, 2014).

Para se compreender melhor essas relações entre diferentes formas de trabalho sob o capitalismo, algumas conceituações relativas à exploração, à dominação e à opressão se fazem necessárias. Na seção a seguir, trataremos delas.

(2.3)
Exploração, dominação e opressão

Quando tratamos da explicação de Marx (2017, p. 785) sobre a "chamada acumulação primitiva", comentamos que o campesinato, tendo sido despojado do controle dos meios de produção, tem de enfrentar uma situação em que seu único meio de sobrevivência no capitalismo é vender sua força de trabalho. Marx analisou de que maneira essa venda acontece, e é nela que se processa a **exploração capitalista**.

A exploração está diretamente ligada ao conceito de **mais-valia**, que, por sua vez, está ligado ao conceito de valor. Esses são conceitos bastante complexos dentro da complexa teoria do valor em Marx, mas faremos algumas simplificações para entender o mecanismo básico dessas relações.

Ao analisar a mercadoria como unidade fundamental do sistema capitalista, Marx percebe que há uma propriedade presente nas mercadorias no momento de sua troca, de sua compra e venda, que permite que ela seja trocada por outra diferente dela, ou que todas as mercadorias diferentes tenham um equivalente universal: o dinheiro. Essa propriedade é o **valor**, cuja substância é o tempo de trabalho humano empregado para sua produção. O fato de que todas as mercadorias foram produzidas consumindo músculos, suor, força de trabalho humana abstrata[3] é o que lhes confere valor.

Para Marx (2017), a força de trabalho também é uma mercadoria que é vendida e comprada, mas ela configura uma mercadoria especial. Assim, o processo de consumo dessa mercadoria acontece de forma diferente das demais.

Reinaldo Carcanholo e Maurício Sabadini (2011, p. 132) lembram que "o trabalhador não vende seu trabalho ao capitalista, ele vende sua força de trabalho. Isso significa que ele vende sua capacidade de trabalhar durante um dia, uma semana, um mês". Nessa venda, o trabalhador recebe aquilo que chamamos de *salário*. Como esse salário é calculado? Com base no tempo de trabalho realizado e nos

---

3 **Trabalho abstrato** *aparece em oposição à ideia de* **trabalho concreto**, *sendo este último o tipo de trabalho específico para se produzir determinado objeto, e o primeiro, uma abstração operada pelo capitalismo para fazer equivaler como* **trabalho humano** *todos esses diferentes tipos de trabalhos concretos (Marx, 2017).*

elementos necessários para a reprodução da força de trabalho, isto é, aquilo que permite que o trabalhador esteja apto a trabalhar (alimento, abrigo, vestimenta etc.).

Contudo, há uma diferença entre o que é pago pela força de trabalho, o equivalente ao necessário para a sobrevivência do trabalhador, e a quantidade de tempo de trabalho que o trabalhador realiza em sua jornada.

> *O que acontece é que o trabalhador normalmente produz mais valor que o valor da sua força de trabalho. Vamos supor que esse último valor diário seja de 2 horas de trabalho, isto é, que, devido à tecnologia disponível, sejam necessárias 2 horas de trabalho socialmente necessário para [...] atender à reprodução da força de trabalho. Se a jornada de trabalho é de 8 horas, a mais-valia será exatamente igual à diferença, isto é, igual a 6 horas.* (Carcanholo; Sabadini, 2011, p. 133)

Assim, a mais-valia equivale à quantidade de trabalho não pago para o trabalhador, que se transforma em lucro para o capitalista. Esse processo em que o trabalhador tem seu trabalho apenas parcialmente pago na jornada de trabalho é o que chamamos de *exploração capitalista*.

Indo além desse enquadramento individual, em que tomamos um trabalhador e um capitalista, podemos pensar a exploração em termos da totalidade do sistema. O salário pago aos trabalhadores representa apenas um meio de obtenção das mercadorias necessárias para sua sobrevivência. Contudo, essas mercadorias foram produzidas por esses mesmos trabalhadores. Isso "significa que não receberam nada material de parte dos empresários; receberam simplesmente o direito de se apropriar do produto de seu trabalho, dos bens que eles próprios produziram" (Carcanholo; Sabadini, 2011, p. 135). E mesmo essa apropriação é parcial, porque eles não passam a ter direito a se apropriar de todos os bens por eles produzidos, apenas da parte mínima necessária para sua sobrevivência, para que possam voltar ao trabalho.

Além disso, o salário recebido pelos trabalhadores, ao ser empregado na compra das mercadorias necessárias para sua sobrevivência, volta para o bolso dos empresários. Assim, estes atores se apropriam da mais-valia, realizando o processo de exploração, ao passo que os trabalhadores só se apropriam de parte do que eles mesmos produziram.

Todo esse processo que descrevemos é importante, mas ele deixa de fora alguns aspectos-chave. A exploração capitalista acontece de forma muito mais complexa do que a descrita exploração "clássica" de um trabalhador idealizado, que, via de regra, é imaginado no masculino. Muitos elementos complexificam as relações de exploração, como questões geopolíticas, raciais e de gênero. Abigail Bakan (2016) explica que a exploração em Marx não se trata de uma questão estritamente econômica. Em verdade consiste em uma "relação social que é mediada através do processo de produção", razão pela qual "a exploração [...] interage com vários tipos e formas da diferença humana" (Bakan, 2016, p. 53). Aqui enfatizaremos, por ora, a diferença de gênero.

A socióloga marxista Heleieth Saffioti (2013) foi uma teórica feminista pioneira ao investigar como as diferenças de sexo (ela adota o conceito de gênero mais tarde em sua obra) eram usadas e remodeladas pelo capitalismo em benefício de sua própria reprodução. Desde sua primeira publicação sobre o tema, *A mulher na sociedade de classes*, de 1969, a autora desenvolveu ao longo do tempo uma análise cada vez mais complexa sobre esse tema.

Num importante avanço para além da concepção dominante de que o machismo e o racismo eram problemas estritamente ideológicos, isto é, do campo da cultura e das ideias, Saffioti (1987, p. 26) defende, a partir da década de 1980, que o patriarcado "não se resume a um sistema de dominação, modelado pela ideologia machista. Mais do que isso, ele é também um sistema de exploração". Nesse ponto, Saffioti (1987, p. 26) havia adotado o conceito de patriarcado para denominar o "sistema de relações sociais que garante a subordinação da mulher ao homem", sistema esse que seria anterior ao capitalismo, mas que por ele foi remodelado. Figura também na obra de Saffioti (1987) o conceito de patriarcado-capitalismo-racismo, numa iniciativa de integrar os aspectos geradores de desigualdade social.

Saffioti (2015) propõe, ainda, o conceito de dominação-exploração, buscando superar a divisão rígida promovida por análises que separam o campo econômico do político e do social. Ela considera que a exploração capitalista é diretamente influenciada pelo gênero, mas aparece também amplamente nas relações sociais diversas. Segundo Saffioti (2015), o patriarcado se expressa tanto no âmbito produtivo, por meio de discriminação salarial, segregação ocupacional, entre outros problemas que atingem as mulheres, bem como no controle de sua sexualidade e sua capacidade reprodutiva. Nesse último aspecto encontraríamos a parte da "dominação" da díade conceitual da autora.

Outra concepção de dominação que tem sido frequentemente utilizada para compreender as violências sofridas pelas mulheres é aquela formulada pelo sociólogo francês Pierre Bourdieu, que se debruçou particularmente sobre o tema em *A dominação masculina* (Bourdieu, 2012). Esse autor construiu todo um aparato conceitual próprio para analisar a sociedade, no qual sobressaem conceitos como de **campo** e de **habitus** e, particularmente importante para nós, o de **dominação simbólica**.

Bourdieu parte do pressuposto de que a dominação é um processo camuflado e imperceptível para aqueles que a sofrem. Esse entendimento difere de perspectivas marxistas como a de Heleieth Saffioti, que localiza na dominação processos que são evidentemente perceptíveis pelas mulheres, como o controle de seus corpos. Segundo Bourdieu (1997, p. 22), "a violência simbólica consiste em uma violência que se exerce com a cumplicidade tácita dos que a sofrem e também, com frequência, dos que a exercem, na medida em que uns e outros são inconscientes de exercê-la ou sofrê-la".

A forma como essa dominação ocorre se baseia no fato de que "evoca o que é legítimo e aceitável por meio de imposições tácitas", com base em um "acordo imediato entre as estruturas incorporadas, tornadas inconscientes" (Salvini; Souza; Marchi Júnior, 2012, p. 405). Assim, no caso da dominação masculina, a instituição e a hierarquização de duas supostas essências sociais e biológicas, "homem" e "mulher", são legitimadas e naturalizadas socialmente, tornando-se implícitas para as dominadas (mulheres). Segundo os pesquisadores Leila Salvini, Juliano de Souza e Wanderley Marchi Júnior (2012, p. 405), "as diferenças biológicas são evocadas e mobilizadas no sentido de fundamentar as diferenças sociais e, por conta disso, elementos que engendram a distinção do ser masculino e do ser feminino são enaltecidos e as semelhanças [sic] obscurecidas".

Essa concepção de dominação como um processo inconsciente sofrido pelos sujeitos pode ser relacionada com o entendimento do machismo como ideologia, no sentido elaborado pelo marxista francês Louis Althusser[4]. Embora componham quadros teóricos totalmente diferentes, as duas percepções partem do pressuposto da falta de consciência do sujeito quanto às relações de dominação. Esse tipo

---

4 "A ideologia, para Althusser, é um sistema de representações, mas essas representações [...] se impõem aos homens sem passar para a sua 'consciência'" (Motta; Serra, 2014, p. 129).

de abordagem é incongruente com aquelas que procuram destacar a totalidade dos processos que criam as desigualdades, como foi o objetivo de Heleieth Saffioti, por exemplo.

Uma abordagem mais recente dos conceitos de exploração e opressão pode ser encontrada no trabalho da marxista canadense Abigail Bakan (2016) sobre desigualdade e diferença. Embora estivesse particularmente interessada no racismo, as reflexões da Bakan são muito interessantes para tratarmos das desigualdades sob o capitalismo de modo geral, inclusive no concernente a gênero.

Bakan recorreu a Marx para refletir sobre como suas categorias de exploração, alienação e opressão, ainda que não tenham sido diretamente pensadas para responder perguntas sobre as diversas formas de diferença humana, podem ser muito úteis para tanto. Ela explica que "o impulso econômico do capitalismo tende a anular as diferenças entre os seres humanos como trabalhadores mercantilizados" (Bakan, 2016, p. 54). Isso significa que, para que o capital se expanda continuamente e o valor se torne mais e mais valor, quanto mais trabalhadores forem explorados, melhor, independentemente de suas características específicas. O que o capital deseja, a princípio, é explorar trabalho humano abstrato que ele possa transformar em mais-valor. Em contrapartida, "esses trabalhadores mercantilizados interagem em uma relação competitiva por meios de reprodução e sobrevivência escassos. O Estado hegemônico tende a enfatizar essas diferenças" (Bakan, 2016, p. 54). Com isso, a autora corrobora a análise de Heleieth Saffioti de que o capitalismo usa as diferenças humanas a seu favor.

Ao promover relações de alienação entre os seres humanos, por meio das quais nos sentimos sozinhos, isolados, em constante competição uns com os outros, o capitalismo atua de modo a opor sujeitos explorados pertencentes a uma mesma classe. Mais ainda, ao enfatizar diferenças, fortalece esse isolamento, além de causar baixas de salários e moldar exércitos industriais de reserva, por exemplo (Bakan, 2016). Consideremos alguns exemplos concretos: um dos efeitos da desigualdade entre homens e mulheres no mercado de trabalho é o fato de estas receberem salários mais baixos em cargos da mesma função. A média de salários, assim, é puxada para baixo. É comum também que as mulheres deixem de ser contratadas ou sejam demitidas por terem filhos, estarem grávidas ou simplesmente terem a possibilidade de engravidar. Isso as coloca em situação de **exército industrial de reserva**, que é como Marx se refere aos trabalhadores que não estão empregados, mas que procuram emprego e podem vir a aceitar salários mais baixos ou funções mais degradantes.

Além de versar sobre exploração e alienação, Abigail Bakan (2016) menciona o conceito de **opressão**. É comum que esse termo seja utilizado como sinônimo do que Saffioti denomina *dominação*, denotando práticas discriminatórias e de controle social sobre os sujeitos. Também é comum que as questões de gênero e de raça sejam qualificadas atualmente por movimentos sociais e partidos políticos como questões de opressão, ainda que, como explicamos, a exploração seja fundamental para se pensar as relações de gênero e raciais no sistema capitalista.

Bakan trabalha com o conceito de opressão conforme aparece em Marx, sendo sua teorização muito menos completa nesse caso do que no caso da exploração. A ideia de **opressão de classe** em Marx tem a ver com a experiência coletiva de exploração em termos concretos: "acesso limitado ao emprego, condições precárias de habitação, acesso limitado a escolas e cuidados médicos, ideologias elitistas", entre outras formas de expressão (Bakan, 2016, p. 63). Todavia, segundo a autora:

A condição da opressão de classe não é, contudo, unidimensional. Aquilo que há em comum na experiência como uma classe é contraposto pela diferenciação imposta pela opressão específica, onde grupos definidos dentro e através das classes, identificados por características determinadas, são sujeitos a práticas discriminatórias específicas. (Bakan, 2016, p. 65)

A opressão de classe também é atravessada pela alienação dos trabalhadores entre si, o que dificulta relações de empatia e solidariedade diante da ênfase no individualismo e na competição capitalista. Segundo Bakan (2016), isso ajuda a explicar por que alguns setores das classes oprimidas são receptivos ao racismo e ao machismo. As classes dominantes no capitalismo se beneficiam do princípio de **dividir para dominar**, fazendo determinados grupos da classe trabalhadora se sentirem superiores a outros grupos dessa mesma classe, enfraquecendo seu potencial de luta coletiva (Bakan, 2016).

Na argumentação geral de Bakan (2016, p. 54), o capitalismo enfatiza as diferenças entre os seres humanos e se baseia "na atomização como parte da forma através da qual relações sistêmicas de exploração, assim como alienação e opressão, são invisibilizadas e reificadas". Ao nos tornar estranhos uns aos outros, ao tornar nossas diferenças fontes de hierarquização e discriminação, o capitalismo reforça o lugar subalterno das classes dominadas. As categorias de exploração, dominação e opressão nomeiam e tornam inteligíveis a maneira como essa atomização acontece.

(2.4)
Trabalho doméstico: um debate histórico

Comentamos anteriormente que o trabalho doméstico esteve entre as preocupações de pessoas que buscavam pensar a relação entre mulheres e trabalho desde o século XIX. A noção de que o trabalho doméstico tem um papel central no problema do machismo é marcante no senso comum – e isso não se dá à toa. De fato, esse tipo de trabalho – que frequentemente nem mesmo é reconhecido como tal – tem sido relegado majoritariamente às mulheres e, portanto, compreender essa relação é fundamental.

Na década de 1970, desenrolou-se um debate intenso entre feministas socialistas que buscavam formular uma resposta consistente para a questão da relação entre a opressão das mulheres e o sistema capitalista. Essas feministas investigavam o que em tal sistema reforçaria a posição de desigualdade das mulheres em relação aos homens, e muitas delas enxergaram no trabalho doméstico o ponto fulcral dessa questão.

Esse debate teve início em 1969 com a pesquisadora canadense Margaret Benston (1969, tradução nossa), que publicou um texto intitulado *A economia política da libertação das mulheres* (*The Political Economy of Women's Liberation*). Como o título sugere, Benson localiza na economia e nas relações de produção as raízes do *status* secundário das mulheres na sociedade. Nessa obra, em verdade um panfleto, Benston elenca algumas questões que serão intensamente debatidas durante a década de 1970, das quais se destacam: o papel da família nas relações de produção; o trabalho doméstico e sua relação com a esfera produtiva; o custo ou não do trabalho doméstico para o capital; a separação entre público e privado; e o lugar do trabalho doméstico etc.

No entendimento da autora, o trabalho doméstico, feito pelas mulheres, é um processo que ocorre fora do mercado capitalista, enquanto o trabalho produtivo é reservado para os homens. Segundo ela:

a base material para o status *inferior das mulheres é encontrado nesta exata definição. Em uma sociedade na qual o dinheiro determina o valor, as mulheres são um grupo que trabalha por fora da economia monetária. Seu trabalho não vale dinheiro, portanto é sem valor, não é nem trabalho de verdade.* (Benston, 1969, p. 4, tradução nossa)

Benston reflete sobre questões levantadas por feministas socialistas até aquele momento, como a demanda por acesso igualitário ao mercado de trabalho e a socialização do trabalho doméstico. Contudo, ela introduz no debate questões inovadoras, como a noção de que o trabalho doméstico, ainda que localizado fora do mercado capitalista, desempenha uma função essencial para o capitalismo. Segundo Benston (1969, p. 9, tradução nossa), "a quantidade de trabalho não pago feito pelas mulheres é muito grande e muito lucrativa para aqueles que possuem os meios de produção". Na conclusão de seu texto, ela afirma que "existe uma base material para o *status* das mulheres; não somos apenas discriminadas, somos exploradas" (Benston, 1969, p. 11, tradução nossa).

O trabalho de Benston consolidou a ideia de que a opressão das mulheres não é apenas ideológica, tendo uma base material, visto que o trabalho doméstico tem relação com a produção capitalista de valor. Mas qual é essa relação? Quem se beneficia com ela? Essa e outras perguntas receberam respostas diversas ao longo da década. Aqui nos limitaremos a duas vertentes representativas: (1) a do movimento Wages for Housework, ou "Salários para o Trabalho Doméstico"; e (2) a formulada pela marxista inglesa Sheila Rowbotham (Ferguson, 2020).

O movimento Salários para o Trabalho Doméstico inciou-se com o encontro de duas feministas italianas: Mariarosa Dalla Costa e Silvia Federici, esta última radicada nos Estados Unidos. Dalla Costa e Federici, convergindo suas perpectivas e propostas políticas, fundaram o International Feminist Collective, ou "Coletivo Feminista Internacional" (Ferguson, 2020), no qual a expressão máxima foi a campanha por salários para o trabalho doméstico. Como fica evidente pelo nome, essa campanha defendia a ideia de que o trabalho doméstico feito pelas mulheres era produtivo para o capitalismo e que, portanto, elas deveriam receber salários. Essa perspectiva difere, pois, da proposta inicial de Benston de que o trabalho doméstico acontece fora do mercado e é pré-capitalista. Para Federici e Dalla Costa, ele tem o efeito direto de produzir valor e mais-valia, beneficiando diretamente o capital. Contudo, esse trabalho era invisibilizado e não era devidamente pago, como o trabalho produtivo assalariado tradicional (Ferguson, 2020).

Federici (2019, p. 44) argumenta que o capitalismo organizou o casamento e a família de modo a transformar os afazeres domésticos "em um ato de amor", descaracterizando-os como trabalho. Segundo ela, o capitalismo:

> assegurou-se de que as mulheres, longe de lutar contra essa situação, procurariam esse trabalho como se fosse a melhor coisa da vida. Ao mesmo tempo, o capital também disciplinou o homem trabalhador, ao tornar 'sua' mulher dependente de seu trabalho e de seu salário, e o aprisionou nessa disciplina, dando-lhe uma criada. (Federici, 2019, p. 44)

A autora explica que exigir salários para o trabalho doméstico tinha como objetivo muito mais do que o assalariamento em si. Primeiro, seria uma forma de "recusar esse trabalho como uma expressão da nossa natureza e, portanto, recusar precisamente o papel feminino que o capital inventou para nós [mulheres]" (Federici, 2019, p. 47). Mais que isso, tratava-se de visibilizar o trabalho doméstico e seu papel fundamental no processo de produção de valor capitalista:

> *Quando lutamos por um salário, não lutamos para entrar na lógica das relações capitalistas, porque nós nunca estivemos fora delas. [...] Salários para o trabalho doméstico são, então, uma demanda revolucionária, [...] porque forçam o capital a reestruturar as relações sociais em termos mais favoráveis para nós e, consequentemente, mais favoráveis à unidade de classe.* (Federici, 2019, p. 47)

As idealizadoras da campanha argumentavam que exigir salário para o trabalho doméstico era o primeiro passo para recusá-lo, na medida em que ele é visibilizado como trabalho. Como afirma Federici (2019, p. 48), "essa visibilidade é a condição mais indispensável para começar a lutar contra essa situação". Esse propósito revolucionário da campanha, contudo, se traduziu pouco na realidade. O movimento foi muito mais visto como uma demanda por remuneração, o que era considerado bastante problemático pelos movimentos feministas do período. Muitas questionavam a ideia de transformar o Estado em empregador das donas de casa, na medida em que isso lhe concederia o direito de regular mais de perto a vida das mulheres, isentando-o, por outro lado, da responsabilidade de oferecer serviços sociais essenciais, como creches (Ferguson, 2020).

Uma crítica sólida ao movimento Salários para o Trabalho Doméstico foi desenvolvida por Angela Davis em 1981, em seu livro *Mulheres, raça e classe*. Davis questiona, primeiramente, que o debate sobre o trabalho doméstico da década de 1970, incluindo o movimento citado, definia as mulheres por suas funções domésticas, independentemente de sua classe ou raça (Davis, 2016). Contra isso, ela cita argumentos muito importantes, alguns dos quais foram desenvolvidos por outras feministas nas décadas posteriores.

O primeiro ponto está no entendimento de que o sistema capitalista havia operado uma separação entre as esferas pública e privada:

> Se a Revolução Industrial resultou na separação estrutural entre a economia doméstica e a economia pública, então as tarefas domésticas não podem ser definidas como um componente integrante da produção capitalista. Elas estão, mais exatamente, relacionadas à produção no sentido de uma precondição. (Davis, 2016, p. 236)

A autora está afirmando aí que, embora o trabalho doméstico seja fundamental para viabilizar que os trabalhadores estejam aptos e disponíveis para serem explorados pelos capitalistas (isto é, é uma precondição), esse trabalho não gera lucro direto para o capitalista.

Além disso, a autora ressalta que esse movimento desconsiderava um fato essencial: "nos Estados Unidos, as mulheres de minorias étnicas – especialmente as negras – têm sido remuneradas por tarefas domésticas há incontáveis décadas" (Davis, 2016, p. 239). Ao ignorar a racialização como elemento do debate, o movimento Salários para o Trabalho Doméstico não levou em consideração o emprego doméstico, campo em que o racismo, o sexismo e a exploração do trabalho têm sido frequentes tanto nos Estados Unidos como no caso do Brasil.

Uma leitura diferente da relação entre trabalho doméstico e capitalismo foi proposta pela historiadora marxista inglesa Sheila Rowbotham, bastante influente no movimento feminista britânico. Segundo Ferguson (2020), Rowbotham argumentava que o trabalho doméstico constituiria um modo de produção distinto do capitalismo: o modo de produção familiar. Embora distinto (e, portanto, não capitalista), o modo de produção familiar era subordinado ao modo de produção capitalista, na medida em que o capitalismo impõe uma divisão entre produção e reprodução social[5] para garantir uma

---

5 Mais à frente trabalharemos com o conceito de reprodução social, mas por ora cabe apontar que ele se refere aqui ao trabalho realizado para manutenção e reprodução da vida, atividades como alimentar-se, descansar, cuidar de crianças e idosos etc.

oferta contínua de força de trabalho a custo mínimo. Com isso, ainda de acordo com Ferguson (2020), Rowbotham enxergava também a importância do trabalho doméstico para a produção capitalista, na medida em que atuava na manutenção e reprodução da força de trabalho, para que esta última estivesse disponível para ser explorada no trabalho produtivo, como apontado por Angela Davis (2016).

Como socialista, Rowbotham enxergou na existência de um modo de produção não capitalista dentro do capitalismo uma potência revolucionária. Ela defendia que a esquerda socialista deveria aprender com a **consciência feminina**, voltada para a produção de valores de uso cujo objetivo era atender às necessidades humanas e não ao capital. Ela frisava, por outro lado, que o fato de o modo de produção familiar estar subordinado ao capitalista tinha como consequência o fato de que as mulheres deveriam atuar conjuntamente com a luta de classes, definindo suas demandas específicas (Ferguson, 2020).

A perspectiva de Rowbotham é interessante, na medida em que sistematiza a relação contraditória do trabalho doméstico com o sistema capitalista. Contudo, ela recaiu em uma perigosa universalização da ideia de "mulher" ao defender a existência de uma **consciência feminina** universal, definida pelo trabalho doméstico no interior da família. Com isso, ela deixava de lado importantes determinantes sociais, como a questão racial.

Na virada dos anos 1970 para os 1980, o debate sobre o trabalho doméstico teve seu fim decretado. Mais do que isso, as tentativas de aliar marxismo e feminismo foram dadas como fracassadas, conforme o assertivo artigo de Heidi Hartmann (1981), *The Unhappy Marriage of Marxism and Feminism*, "O casamento infeliz entre marxismo e feminismo". Nesse artigo, Hartmann (1981, p. 2, tradução nossa) critica o debate sobre o trabalho doméstico desenvolvido na década de 1970, qualificando-o como reducionista e funcionalista, e acusando o marxismo de ser "cego ao sexo". Dissolvendo esse casamento infeliz, Hartmann defende uma perspectiva dualista, que separe a análise do capitalismo (marxismo) da análise do patriarcado (feminismo).

Em 1981, foi publicada uma coletânea de artigos em resposta ao "divórcio" decretado por Hartmann, com base na ideia de que a perspectiva dualista proposta por ela não explica a natureza da inter-relação entre patriarcado e capitalismo (Sargent, 1981). Dentre os capítulos do livro, destaca-se aquele escrito por Iris Young, que propõe a necessidade de se criar uma teoria unitária, que desenvolva "um quadro analítico que considere as relações sociais materiais de uma formação social histórica particular como um sistema único no qual a diferenciação de gênero é um atributo central" (Young, 1981, p. 50, tradução nossa).

A proposta de Young só seria desenvolvida com sucesso em 1983, por uma socióloga norte-americana chamada Lise Vogel. Contudo, o livro de Vogel foi publicado em um contexto histórico desfavorável, no qual o neoliberalismo de Margaret Thatcher e Ronald Reagan estabeleciam um recuo político da esquerda como um todo. Esse recuo "também induziu a deserções e reorientações teóricas" com relação ao marxismo, como afirmam Susan Ferguson e David McNally (2017, p. 30) na introdução da edição de 2013 do livro de Vogel (2013)[6]. O impacto real dessa obra só ocorreu plenamente a partir dos anos 2000, como detalharemos.

---

6   *A introdução do livro de Vogel (2013) é de Ferguson e McNally e foi publicada separadamente em português como artigo (Ferguson; McNally, 2017).*

(2.5)
ABORDAGENS ATUAIS: A TEORIA DA REPRODUÇÃO SOCIAL

Em 1983, Lise Vogel publicou um livro com o título *Marxism and the opression of women: towards a unitary theory*, ou "Marxismo e a opressão das mulheres: rumo a uma teoria unitária" (Vogel, 2013). Nesse livro, a socióloga feminista propõe uma teoria unitária, ou seja, uma teoria capaz de analisar as questões de gênero no capitalismo de modo a superar a análise dualista criticada por Iris Young (1981) e outras feministas marxistas anos antes. Diferentemente de suas companheiras da década de 1970, Vogel tirou o foco do trabalho doméstico e procurou "analisar o que há nas relações fundamentais do capitalismo que parece exigir um sistema de família baseado em uma ordem de gênero de dominância masculina" (Ferguson; Mcnally, 2017, p. 44). Assim, o escopo de seu trabalho é a relação entre as mulheres e o capital, a família e o capital e, particularmente, o trabalho de reprodução social e o capital.

Vogel (2013) apresenta sua teoria unitária em oposição a uma perspectiva dual, segundo a qual a opressão das mulheres derivaria de um sistema de divisão sexual do trabalho e supremacia masculina autônomo em relação ao capitalismo. A perspectiva unitária, que passaremos a compreender como a perspectiva da teoria da reprodução social, defende que a opressão das mulheres tem base em sua posição diferenciada na dinâmica capitalista. Assim, entende-se que há um único sistema social, no qual coexistem múltiplas relações sociais, inclusive as de gênero.

Uma característica que diferencia essa obra de outros esforços de feministas marxistas da época é que a principal fonte de Vogel para elaborá-la é *O capital*, de Karl Marx. Ela parte da análise de Marx sobre a força de trabalho como uma mercadoria especial no capitalismo, observando que o filósofo alemão buscou compreender o valor dessa mercadoria, mas não se perguntou como ela é produzida e reproduzida. Sobre isso, Vogel argumenta:

> *Em sociedades capitalistas, [...] a força de trabalho adquire a forma particular de mercadoria, comprada e vendida no mercado. [...] Ainda que seja trocada no mercado, não é uma mercadoria como as outras, porque não é produzida capitalistamente. Em vez disso, um processo de reprodução dos portadores de força de trabalho explorável continuamente transforma essa força de trabalho em mercadoria. Esse processo é uma condição para a existência do capital.* (Vogel, 2013, p. 157, tradução nossa)

O trabalho envolvido nesse "processo de reprodução dos portadores de força de trabalho" ao qual a autora se refere é o que chamamos de *trabalho de reprodução social*. Quais são, então, as atividades que compõem o processo de reprodução social no capitalismo? Segundo Vogel (2013):

- atividades diárias que restauram a energia do trabalhador e permitem que ele retorne ao trabalho;
- atividades similares que mantém membros das classes trabalhadoras que não trabalham (crianças, velhos, doentes etc.).
- processos que renovam a força de trabalho ao substituir aqueles que morreram ou não trabalham mais (reprodução biológica, imigração, trabalho forçado etc.).

Esses processos acontecem preferencialmente no âmbito privado da família – mas não exclusivamente. Por isso, tomar como base a reprodução social amplia o escopo da discussão em relação ao debate sobre o trabalho doméstico dos anos 1970.

O entendimento de que o trabalho reprodutivo não produz valor diretamente, mas contribui de maneira fundamental para o capital, tem relação com um argumento muito importante de sua proposta. Como havia sugerido Angela Davis, Vogel desenvolve uma argumentação baseada no entendimento de que o capitalismo promoveu uma separação entre as esferas da produção (pública) e da reprodução (privada). No pré-capitalismo, as famílias eram unidades produtivas e reprodutivas: nelas aconteciam tanto as atividades de reprodução da vida quanto as de produção de bens (imagine uma família camponesa que trabalha para se alimentar e para vender parte de sua produção). No capitalismo, os trabalhadores foram expropriados dos meios de produção e as famílias perderam o papel produtivo, ficando relegado a elas – e em particular, às mulheres – a maior parte do trabalho de reprodução social, isto é, das atividades necessárias para a reprodução da vida dos trabalhadores.

O fato de que esses vários processos podem ser omitidos do relato de Marx [...] é um efeito da organização social particular do capitalismo. Como em nenhum outro modo de produção, as tarefas de manutenção diária e substituição geracional são espacialmente, temporalmente e institucionalmente isoladas da esfera da produção. (Vogel, 2013, p. 191, tradução nossa)

Diante desse panorama, Vogel (2013) entende que a base material da opressão das mulheres no capitalismo é o fato de o capital depender dos processos biológicos específicos das mulheres – gravidez, parto, lactação – para garantir a reprodução da classe trabalhadora. Ela ressalta que não é a biologia em si, mas a organização social de características biológicas pelo capital que resulta na opressão. Podemos ampliar esse entendimento para uma opressão e um controle de todas as pessoas que engravidam e amamentam.

Como já pontuamos, a obra de Vogel teve pouco impacto na década em que foi produzida. Ela também carregava um problema fundamental, herdado do debate do trabalho doméstico dos anos

1970: não abordava o racismo e sua relação com a opressão das mulheres sob o capitalismo. O trabalho de feministas negras como Angela Davis (2016) e Patricia Hill Collins (2019) foi crucial para todas as pessoas que buscavam compreender as relações entre racismo, sexismo e capitalismo. Tal contribuição teve, portanto, impacto decisivo no feminismo marxista que retomaria as discussões propostas por Vogel em fins dos anos 1990 e início dos 2000.

Particularmente relevante para essa renovação da teoria da reprodução social é o trabalho da socióloga bengali[7] radicada no Canadá, Himani Bannerji. A autora critica com contundência a forma como as principais vertentes do feminismo até os anos 1990 lidavam (ou não) com as diferentes relações sociais (classe, gênero, raça etc.). Bannerji (1995) se debruça em particular sobre o feminismo marxista, o qual, segundo ela, faz uma leitura economicista da dinâmica social. A estratégia dessa corrente foi buscar "corrigir" a ausência das mulheres no processo de produção, adotando o entendimento de que o trabalho doméstico produz valor. Essa leitura, segundo Bannerji (1995), reduz o social ao campo da produção e da economia, o que, aliás, ajuda a explicar a ausência da análise da questão racial no feminismo marxista até então, já que o racismo era visto como um fenômeno ideológico, superestrutural[8].

Bannerji defendeu então a necessidade de uma nova teorização que desafiasse as oposições binárias de conceitos e compreendesse

---

7   *Bengali designa pessoa natural de Bengala (região da Índia).*
8   *Himani Bannerji (1995) explica que muitas feministas marxistas que produziram análises até os anos 1990 foram fortemente influenciadas pelo marxismo estruturalista do francês Louis Althusser. Essa perspectiva se fia fortemente na ideia apresentada por Marx de base e superestrutura – a base (ou estrutura) das relações sociais seria o âmbito da produção, entendida estritamente como economia; e a superestrutura, derivada da base, equivaleria ao âmbito da cultura, política, ideologia etc.*

como as relações sociais medeiam-se, integram-se e constituem-se. Para isso, ela propõe retomar o conceito de **mediação** em Marx. Segundo a autora, "o único propósito desse conceito é capturar a dinâmica, mostrando como as relações sociais vieram a ser através e dentro umas das outras" (Bannerji, 1995, p. 83, tradução nossa). A socióloga entende ser preciso retomar o entendimento de que a realidade concreta, a totalidade social, é resultado de múltiplas determinações; isso porque, assim como as relações de classe são determinantes para o gênero e a raça, também o gênero determina a classe, ao mediar e exercer pressões, bem como ao estabelecer limites (Bannerji, 1995; Thompson, 1981).

As contribuições de autoras como Himani Bannerji (1995), Patricia Hill Collins (2019) e Angela Davis (2016) impuseram ao debate alguns desafios para uma reformulação do feminismo da reprodução social como tinha se desenvolvido até então: a necessidade de se desenvolver uma análise/prática que compreendesse a relação entre as opressões de forma integrada; a atenção ao trabalho reprodutivo remunerado (e sua racialização); a atenção à dimensão global/transnacional; a superação de uma leitura economicista do capitalismo; e a retomada de uma perspectiva de múltiplas deteminações das relações sociais.

A partir do início dos anos 2000, no âmbito do marxismo, diversos autores (na verdade, majoritariamente autoras) começaram a revisitar a obra de Lise Vogel, agora levando em consideração os problemas e os desafios a serem superados. Esses autores têm sido agrupados no campo nomeado *teoria da reprodução social*, embora não sejam um grupo organizado ou homogêneo (Ferguson, 2020).

É importante ressaltar que há outro grupo de autoras que também reivindica o campo da teoria da reprodução social, mas cuja afiliação filosófica é menos o marxismo do que a tradição autonomista italiana. O autonomismo surgiu entre intelectuais ligados às lutas da classe trabalhadora italiana da década de 1960, e defende que todo trabalho, independentemente de ser produtivo ou reprodutivo, produz valor para o capital. Algumas autoras que participaram do debate sobre o trabalho doméstico nos anos 1970, como Mariarosa Dalla Costa e Silvia Federici (Ferguson, 2020), são ligadas ao autonomismo. Embora elas tenham superado muitas das críticas dirigidas a sua perspectiva desde aquela época, ainda guardavam discordâncias com a tradição marxista da teoria da reprodução social, particularmente no debate sobre a produção ou não de valor pelo trabalho doméstico. Nesse ponto, a tradição marxista entende que a força de trabalho, embora seja mercadoria, é especial e se diferencia das outras por não ser produzida no mercado e, consequentemente, não gerar valor.

No campo marxista, no qual Lise Vogel (2013) e Himani Bannerji (1995) são influências inescapáveis, são compartilhados alguns entendimentos básicos. O primeiro deles diz respeito à relação contraditória, mas necessária, entre trabalho produtivo e trabalho reprodutivo, compreendidos como integrantes igualmente fundamentais do sistema capitalista. Conforme Bannerji, o capitalismo é uma totalidade unificada, mas diferenciada e contraditória, em que as distintas partes são internamente relacionadas (McNally, 2017). Um excelente resumo desse entendimento é formulado por Susan Ferguson (2017, p. 23): "'Capitalismo' como uma simples abstração não existe 'realmente'. Há apenas o capitalismo racializado, patriarcal, no qual a classe é concebida como uma unidade de relações diversas que produzem não apenas lucro ou capital, mas o capitalismo".

> **Importante!**
>
> A teoria da reprodução social atual propõe que a classe trabalhadora deve ser lida como uma unidade contraditória, mediada pelas relações de raça e de gênero, compreendida em sua subjetividade "caótica, multiétnica, multigenerificada", composta por pessoas com ou sem deficiências (Bhattacharya, 2017, p. 16). Esse entendimento ressalta a concretude do trabalho e dos corpos que o realizam, já que o trabalho de reprodução social, capaz de produzir valores de uso dos quais o capitalismo depende para manter sua exploração, não pode prescindir da especificidade de cada trabalho. Embora o capital tenda a transformar todo o trabalho em trabalho abstrato, indistinto, uma "massa amorfa" de trabalho abstrato, como diz Marx (2017, p. 116), olhar para o trabalho reprodutivo faz perceber que os "corpos importam para o capital" (Ferguson, 2020, p. 115, tradução nossa). Reconhecer isso ajuda a entender como o capital organiza a corporificação, as diferenças físicas, biológicas e geográficas, de modo a acentuar desigualdades sociais.

A nova teoria da reprodução social, interessante por considerar as relações sociais como um todo, e não apenas as questões "das mulheres", tem se debruçado sobre temas diversos, que vão desde relações de trabalho e migração até sexualidade e identidades de gênero. Essa teoria tem se apresentado como uma abordagem proveitosa para se investigar o trabalho generificado, racializado, diferentemente localizado no espaço etc. na totalidade contraditória do capitalismo.

Síntese

Nesse capítulo, observamos que as transformações no caráter do trabalho, promovidas pelo advento do sistema capitalista, além de terem implicado a expropriação dos trabalhadores em geral, significaram uma transformação nas atividades de reprodução social, que recaem majoritariamente sobre as mulheres. Esse trabalho de reprodução social consiste em diferentes atividades cujo objetivo é produzir e reproduzir a vida, desde a reprodução biológica e o cuidado das crianças até o apoio afetivo e emocional.

Discutimos o conceito de classe social, enfatizando que há concepções quantitativas e qualitativas desse conceito, sendo a proposta marxista do conceito de classe pertencente ao segundo grupo. Relatamos que a classe social tem sido tomada tradicionalmente como um grupo homogêneo univeral masculino, mas que muitas autoras têm insistindo na necessidade de compreendê-la em sua perspectiva generificada e racializada.

Abordamos o pioneirismo de Mary Wollstonecraft (2016) no pensamento sobre a relação entre mulheres e trabalho, passando pela importante contribuição de Anna Wheeler e William Thompson (Ferguson, 2020), ainda no século XIX, que apontaram para a relação necessária e contraditória do trabalho doméstico e do trabalho positivo, tema que só viria a ser desenvolvido pelas feministas socialistas nos anos 1970. As abordagens de socialistas como Flora Tristan (Ferguson, 2020), Auguste Bebel (1986), Friedrich Engels (2019), Clara Zetkin (Goldman, 2014) e Alexandra Kollontai (Silva, 2017), embora muito relevantes no campo do marxismo, não avançaram na discussão sobre a centralidade do trabalho doméstico para a produção capitalista.

Comentamos a proposta básica da exploração capitalista em Marx (2017), evidenciando que muitas vezes não se observa como gênero e raça determinam e medeiam essa exploração. Sobre isso, a contribuição de Heleieth Saffioti (2013, 2015), com seu conceito de dominação-exploração, ganha relevo, na medida em que busca superar um entendimento de que o sexismo é ideológico, apontando para o fato de que ele incide diretamente na exploração capitalista. O conceito de dominação também é usado pelo sociólogo Pierre Bourdieu (2012), mas em conformidade com outro aparato teórico. Sua proposta tem uma marcante característica de compreender a dominação como um processo inconsciente sofrido pelos sujeitos, particularmente as mulheres. Numa abordagem mais recente, novamente no campo do marxismo, esclarecemos que Abigail Bakan (2016) procurou compreender de que forma o capitalismo usa as diferenças raciais para aprofundar o sentimento de alienação entre os seres humanos, reforçando sua exploração e sua opressão – essa última entendida como a experiência concreta da exploração.

Voltamos ao caminho histórico do pensamento sobre mulheres e trabalho para conhecer o debate sobre o trabalho doméstico da década de 1970, destacando as posições da campanha Salários para o Trabalho Doméstico, que defendia a remuneração para esse trabalho como forma de visibilizá-lo como essencial para o capital, e a de Sheila Rowbotham (Ferguson, 2020), que defendia que o trabalho doméstico ocorria num modo de produção separado, mas subordinado ao capitalismo.

Pontuamos as críticas às perspectivas desenvolvidas nos anos 1970 por parte de Angela Davis (2016), que apontou os problemas da ausência da questão racial nessas reflexões e da insistência no caráter produtivo do trabalho doméstico, de que ela discordava. Tratamos também da crítica generalizada de Heidi Hartmann (1981), que decretou o fim do relacionamento entre marxismo e feminismo, defendendo que cada perspectiva se ativesse a um sistema social específico: o capitalismo e o patriarcado, respectivamente. Após uma reação à posição de Hartmann publicada por diversas autoras em 1981, a obra de Lise Vogel (2013), de 1983, inscreveu uma proposta inovadora no sentido de formular uma teoria unitária, que analisasse as relações de gênero e classe de maneira integrada, a partir da análise do trabalho de reprodução social e sua relação com o capital. O material de Vogel, embora tenha oferecido diversos avanços, não incluiu o debate racial em suas formulações. As contribuições de feministas não brancas como Angela Davis (2016), Patricia Hill Collins (2019) e Himani Bannerji (1995) foram decisivas para a reformulação de uma teoria da reprodução social que de fato integrasse os diferentes aspectos do social. A proposta de Bannerji de que classe, gênero e raça se constituem reciprocamente, com base no conceito de mediação de Marx, foi fundamental para que uma nova geração, inspirada nessa autora e em Lise Vogel, formulasse uma abordagem mais completa.

Indicamos que a teoria da reprodução social atualmente tem duas tradições distintas: a autonomista e a marxista. A primeira defende que o trabalho reprodutivo é produtor direto de valor, ao passo que a segunda, com base em *O capital*, de Marx (2017), advoga que esse trabalho é essencial para o capitalismo, mas que produz apenas valores de uso.

A tradição marxista insere alguns pressupostos interessantes no debate: o entendimento de classe como uma unidade contraditória e do capitalismo como uma totalidade contraditória, bem como a importância de pensar o trabalho concretamente em sua dimensão corporificada.

Indicações culturais

Para saber mais sobre a vida e a gênese do pensamento de Karl Marx, recomendamos o filme indicado a seguir:

O JOVEM Karl Marx. Direção: Raoul Peck. França: Velvet Films, 2017. 118 min.

Atividades de autoavaliação

1. Com relação à transição de sociedades pré-capitalistas para o regime capitalista, de acordo com os autores citados no capítulo, é correto afirmar que:
   a) no capitalismo, a família passou a ser uma unidade produtiva.
   b) no capitalismo, os trabalhadores passaram a ter acesso aos meios de produção.
   c) nas sociedades pré-capitalistas europeias, os trabalhadores precisavam vender sua força de trabalho para sobreviver.
   d) segundo Silvia Federici (2019), as mulheres passaram por um processo de expropriação específico em que seus saberes tradicionais foram valorizados.
   e) segundo Silvia Federici (2019), o capitalismo procurou disciplinarizar os corpos femininos, expropriando das mulheres seus saberes tradicionais.

2. Sobre a obra *A origem da família, da propriedade privada e do Estado*, de Friedrich Engels (2019), é correto afirmar que:
   a) foi influenciada pela obra do antropólogo Henry Morgan, conhecido por seu relativismo cultural.

b) o surgimento da propriedade privada fez as sociedades tradicionais adotarem a primazia da linhagem materna em sua organização.
c) confunde matrilinearidade com matriarcado, sendo que o primeiro não implica necessariamente um poder maior das mulheres.
d) por conta de seus problemas, não foi uma obra influente no campo do marxismo.
e) atribuiu a origem da propriedade privada ao surgimento da família matrilinear.

3. Assinale a alternativa **incorreta**:
   a) Para Marx (2017), a mais-valia equivale à quantidade de trabalho não pago para o trabalhador, que se transforma em lucro para o capitalista.
   b) O conceito de dominação-exploração de Heleieth Saffioti (2015) busca superar a divisão rígida promovida por análises que separam o campo econômico do político e do social.
   c) Na obra de Marx (2017), a opressão se refere à experiência concreta da exploração.
   d) Muitos autores têm defendido que o capitalismo não é alheio às diferenças, mas as enfatiza em benefício de sua reprodução.
   e) Para Bourdieu (2012), a dominação masculina sofrida pelas mulheres é um processo do qual as mulheres têm plena consciência.

4. Sobre o movimento Salários para o Trabalho Doméstico, é correto afirmar que:
   a) surgiu após o fim do chamado *debate do trabalho doméstico* nos anos 1970.
   b) defendia a remuneração do trabalho doméstico como forma de torná-lo visível e, em última instância, de negá-lo.
   c) defendia que o trabalho doméstico era um ato de amor característico do casamento.
   d) defendia que o marido deveria remunerar a esposa pelo trabalho executado no lar.
   e) não sofreu críticas durante sua existência pública.

5. Assinale a alternativa que **não** apresenta uma atividade ou processo que componha o trabalho de reprodução social:
   a) Compra de suprimentos em lojas e supermercados.
   b) Atividades diárias que restauram a energia do trabalhador.
   c) Atividades diárias de cuidado de crianças.
   d) Reprodução biológica.
   e) Atividades de cuidado de pessoas idosas.

Atividades de aprendizagem

Questões para reflexão

1. Como as relações de gênero impactam o mundo do trabalho nos locais que você frequenta, como faculdade, restaurantes, serviços, espaço doméstico etc.?

2. Como as desigualdades raciais influenciam e transformam as desigualdades que você levantou na questão anterior?

Atividade aplicada: prática

1. Faça uma pesquisa sobre desigualdade salarial em um campo de trabalho de sua escolha. Relate como as diferenças de raça, de classe social e de gênero impactam salários, contratações e contingente de desempregados e relacione os resultados de sua pesquisa com o conteúdo do capítulo.

Capítulo 3
Mulheres e relações
de sexo/gênero:
as discussões na França

Camila Fernandes Pinheiro

Neste capítulo, explicaremos como as modificações no contexto das mulheres francesas na segunda metade do século XX levaram ao surgimento do Movimento de Libertação das Mulheres na França. Partindo de críticas intensas à naturalização da condição feminina e à secundarização da luta feminista dentro da esquerda francesa, algumas militantes deram origem à abordagem feminista materialista. Tal abordagem alicerçava-se no entendimento de que a opressão sofrida pelas mulheres tinha suas raízes nas relações de produção e reprodução da vida, mediadas pelas diferentes formas de trabalho. Discorremos sobre as principais autoras, conceitos e embates que constituíram e ainda orientam o feminismo materialista em suas análises das relações sociais de sexo.

(3.1)
Contexto histórico da França após a Segunda Guerra Mundial

A Segunda Guerra Mundial deixou como herança uma crise na França e o estabelecimento da Quarta República, que ficou responsável pela reconstrução do país. Era o início da Guerra Fria, e os franceses se aliaram aos Estados Unidos, usando os recursos do Plano Marshall para impulsionar e modernizar sua economia.

A recuperação francesa dependeu da ação estatal. A economia era planejada, supervisionada e sustentada no sentido da industrialização. Dessa forma, no início da década de 1950, o país já havia retornado ao seu nível de desenvolvimento econômico pré-guerra. A reconstrução, todavia, não se deu apenas no âmbito industrial.

Desde 1946, o governo francês investiu fortemente em políticas de seguridade social e garantias de direitos sociais. O planejamento voltou-se para o desenvolvimento do pleno emprego, da previdência social, da saúde universal e de outras estratégias que visavam à redução da desigualdade.

Parte dessa recuperação econômica era proveniente do estímulo ao complexo industrial-militar, já inserido no contexto da corrida armamentista da Guerra Fria. Para além da exportação de armamentos, esse ramo da produção também era imprescindível para sustentar os conflitos nos quais a França se mantinha, desde 1946, contra suas colônias em busca de independência. Este foi o caso da Indochina, da Tunísia, do Marrocos e da Argélia (Hobsbawm, 1995).

O envolvimento em todas essas frentes de batalha na década de 1950 levou a uma crise e à instabilidade governamental, que culminou em um golpe de Estado, com o retorno do general considerado herói de guerra Charles de Gaulle ao poder, e à proclamação da Quinta República. Nos dez anos que permaneceu na presidência, Gaulle buscou a integração da França com outros países europeus, fundando a Comunidade Econômica Europeia. O fortalecimento desse bloco era um meio de se contrapor ao controle mais direto dos Estados Unidos, o que fica claro pelo abandono francês da Organização do Tratado do Atlântico Norte (Otan) e pela recusa em assinar o tratado de banimento de testes nucleares, em 1963 (Hobsbawm, 1995).

O desenvolvimento econômico francês na década de 1950 foi dirigido por governos conservadores. Embora na década de 1960 as políticas de pleno emprego já dessem resultados e o Estado de bem-estar social estivesse estruturado na França, Eric Hobsbawm (1995) declara que houve um rejuvenescimento da política e um deslocamento de seu centro de gravidade para a esquerda em várias partes da Europa. Nesse contexto, novos grupos sociais passaram a se destacar no cenário político, especialmente os movimentos estudantil e feminista.

O **movimento estudantil** foi fruto do desenvolvimento das políticas educacionais na França. Se, antes da Segunda Guerra, cerca de apenas 1% da população francesa chegava à universidades, esse número havia triplicado em fins da década de 1960. Esse crescimento também era reflexo do acesso amplo ao ensino escolar e da melhora na qualidade de vida das famílias francesas. As manifestações estudantis começaram já em 1962, defendendo a desocupação da Argélia. A partir de então, o nível de mobilização cresceu até estourar nas famosas revoltas de maio de 1968 (Ridenti, 2000).

O movimento estudantil foi um catalisador para grandes manifestações operárias durante a década de 1960 na França. Greves nacionais por aumentos de salário e melhores condições de trabalho lograram paralisar a economia do país. Pela primeira vez, o movimento operário era heterogêneo. O fluxo migratório, especialmente das ex-colônias, havia constituído uma classe trabalhadora de grande diversidade étnico-racial. Somava-se a isso o crescente ingresso das mulheres no mercado de trabalho.

Desde o fim da Segunda Guerra, a presença das mulheres no mercado de trabalho aumentava, tendo duplicado já na década de 1950 em alguns lugares da Europa. Recrudescimento similar ocorreu nas universidades, espaço em que as mulheres alcançaram a taxa de 50% do corpo estudantil na década de 1980 (Hobsbawm, 1995).

As atividades desempenhadas pelas mulheres na economia mudaram tanto quanto as expectativas de quais deveriam ser os papeis delas na esfera pública. Essa mudança econômica e cultural, em especial com o ingresso de mulheres casadas no mercado de trabalho, serviu como pano de fundo para o crescimento do feminismo na década de 1960.

A expansão da economia francesa nos chamados *Anos de Ouro* do capitalismo, com pleno emprego, valorização salarial e fortes políticas de bem-estar social, não resistiu à crise do capitalismo nos anos 1970. No início da década de 1980, a França começou a abandonar suas políticas keynesianas[1] de investimento estatal e a adotar a austeridade característica do neoliberalismo. Essa mudança econômica também teve impactos importantes na realidade das mulheres, nas bandeiras do feminismo e nas conceitualizações teóricas acerca da realidade feminina.

(3.2)
O DEBATE FRANCÊS DOS ANOS 1960-1970

A compreensão do fenômeno do movimento de mulheres na França a partir dos anos 1960 está diretamente ligada àquela que é considerada por muitos autores o principal ponto de inflexão da teoria feminista no século XX: a publicação, em 1949, de *O segundo sexo*, por Simone de Beauvoir. Ela ocorreu apenas cinco anos após as mulheres francesas terem conquistado o direito ao voto. Com base filosófica existencialista, Beauvoir buscou investigar a condição das mulheres partindo de perguntas muito simples como "O que é uma mulher?" e "De onde vem a submissão das mulheres?" (Beauvoir, 2009, p. 15; 18).

Além de ter estabelecido as bases para o pensamento feminista da segunda metade do século XX, Simone de Beauvoir se destaca por seu engajamento ativo no movimento de mulheres. Esse engajamento, inclusive, fez seu posicionamento acerca da luta feminista mudar na década de 1970. Se até então ela tinha defendido que a opressão das mulheres teria fim com o socialismo, desde 1972, graças a sua mobilização no movimento social de mulheres, passou a reivindicar

---

[1] Políticas baseadas na obra do economista John Maynard Keynes, que pregava a necessidade da intervenção estatal na esfera econômica, visando garantir a demanda como motor do crescimento econômico. Dessa forma, o Estado deveria não apenas se preocupar em garantir o pleno emprego, mas também fonenecer serviços básicos por meio do investimento público.

uma perspectiva mais radical, adotando a identidade feminista e proclamando a necessidade de lutar pela situação das mulheres antes da realização do socialismo (Schwarzer, 1984).

O engajamento vivido e teorizado por Simone de Beauvoir estava atrelado a sua visão existencialista de mundo; segundo ela, todos os sujeitos têm de se engajar na luta por suas liberdades como única justificativa para sua existência. A situação das mulheres era singular nesse sentido, por serem seres autônomos submetidos às imposições da condição de alteridade negativa diante dos homens. Os homens eram entendidos como a norma, abstrata e universalizada, ao passo que as mulheres eram *o outro* (Beauvoir, 2009). Nesse quadro, o desenvolvimento das ferramentas teóricas para compreender a condição das mulheres era inseparável do engajamento nas lutas pela superação dessa condição.

O chamado *mundo ocidental* passou por aceleradas mudanças nas décadas que se seguiram ao fim da Segunda Guerra Mundial. Com os avanços nas políticas de bem-estar social, a expansão da educação formal e o crescente número de mulheres entrando no mercado de trabalho, uma questão que ganhou centralidade nos países do eixo capitalista desenvolvido passou a ser, especialmente para as classes médias, como combinar as carreiras com o casamento e a família. O conceito de igualdade em relação aos homens se tornou uma das maiores preocupações das mobilizações de mulheres, guiando avanços jurídicos e institucionais em nações ocidentais.

No caso francês, apenas em 1965 é que as mulheres casadas conquistaram o direito de vender sua força de trabalho sem o consentimento expresso de seus maridos. Embora a pílula anticoncepcional já fosse conhecida desde o início da década, o controle de natalidade só foi legalizado na França mediante os decretos executivos da Lei Neuwirth, aprovada em 1967. Desde 1920, em razão da baixa demográfica após a Primeira Guerra Mundial, todas as formas de contracepção e informação contraceptiva eram negadas às francesas por lei. A difusão dessas informações e do acesso aos métodos de controle de natalidade modificaram radicalmente a estrutura das famílias, a conduta sexual e a situação das mulheres em geral (Hobsbawm, 1995).

O rejuvenescimento no âmbito das ideologias e das discussões políticas em vários países europeus durante a década de 1960 teve reflexos na modificação na estrutura e nas mentalidades das famílias tradicionais. O resultado disso foi uma revolução cultural com grande peso jovem e feminino e que culminou nas manifestações de maio de 1968.

Na França, a crescente mobilização social não foi findada com a repressão aos atos de 1968. No caso das mulheres, aquela conjuntura fértil foi o solo para o nascimento da principal organização feminista do país na década seguinte. Sua eclosão é normalmente identificada com a manifestação ocorrida em 26 de agosto de 1970, quando um grupo de ativistas lideradas por algumas das mulheres que se tornaram ícones do feminismo materialista francês, como Christine Delphy e Monique Wittig, estenderam uma faixa no Arco do Triunfo, sobre o monumento ao soldado desconhecido, clamando pela visibilidade de uma figura ainda mais ignorada, sua esposa. A manifestação resultou na prisão de várias militantes. A mídia francesa se referiu ao ocorrido como o nascimento do Mouvement de Libération des Femmes (MFL), ou "Movimento de Libertação das Mulheres". Esse nome fazia referência ao Women Liberation Movement, formado em 1967 em algumas das principais cidades da América do Norte no contexto das lutas pelos direitos civis.

Um dos motivos que levaram à organização do MLF na França foi a decepção das mulheres com a contradição existente entre o discurso anti-hierárquico dos homens da esquerda francesa e suas práticas pessoais e políticas, que reproduziam a opressão sobre elas. Por isso, uma das principais características do MLF era o fato de que o movimento era constituído exclusivamente por mulheres. A ideia era estimular a construção de uma autonomia individual e coletiva, no âmbito privado e público, sob a bandeira de que a esfera privada também era um assunto da disputa política.

A estrutura do MLF era completamente descentralizada. Não havia uma liderança unitária e a totalidade do movimento era composta de outros movimentos coletivos, que gozavam de independência uns em relação aos outros. As reivindicações eram várias, bem como suas formas de luta política e construção intelectual. Segundo Françoise Picq (1987), essa pluralidade interna era tanto uma força positiva quanto um aspecto prejudicial.

Dani Cavallaro (2003) cita três grandes pontos de discordância entre as tendências internas no MLF desde seu surgimento: (1) a relação entre feminismo e socialismo; (2) os diferentes significados de feminismo, mais emancipatórios ou restritivos; (3) o conflito entre reivindicações baseadas nos ideais contrastantes de igualdade e diferença. Esses elementos de dissonância ajudaram a criar uma oposição entre duas abordagens dentro do MLF, quais sejam: uma tendência **diferencialista** e outra **materialista** (Cavallaro, 2003).

As duas tendências tinham relações diferentes com a perspectiva intelectual e militante do socialismo. Muitas das militantes, especialmente na vertente materialista, também integravam grupos de esquerda e se mostravam incomodadas tanto com a secundarização das pautas feministas quanto com o tratamento que estas recebiam dos militantes homens. Esse conflito evidenciou para diversas mulheres de esquerda que a luta contra o capitalismo também teria de ser uma luta contra o sexismo (Cavallaro, 2003).

Se as materialistas eram muito influenciadas pelo marxismo, as diferencialistas adotavam uma perspectiva próxima à da psicanálise, tanto que ficaram conhecidas por formarem o grupo Psychoanalyse et Politique, conhecido como *Psych et Po*. Para as integrantes desse grupo, o principal inimigo das mulheres era o falocentrismo internalizado e reproduzido por elas mesmas cotidianamente. Por isso, elas criticavam o conceito de feminismo, afirmando que ele partia de uma luta para se encaixar num mundo masculino e, consequentemente, era um mecanismo de reprodução da misoginia. Logo, defendiam a substituição do feminismo pela ideia de movimento de mulheres (Cavallaro, 2003).

O último ponto de discordância é o eixo central de diferenciação entre as tendências materialista e diferencialista. As militantes associadas à perspectiva do Psych et Po propunham destacar as peculiaridades das mulheres em vez de lutar por igualdade, o que apenas encaixaria as mulheres num mundo que era estruturalmente masculino. A ideia era defender o princípio da diferença jurídica como instrumento de mudança social. Integravam o grupo das diferencialistas Hélène Cixous, Luce Irigaray e Julia Kristeva (Cavallaro, 2003).

As materialistas, por sua vez, criticavam a centralidade da diferença na internalização de determinados princípios nas mentes das mulheres por acreditarem que essa era uma visão idealista. Defendiam que a opressão estava enraizada em relações sociais e, portanto, era um problema material. A solução apontada por elas era a luta pela igualdade, argumentando que a defesa da diferença era uma forma de reproduzir a masculinidade como norma. Discorreremos mais detidamente acerca das perspectivas materialistas adiante.

Não obstante a filosofia existencialista tenha sido uma das maiores influências teóricas sobre o movimento feminista francês no pós-Segunda Guerra Mundial, a relação da luta das mulheres com outras correntes teóricas permaneceu por toda a segunda metade do século XX. Não foi apenas a psicanálise que contribuiu para a visão de mundo crítica das feministas, a teoria feminista francesa dialogou com a antropologia, a teoria literária, a sociologia, a história e a filosofia da linguagem.

O embate intelectual entre estruturalismo e pós-estruturalismo teve seu impacto nos debates teóricos também dentro do feminismo. Dani Cavallaro (2003) indica seis grandes correntes de pensamento muito influentes na teoria feminista francesa dos anos 1960 e 1970.

A **primeira** delas foi o **estruturalismo linguístico** desenvolvido com base na obra de Ferdinand de Saussure. Com o pressuposto de que as culturas funcionam de maneira análoga à linguagem, o estruturalismo parte da ideia de oposições binárias na definição dos sistemas de sinais, nas quais um elemento se define em relação ao outro ou por negação do outro (Cavallaro, 2003). As feministas francesas, desde Simone de Beauvoir, trataram de trabalhar com as oposições mulher/homem e feminino/masculino para mostrar como as sociedades constroem seus significados para cada conceito.

Dialogando com o estruturalismo de Lévi-Strauss, Beauvoir (2009) aponta que o fato de o conceito mulher/feminino ser definido pela negação de homem/masculino demonstraria como essas oposições binárias foram usadas ao longo da história para construir a superioridade dos homens e sua opressão sobre as mulheres. Logo, a oposição binária careceria de reciprocidade. O elemento homem/masculino seria a norma, conferindo a mulher/feminino o *status* de inadequado.

A **segunda** corrente de pensamento muito influente no feminismo francês foi formada pelas discussões de Michel Foucault sobre poder, conhecimento e sociedade, as quais foram centrais nos debates pós-estruturalistas. O **pós-estruturalismo** tem como premissa o entendimento de que as instituições sociais são discursos, os quais servem de ferramentas de reprodução do poder. Nesse sentido, todo o conhecimento é expressão de relações de poder. Isso indicou para as feministas que diferentes formas de conhecimento foram usadas na história para reproduzir o poder dos homens, reprimindo as mulheres, disciplinando os corpos e controlando a sexualidade delas. O processo de disciplinarização e controle sobre as mulheres ganhou *status* científico na modernidade, reprimindo a sexualidade e patologizando comportamentos como histeria. Mulheres insatisfeitas com suas condições – associadas ao lar e às obrigações domésticas e morais – eram classificadas como nervosas, neuróticas e histéricas (Cavallaro, 2003).

A **terceira** corrente de pensamento que teve peso no feminismo da França nos anos 1960 e 1970 emanou da obra de Louis Althusser e de suas definições de **ideologia e falsa consciência**. Segundo essa visão, as estruturas ideológicas são capazes de fazer as pessoas de determinados grupos sociais não se perceberem como parte daquele grupo ou reproduzirem concepções de outros grupos, replicando, consequentemente, opressões estruturais. As feministas tomaram esses conceitos para mostrar como mulheres poderiam agir contra a própria libertação por meio da falsa consciência, reproduzindo uma ideologia que legitima a opressão dos homens sobre elas (Cavallaro, 2003).

O **método desconstrucionista** de Jaques Derrida foi a **quarta** corrente de pensamento influente no feminismo francês. Ao entender as relações sociais como textos abertos, móveis e parciais, Derrida deu às feministas a certeza de que os valores associados às representações sociais de gênero e sexualidade ou, até mesmo, a ideologia patriarcal e a subordinação feminina não eram elementos fixados definitivamente. Eles poderiam ser desconstruídos, expondo-se as relações de poder subjacentes, e reconstruídos de outras maneiras (Cavallaro, 2003).

As reflexões de Jacques Lacan sobre **psicanálise e linguagem** constituem a **quinta** corrente de pensamento influente na teoria feminista francesa. Como já relatamos, a psicanálise era muito influente no MLF e defendia que a diferença sexual era concebida como uma construção arbitrária erigida sobre a imagem do falo. Vale clarificar: o falo, nesse caso, não significa um órgão físico, mas um elemento simbólico que orienta as posições de gênero orientadas por um conceito abstrato de poder. Os papeis de gênero se definiriam pela relação entre "ter" e "ser" o falo. Se a masculinidade "tem" o falo, a feminilidade pode "ser" o falo. Em todo caso, a compreensão de que esses são elementos simbólicos dava às feministas a certeza de que era possível subverter este quadro por meio da crítica (Cavallaro, 2003).

A **sexta** das principais correntes teóricas influentes no feminismo francês estava alicerçada nas reflexões sobre **o desejo e o corpo** desenvolvidas por Gilles Deleuze e Félix Guatarri. Os dois argumentavam que o desejo é um mecanismo produtivo e sua principal influência na teoria feminista foi a aplicação do modelo pós-estruturalista ao corpo. Nesse sentido, o corpo passava a ser visto como um conjunto complexo de relações e não como algo fixo ou como objeto. Dessa maneira, as feministas foram capazes de pensar os corpos para além das polarizações binárias destacadas anteriormente pelos estruturalistas (Cavallaro, 2003).

Como é possível notar, as mulheres mobilizadas no MLF realizaram grandes avanços no campo da teoria social para dissecar os mecanismos de opressão e buscar caminhos para eliminá-los. Dessa forma, o ambiente acadêmico foi um espaço importante de disputas por poder e pela hegemonia na sociedade francesa para os ideais feministas. Uma importante ferramenta nesse sentido foi a revista

Questions Féministes, fundada em 1977 por um coletivo de acadêmicas feministas próximas da perspectiva materialista. Esse coletivo congregava Simone de Beauvoir, Christine Delphy, Colette Guillaumin, Nicole Claude-Mathieu e Monique Wittig (Abreu, 2018).

A *Questions Féministes* apresentou algumas das principais pautas do MLF, como a crítica à ideia de natureza feminina, a centralidade das relações sociais de dominação e a recusa em considerar o feminismo uma pauta secundária, como declaravam partidos políticos que buscavam interferir no movimento (Abreu, 2018). A revista chegou ao fim em 1981, em razão de disputas relacionadas à discussão do separatismo lésbico, protagonizadas, de um lado, por Monique Wittig e seus ataques à heterossexualidade como estrutura opressiva e, de outro, por Emmanuele Lessep, defendendo que mulheres homossexuais estavam sujeitas a formas de controle tão opressivas quanto as outras estavam. O fim da publicação levou à criação da *Nouvelles Questions Féministes*, lançada em 1981, opondo-se ao radicalismo lésbico e já não contando com a contribuição de Wittig (Cavallaro, 2003).

O MLF, todavia, não se restringiu a colaborações teóricas, efetuando importantes mobilizações e lutas práticas pela melhoria na condição de vida das mulheres na França. Talvez o principal exemplo de uma vitória no campo prático esteja nos embates acerca do controle das francesas sobre seus direitos reprodutivos.

Entre os diversos grupos internos do MLF, o mais engajado na questão dos direitos reprodutivos foi o Choisir, ou "Escolher", liderado pela advogada Gisèle Halimi. Inicialmente, a luta foi em defesa das signatárias do famoso Manifesto das 343, publicado na revista *Le Nouvel Observateur*, em abril de 1971. O texto, escrito por Simone de Beauvoir, contou com a assinatura de 343 mulheres que declaravam ter feito aborto na França, o que era considerado ilegal. Consequentemente, as mulheres estavam expostas a medidas penais. O grupo Choisir, além de ter trabalhado na defesa das 343 signatárias do manifesto, passou a liderar uma campanha pela legalização do aborto no país, o que se efetivou em 1974, marcando uma enorme vitória do MLF no sentido de garantir a vida e a liberdade de escolha das francesas.

(3.3)
A CLASSE OPERÁRIA TEM DOIS SEXOS: DIVISÃO SEXUAL DO TRABALHO

A segunda metade do século XX testemunhou o avanço da inserção das mulheres no mercado de trabalho em todo o mundo. Na década de 1980, em alguns lugares do Ocidente capitalista, as trabalhadoras já ocupavam quase a totalidade das ocupações de escritório e chegavam a 50% dos agentes imobiliários, 40% dos bancários, 35% dos professores universitários e 40% de médicos e advogados. Mesmo em cargos de esforço braçal já havia 2,7% de caminhoneiras, 1,6% de eletricistas e 0,6% de mecânicas (Hobsbawm, 1995). Essa ocupação estimulou várias reflexões teóricas sobre o papel do trabalho das mulheres no contexto geral do trabalho, bem como impulsionou mobilizações práticas dos movimentos feministas por igualdade de condições, seja nos postos assalariados, seja em trabalhos não pagos. Todos esses debates tinham como elemento basilar o conceito de divisão sexual do trabalho.

A ideia de divisão do trabalho refere-se à diferenciação de tarefas nos processos econômicos, tanto da produção quanto da reprodução. Em geral, há duas abordagens principais acerca da divisão do trabalho. A **primeira** é uma abordagem mais técnica, que toma a divisão como efeito da necessidade de desempenhar tarefas práticas distintas na produção. Isso, é claro, fortaleceu-se consideravelmente na realidade da produção capitalista. A **segunda** abordagem é a da divisão social, que se sustenta sobre uma análise da sociedade como um todo, para identificar quais lugares os grupos sociais ocupam nas estruturas produtiva e reprodutiva. A divisão sexual do trabalho, portanto, encaixa-se nessa segunda abordagem, evidenciando a diferença entre mulher/feminino e homem/masculino nas ocupações econômico-sociais, suas causas e consequências em diferentes momentos e realidades históricas da vida humana.

> **Importante!**
>
> As duas abordagens gerais da problemática da divisão sexual do trabalho seguem por dois caminhos distintos para se entender esse fenômeno. Quaisquer análises sobre o tema seguem um desses dois paradigmas: o integrador ou o conflitivo. O da integração é aquele que entende a especialização entre homens e mulheres no trabalho por uma lógica de complementaridade e cooperação. Já o do conflito compreende que essa divisão está baseada em relações de poder e dominação. Detalharemos como isso aparece em várias discussões sobre o tema.

De qualquer forma, a divisão sexual do trabalho é uma questão interdisciplinar. Ela orienta análises antropológicas, históricas, sociológicas, filosóficas e de diversas outras disciplinas de dentro e fora das ciências humanas e sociais. A centralidade expressa pela presença da questão em várias áreas do conhecimento tem sua âncora nas análises dos passados distantes das sociedades humanas, tentando identificar os primeiros momentos e as causas dessa divisão. Isso passa especialmente pela constatação de que os seres humanos são os únicos animais que executam essa forma de organização social com tal extensão. As análises antropológicas etnográficas são, em geral, usadas como paralelos para contar a história da vida humana no planeta. Esses estudos, portanto, constituem os principais exemplos para a análise da gênese da divisão sexual do trabalho. Consequentemente, tais perspectivas são usadas na justificativa ou crítica das relações sociais no mundo contemporâneo.

Em geral, toda essa história teria começado com sociedades de caçadores e coletores. Segundo as narrativas tradicionais, a divisão sexual do trabalho teria se dado inicialmente dentro da estrutura familiar, com especialização dos homens na caça e das mulheres na coleta e no cuidado doméstico. A antropologia apresenta três categorias de explicações para essa divisão sexual do trabalho, cada uma erguendo-se sobre um conceito central, sendo possível haver áreas de intersecção: (1) a ideia de "efetividade da eficiência"; (2) a concepção das "ações da agência"; (3) as análises do "poder do patriarcado" (Bird; Codding, 2015, p. 3-7). As duas primeiras categorias de explicações alinham-se com o paradigma integrador, já a terceira liga-se ao paradigma conflitivo. Todas elas, no entanto, gravitam em torno das diferenças entre homens e mulheres no esforço do trabalho de subsistência.

A categoria da **efetividade da eficiência** identifica as diferenças entre o trabalho masculino e feminino como adaptações no âmbito doméstico tanto para homens quanto para mulheres. Essas adaptações seriam resultado da especialização cooperativa baseada em características que, em última instância, teriam suas raízes em diferenças biológicas. Assim, as mulheres teriam vantagens comparativas sobre os homens no cuidado das crianças e isso estabeleceria as condições iniciais para uma divisão sexual do trabalho na qual as mulheres se especializariam em atividades nas quais pudessem empregar essas vantagens; os homens, por sua vez, concentrariam seus esforços em desenvolver habilidades em outros campos necessários à reprodução da família. Uma consequência disso, por exemplo, é que as mulheres executariam a coleta com mais habilidade porque teriam um olhar mais apurado e detalhista em razão da necessidade de estarem sempre observando atentamente a prole. Os homens deveriam se dedicar mais a atividades com maior risco, como a caça. Com o tempo, essas especializações ganharam força e se aprofundaram cada vez mais.

As abordagens associadas às **ações da agência** guardam um ponto de vista muito semelhante às da efetividade da eficiência. A diferença é que a defesa das ações da agência toma como base um individualismo exacerbado para entender as relações sociais. Portanto, cada indivíduo faria a escolha mais racional para alcançar a maior efetividade conforme seu comportamento. Mulheres e homens escolheriam suas estratégias de trabalho graças à percepção de que se beneficiariam mais desempenhando funções para as quais teriam maior aptidão. Enquanto os estudos associados à corrente da efetividade da eficiência identificam a vantagem da divisão sexual do trabalho no âmbito da cooperação familiar, as análises das ações da agência entendem que as vantagens já estariam na escolha de cada homem e mulher, que racionalmente escolheriam o melhor custo-benefício para elas e eles (até mesmo relativo ao gasto energético) (Bird; Codding, 2015).

Por fim, a abordagem que tem como fundamento o **poder do patriarcado** é fortemente influenciada pelas formulações teóricas das feministas materialistas francesas. Essa corrente tem como premissa a concepção de que todas as diferenças presentes na divisão sexual do trabalho estruturam e são estruturadas pela opressão dos homens sobre as mulheres. Consequentemente, os benefícios da especialização de tarefas na produção e reprodução seriam dos homens e, se não houvesse essa relação de poder, a diferença entre as atividades masculinas e femininas seria insignificante (Bird; Codding, 2015).

Narrativas e explicações históricas resultantes dos modelos cooperativos apresentados nas duas primeiras abordagens comentadas falham por conta dos pressupostos que assumem de maneira mais ou menos explícita. Não apenas pela já mencionada ênfase num individualismo metodológico, mas também porque tomam como premissas padrões normativos monogâmicos, heterossexuais e associados à organização familiar nuclear (Bird; Codding, 2015).

Extrapolando os limites de tais condições, pode ser visualizada uma diversidade muito maior dos cálculos que levam à divisão sexual do trabalho, mesmo em grupos de caçadores e coletores. Ampliando o foco para além da família nuclear, encontramos homens e mulheres inseridos em teias de relações familiares e comunitárias mais amplas, nas quais estão inseridos avôs e avós, pessoas ligadas por outros laços de parentesco ou mesmo vizinhas, por exemplo. Nesse enquadramento mais amplo, as pessoas podem ser levadas a alterar seu trabalho pela necessidade de cuidar uns dos outros. Mesmo em sociedades nas quais a economia é baseada na divisão apenas entre pai e mãe, há modelos de barganha menos fixos do que a divisão sexual do trabalho estática, nos quais haja discussões acerca do que cada indivíduo terá que executar nas tarefas de produção e reprodução (Bird; Codding, 2015).

> **Importante!**
>
> De qualquer maneira, as análises etnográficas, extrapoladas para a pré-história humana, geraram narrativas usadas até hoje para justificar a divisão sexual do trabalho, especialmente no que se refere ao trabalho identificado como produtivo (e associado aos homens) e ao trabalho identificado como reprodutivo (associado às mulheres). Seguindo essa lógica, se as mulheres seguem responsáveis pelo trabalho doméstico e o cuidado da prole, isso seria algo derivado do fato de que teria sido "sempre assim" na história da humanidade. Dessa forma, de maneiras mais ou menos implícitas, as análises antropológicas se associam às reflexões da sociologia do trabalho, destinadas a estudar a divisão sexual do trabalho na sociedade capitalista.

Em consonância com a separação entre perspectivas integradoras e conflitivas, Hirata (2002) identifica duas grandes teorias mobilizadas pelos estudos da divisão sexual do trabalho, uma baseada na ideia de **vínculos sociais**, e a outra, na de **relações sociais**. Detalharemos essa diferença na próxima seção, quando discutirmos a oposição entre os termos franceses *relations* e *rapports*, no estudo das relações sociais de sexo.

Por enquanto, é suficiente declarar que a **teoria do vínculo social** entende a divisão social do trabalho como uma forma de cooperação ou parceria solidária entre os sexos. Apropriando-se de elaborações da **sociologia funcionalista**, essa teoria identifica a associação das mulheres com o trabalho doméstico como parte de uma complementaridade presente no modelo tradicional familiar. Portanto, as análises baseadas na concepção de vínculo social consideram que homens e mulheres têm o mesmo *status* social e que a parceria entre eles pode resultar em novos arranjos para a divisão do trabalho doméstico, além de novas formas de conciliação entre a vida profissional e familiar das mulheres.

Por seu turno, as análises pautadas pela **relação social** podem ser entendidas como parte do **paradigma conflitivo**, porque entendem que a divisão social do trabalho está associada a todo tipo de relações sociais mais abrangentes e presentes em diferentes âmbitos da vida, todos eles marcados por relações desiguais, hierárquicas e pela opressão dos homens sobre as mulheres. Dessa forma, as funções associadas ao feminino seriam socialmente menos valorizadas do que aquelas ligadas ao masculino.

Para além dos trabalhos mais descritivos sobre a divisão sexual do trabalho, a **sociologia do trabalho** e a **economia** trabalharam o tema e tentaram explicá-lo adotando duas teorias principais: a teoria do exército industrial de reserva e a teoria da segmentação.

As abordagens associadas à **teoria do exército industrial de reserva** assumem a premissa bastante simples de que a marginalização do trabalho das mulheres serve ao interesse de manter o baixo preço da força de trabalho. Dessa maneira, as mulheres seriam parte do exército de reserva e poderiam ser mobilizadas ou desmobilizadas pelas indústrias conforme a necessidade (Souza-Lobo, 2021).

Já a **teoria da segmentação** emergiu dos debates sobre o desenvolvimento que orientaram a política econômica dos países capitalistas periféricos durante a segunda metade do século XX. A segmentação estava ancorada em abordagens dualistas, que questionavam o *status* das mulheres em economias em desenvolvimento/modernização ou, em outros termos, em situações de dependência e marginalização (Souza-Lobo, 2021). Essa perspectiva, portanto, localiza a divisão sexual do trabalho no quadro mais amplo de uma divisão internacional do trabalho, mais especificamente no contexto latino-americano.

Nesse contexto, como demonstra Elizabeth Souza-Lobo (2021), a subordinação das mulheres estava diretamente ligada à assimetria nas relações de trabalho características de sociedades subdesenvolvidas, marcadas pela coexistência dual de um setor tradicional e atrasado, de um lado, e um setor moderno e industrial, de outro. Em casos assim, a modernização da economia poderia resolver o problema da subordinação das mulheres na esfera do trabalho ou aprofundá-lo.

As teorias da segmentação estiveram associadas, portanto, à hipótese da marginalização da força de trabalho feminina na industrialização capitalista, assinalando que as mulheres eram um dos setores da população marginalizados nas relações capitalistas. Tal marginalização coincidia com a marginalização social das mulheres, marcando a divisão sexual do trabalho de maneira que as ocupações femininas na indústria e no capitalismo eram, pois, derivações dos papeis tradicionais das mulheres nas economias atrasadas. Esse era o caso do trabalho doméstico remunerado ou não, de postos proletários nas indústrias de vestuário e de calçados e de ocupações nos setores de serviço. Apenas na década de 1970 é que as mulheres penetraram na indústria metalúrgica e farmacêutica latino-americanas, por exemplo (Souza-Lobo, 2021).

Percebeu-se que a opressão das mulheres não era uma condição apenas das economias atrasadas. Ademais, notou-se que a participação delas no mercado de trabalho, além de não eliminar a subordinação feminina, reproduzia-a nas relações de trabalho, com baixos salários e a persistência da segregação ocupacional como extensão dos papeis femininos tradicionais.

Essa reprodução das atividades tradicionais das mulheres no contexto do mercado de trabalho chegou a ser justificada por supostas habilidades naturais do gênero feminino, de maneira muito similar àquela que comentamos nas análises antropológicas sobre a divisão sexual do trabalho nas sociedades de caçadores e coletores. Da mesma maneira que as coletoras empregavam na coleta as habilidades de atenção desenvolvidas, cuidando dos filhos e filhas, as operárias eram empregadas em atividades que exigiam habilidade, paciência e minúcia – qualidades associadas ao feminino. Essa associação, entretanto, funcionava como uma estratégia para o barateamento da força de trabalho das mulheres, já que seu desempenho seria advindo de dons naturais e não de um treinamento formal.

Elizabeth Souza-Lobo (2021) comenta sobre o efeito prático dessa associação entre determinadas tarefas e o gênero feminino: automaticamente, essas tarefas passavam a ser entendidas como menos complexas e, consequentemente, eram malremuneradas ou socialmente desprestigiadas. O exemplo maior disso era o trabalho doméstico, totalmente identificado e naturalizado como feminino e, portanto, visto como atividade natural e não como trabalho.

Obviamente, a divisão sexual do trabalho e a opressão das mulheres não eram determinadas por características naturais nem nas sociedades de caçadores e coletores nem no capitalismo industrial. Concentrar esforços em buscar a causa original da subordinação feminina em todas as sociedades históricas consiste em um falso problema. É verdade que a divisão sexual do trabalho parece uma grande permanência na história da humanidade, com a continuidade majoritária das mulheres nos trabalhos reprodutivos. No entanto, Helena Hirata (2002) mostrou que, além de haver deslocamentos nos limites do que é considerado função feminina e masculina, a divisão entre o que é ou não trabalho doméstico muda historicamente. Diferentes conjunturas econômicas e diferentes contextos de luta de classes interferem diretamente nas fronteiras da divisão sexual do trabalho.

Logo, não são as tarefas desempenhadas pelas mulheres que geram sua subordinação. Pelo contrário, são as relações sociais e o funcionamento das relações de gênero na estrutura de produção e reprodução da vida que orientam a inferiorização das características femininas e das ocupações a elas associadas.

Em consonância com essa percepção, surgiu, na França das décadas de 1960 e 1970, uma nova abordagem da divisão sexual do trabalho, desenvolvida pela corrente que ficou conhecida como *feminismo materialista*.

(3.4)
FEMINISMOS MATERIALISTAS

O feminismo materialista é o principal fruto conceitual do MLF. Algumas de suas mais proeminentes formuladoras estavam presentes desde a fundação do movimento, no ato público ocorrido no Arco do Triunfo, em agosto de 1970. Uma delas foi Christine Delphy, socióloga e pesquisadora do Centre National de la Recherche Scientifique (CNRS). Segundo ela, o ponto de partida dos estudos e da luta feminista é a opressão das mulheres, e é isso que orienta sua perspectiva materialista. Para Delphy (1997, p. 58), "um estudo feminista é um no qual o objetivo seja explicar a situação das mulheres. Quando essa situação é definida como uma situação de opressão, premissas teóricas que não incluam esse conceito [...] podem ser usadas apenas com o risco de incoerência".

O feminismo materialista assume que a opressão sofrida pelas mulheres é expressão de condições materiais e, consequentemente, deve-se entender o papel das mulheres nessa estrutura material. Essa é a única forma de compreender corretamente sua condição e orientar sua luta por autonomia.

Antes de tudo, temos de lembrar que, conforme declara Maira Abreu (2018), os sentidos de *materialismo* e mesmo de *feminismo materialista* variaram histórica e geograficamente. Consideremos, então, a tradição que se originou mais especificamente no MLF, movimento que se alinhava fortemente ao pensamento de esquerda. Suas principais intelectuais haviam se formado nas fileiras da esquerda francesa e se rebelado contra o sexismo de suas organizações políticas.

A centralidade do conceito de materialismo é uma das heranças dessa formação, dialogando diretamente com a abordagem do materialismo histórico marxista. Segundo Marx e Engels (2007), essa concepção tem como fundamento o processo real de produção material da vida imediata. Em outras palavras, trata-se de analisar todas as relações sociais verificando como os diferentes grupos antagônicos das sociedades se relacionam com a produção e a reprodução das suas vidas em diferentes níveis. Nesse processo, o trabalho é crucial justamente porque é entendido como relação na qual os seres humanos modificam a natureza para produzir o necessário à sua reprodução social e individual, dialeticamente modificando a si mesmos. No contexto do movimento feminista, isso significava pensar o papel das mulheres e da opressão sobre elas sempre conectado com as formas do trabalho desempenhado por elas.

Embora o marxismo tenha sido uma influência formadora, o conflito das feministas com a esquerda marxista francesa se aprofundou tanto na prática quanto na teoria. Segundo Christine Delphy (2015), o movimento passou a considerar o marxismo insuficiente em termos teóricos e estratégicos, por não dar conta da opressão às mulheres e por não estar preocupado diretamente com essa opressão, mas nas consequências dela para o proletariado. A autora acrescenta que, a despeito da orientação materialista, as análises marxistas omitiam o papel das mulheres na produção. Isso acarretaria três grandes consequências: (1) a secundarização da opressão dos homens sobre as mulheres diante da dominação de classe da burguesia sobre o proletariado; (2) a identificação das causas dessa opressão como meramente ideológicas e não decorrentes diretamente do papel das mulheres na produção; (3) a dupla exigência, teórica e política, sobre as mulheres, que passavam a ter que buscar de forma autônoma as razões estruturais de sua opressão e, concomitantemente, organizar a luta política pela superação dessa opressão.

Na década de 1970, os movimentos sociais da esquerda marxista eram fortemente orientados pelas determinações dos partidos comunistas, ligados à União Soviética. Naquele contexto, a chamada *questão das mulheres* aparecia diluída na luta de classes. A perspectiva hegemônica no marxismo francês daquele momento era de que a opressão das mulheres derivava das relações burguesas de propriedade e que, portanto, a libertação das mulheres seria consequência da abolição da propriedade privada dos meios de produção (Abreu, 2018).

Ainda mais relevante do que as discordâncias das feministas materialistas com relação ao marxismo, eram suas críticas às análises sociais que naturalizavam a opressão das mulheres como determinada pelas diferenças biológicas. Essas críticas avançaram ao ponto de questionarem as definições biológicas como elementos determinantes para as relações sociais. Nesse caso, trabalhos como os de Nicole-Claude Mathieu valeram-se da antropologia para explicar que considerar os dois sexos biológicos era apenas uma forma de reificar categorias que só encontram referências em si próprias e, nesse processo, conferir características e atributos que seriam inatos a homens e mulheres. Para exemplificar, a ideia de domínio político aparece como uma característica fixa da categoria biológica *homem*. Isso, por sua vez, transforma os homens em seres biologicamente sociais ou culturais. As mulheres, no sentido oposto, seriam seres biologicamente naturais, pois não teriam características culturais associadas a seu sexo biológico. Pelo contrário, as características do feminino seriam associadas ao seu poder reprodutivo (Mathieu, 1978).

Um exemplo interessante dessa lógica de naturalização das mulheres é a ideia de "intuição feminina", uma habilidade inata e não racional, que habilita as mulheres a saberem mesmo sem entender o que ou como sabem. Elas estão entregues aos sentidos e às variações de humor ou são reféns dos hormônios. Já os homens seriam associados à racionalidade. O processo intelectual de conhecer mediante organização intelectual e equilibrada dos indícios é tido como característica natural masculina.

Sobre a discussão acerca das características biológicas, Collete Guillaumin (2005) mostra como, em todos os casos, a imputação de um caráter natural é feita sempre sobre grupos e indivíduos dominados e isso não deixa de ser também uma **estratégia de naturalização da relação de dominação**.

As feministas materialistas francesas não criticaram apenas as explicações naturalizadoras e biologizantes da opressão sobre as mulheres. Elas também intentaram desconstruir as afirmações de que a dominação era apenas uma questão de mentalidades, derivada da disposição dos homens em maltratar e agredir. Pelo contrário, o esforço do materialismo francês sempre esteve voltado para a explicação estrutural da opressão e da exploração, vendo-as como profundamente enraizadas nas relações de produção e reprodução da vida social.

Aquilo que até então era tomado como a causa e a origem da opressão, a fragilidade e outras disposições "naturais", não passava de algo imposto pelos opressores, uma espécie de mito reproduzido e manifestado no corpo das mulheres (Wittig, 2019). Expresso de outro modo, o *status* inferior das mulheres imbricado já na definição de mulher (Benston, 1997).

A crítica aos determinismos biológicos e à concepção de historicidade radical, segundo a qual as características masculinas e femininas são construções sociais ligadas à produção/reprodução da vida, são heranças do marxismo no feminismo materialista francês. Nesse sentido, várias integrantes feministas materialistas se apropriaram de elementos do marxismo de maneira mais ou menos heterodoxa. Outro exemplo dessa relação é a definição de homens e mulheres como classes.

Lembremos que, na concepção marxista de classes, estas são grupos sociais antagônicos definidos de acordo com seu lugar na produção (posse ou não dos meios de produção) e pela relação de exploração de um sobre o outro. Na esteira desse pensamento, autoras como Christine Delphy (2015) passaram a identificar as mulheres como uma classe submetida à exploração do trabalho doméstico pelos homens. Nesse caso, os dois elementos fulcrais na definição são: (1) o fato de que é uma identidade historicamente constituída e não biológica; (2) a participação numa relação antagônica, marcada por uma hierarquia e por relações de poder e opressão.

A relação dual de apropriação heterodoxa e crítica em relação ao marxismo engendrou uma oposição entre as feministas da época, encarnada, por exemplo, na resenha das ideias de Christine Delphy feita por duas feministas britânicas, Michèle Barrett e Mary McIntosh. As duas expuseram a falta de rigor e coerência teórica de Delphy com as categorias marxistas de *modo de produção* e *classe*. Ademais, qualificaram seu trabalho como uma leitura mecanicista das relações entre homens e mulheres, por ignorar o fato de que o materialismo marxista deve relacionar aspectos econômicos e ideológicos de maneira conjunta na análise das relações de opressão e exploração (Barrett; McIntosh, 1979).

Um ano mais tarde, Christine Delphy respondeu às críticas num artigo em coautoria com a socióloga Diana Leonard. Para elas, a recusa de Barrett e McIntosh em encarar homem e mulher como classes era, em última instância, uma forma de eximir os homens da responsabilidade pela opressão e exploração que exercem sobre as mulheres (Delphy; Leonard, 1980).

A despeito dos conflitos e das diferenças de abordagens entre feministas marxistas e feministas materialistas, as duas correntes contribuíram uma para a outra. Afinal, o debate ajudou a complexificar os argumentos e cobrir possíveis lacunas da análise dos dois lados. Dessa forma, é possível concordar com Annette Kuhn e AnnMarie Wolpe (Kuhn; Wolpe, 1997, p. 87) em sua afirmação de que "As análises materialistas da condição das mulheres, na medida em que constituem uma tentativa de transformar o marxismo, constituem também um movimento em direção à construção de um feminismo marxista".

Ao se concentrarem nas relações de produção e reprodução da vida, as interpretações materialistas das feministas francesas deram origem a conceitos elementares para suas análises. Quatro desses principais conceitos foram: (1) relações sociais de sexo, (2) divisão sexual do trabalho, (3) patriarcado e (4) consubstancialidade. Embora eles estejam completamente emaranhados e dependam um dos outros, buscaremos clarificá-los, de maneira ordenada, um por um, para facilitar a compreensão didática.

Inicialmente, para tratar do conceito de **relações sociais de sexo**, é preciso saber que ele é chamado em francês de *rapports sociaux de sexe*. Isso é determinante porque a língua francesa diferencia duas categorias, *relation* e *rapport*, que em português são traduzidas pela mesma palavra, *relação*. Na concepção francesa, o plural *relations* se refere a relações individuais e pessoais do dia a dia. Já *rapports* expressa relações mais amplas, relacionadas às estruturas sociais.

Nesse sentido, as *relations* são relativamente fáceis de serem modificadas individualmente, ao passo que as *rapports*, por serem estruturais, articulam grupos sociais inteiros e só podem ser modificadas coletivamente (Cisne, 2014).

Assim, por exemplo, seria possível modificar os parâmetros de uma relação (*relation*) de amizade com determinada pessoa mediante o esforço individual de cada uma das partes. Assim se dá mesmo diante do reconhecimento de que a amizade significa coisas diferentes, demanda esforços diferentes ou distintos níveis de comprometimento emocional, de suporte etc. Por seu turno, a *rapport* é uma relação social estruturante e, por conseguinte, está relacionada ao funcionamento da sociedade. No processo de socialização, as pessoas são educadas a agir segundo certas regras e as reproduzem até mesmo inconscientemente.

Logo, nas relações pessoais, os sujeitos podem não agir de forma racista, mas isso, isoladamente, não modifica o racismo existente na sociedade, porque ele é estrutural, como expõe Silvio Almeida:

> *o racismo é uma decorrência da própria estrutura social, ou seja, do modo "normal" com que se constituem as relações políticas, econômicas, jurídicas e até familiares, não sendo uma patologia social e nem um desarranjo institucional. O racismo é estrutural. Comportamentos individuais e processos institucionais são derivados de uma sociedade cujo racismo é regra e não exceção. O racismo parte de um processo social que ocorre "pelas costas dos indivíduos e lhes parece legado pela tradição". Nesse caso, além de medidas que coíbam o racismo individual e institucionalmente, torna-se imperativo refletir sobre mudanças profundas nas relações sociais, políticas e econômicas.* (Almeida, 2019, p. 46)

Outro elemento determinante para a concepção das relações sociais no sentido de *rapports* é seu caráter antagônico. As feministas materialistas francesas passaram a definir essas relações também com base no fato de que elas envolvem relações de opressão e exploração de um grupo por outro. É por isso que elas identificaram a existência de três grandes *rapports*, ou relações sociais estruturantes: as relações de (1) sexo, (2) raça e (3) classe. Nesse sentido, uma interpretação materialista seria aquela interessada nas *rapports*, uma vez que, por serem estruturantes, têm de ser interpretadas como conectadas indissociavelmente das formas de produção e reprodução da vida (Cisne; Falquet, 2020).

Iniciemos tratando especificamente das relações sociais de sexo. Segundo Danièle Kergoat (1996, p. 21), a definição dessas relações repousa sobre seis pontos principais:

1. *em uma ruptura radical com as explicações biologizantes das diferenças entre as práticas sociais masculinas e femininas;*
2. *em uma ruptura radical com os modelos supostos universais;*
3. *nas afirmações de que tais diferenças são construídas socialmente e que esta construção social tem uma base material (e não apenas ideológica);*
4. *que elas são, portanto, passíveis de serem apreendidas historicamente;*
5. *na afirmação de que estas relações sociais repousam em princípio e antes de tudo em uma relação hierárquica entre os sexos;*
6. *de que se trata, evidentemente, de uma relação de poder.*

Como temos relatado, o feminismo materialista francês foi herdeiro das críticas feitas às definições biológicas, iniciadas já com o trabalho de Simone de Beauvoir em meados do século XX e aprofundadas nas décadas posteriores. As definições sobre sexo seriam construções sociais e, portanto, definidas pelas relações sociais de sexo. Diferenças entre homens e mulheres, todavia, não seriam provenientes apenas de um sistema cultural, de representações simbólicas ou das superestruturas ideológicas das diferentes sociedades. As feministas materialistas francesas passaram a identificar nas relações entre os sexos uma base social, evidenciando as diferenças existentes nas relações de produção e reprodução da vida expressadas por meio do trabalho.

As definições antagônicas de homem/mulher ou masculino/feminino estariam ancoradas nas relações hierarquizadas e no poder exercido para garantir a exploração do trabalho. Nesse sentido, como já mencionamos anteriormente, as mulheres seriam uma espécie de classe social, marcada pela exploração do trabalho exercida pelos homens, majoritariamente no contexto doméstico.

Embora tivessem suas bases nas relações de produção e reprodução, as relações sociais de sexo atravessariam todos os espaços da vida. Todas as interações sociais, individuais e coletivas, bem como suas consequências, podem ser analisadas segundo a lógica das relações sociais de sexo. Isso porque a categoria foi pensada para auxiliar na compreensão da totalidade social, sem, contudo, ser uma abstração universal. Em outras palavras, diferentes realidades histórico-sociais e distintas formas de organizar a produção e a reprodução da vida geram relações sociais de sexo específicas.

Em vários sentidos, o conceito de relações sociais de sexo é semelhante ao de gênero, uma vez que ambos são interpretados como construções sociais associadas a relações de poder. Isso, todavia, não é consenso entre as autoras. Mirla Cisne (2014), por exemplo, afirma que muitas vezes a utilização do conceito de gênero não leva em consideração a hierarquia entre os sexos e outras desigualdades estruturais, defendendo, assim, o uso da categoria *relações sociais de sexo*. Cisne (2014) sintetiza as críticas ao uso do gênero em três pontos, recuperando o trabalho de Roland Pfefferkorn: (1) o interesse primordial de várias teóricas do gênero nos aspectos simbólicos da opressão; (2) a naturalização do sexo que pode decorrer da dicotomia sexo/gênero, que deixa de conceber o sexo como construção histórico-social; (3) o ocultamento do conflito presente em algumas análises que se baseiam na ideia de gênero.

Ainda que a oposição entre relações sociais de sexo e gênero seja reproduzida no debate teórico, antagonizando, principalmente, pesquisadoras de tradição francófona e anglófona, nem todas as feministas materialistas dão peso a esse debate. Danièle Kergoat (1996), por exemplo, afirma que o emprego de um ou outro conceito é muito mais uma questão preferencial, já que não se trata de conceituações alternativas.

O feminismo materialista francês também abrigou abordagens radicais com o debate acerca das relações sociais de sexo e seus reflexos políticos nos movimentos sociais. Monique Wittig (2019), por exemplo, defendeu a necessidade de destruir completamente as categorias de sexo, rejeitando todas as ciências que as tomassem como base (o que impactaria quase a totalidade das ciências sociais). Esse cenário viria com a reorganização das formas sociais de produção, visando à superação da opressão e da exploração sobre o trabalho feminino. Sem exploração do trabalho doméstico, não haveria mais a atual definição de mulher/feminino, decorrente das presentes relações sociais de sexo. Wittig (2019) mostra como isso, de certa maneira, já ocorreria com a negação da heterossexualidade e a orientação lésbica, que recusa o papel de "mulher" e, consequentemente, opõe-se ao poder econômico, político e ideológico dos homens.

Ao considerarem a materialidade no conceito de relações sociais de sexo, as feministas materialistas francesas tiveram sempre no bojo de suas análises a divisão sexual do trabalho:

> *Isto porque estes dois conceitos são inseparáveis. É sobretudo a análise em termos de divisão sexual do trabalho que permite demonstrar que existe uma relação social específica entre os grupos de sexo. [...] A divisão sexual do trabalho está no centro (no coração) do poder que os homens exercem sobre as mulheres.* (Kergoat, 1996, p. 20)

Já discutimos bastante sobre o conceito de divisão sexual do trabalho. Podemos nos voltar agora às especificidades que as materialistas francesas imprimiram nele. Danièle Kergoat (2009), por exemplo, foi bastante crítica a diferentes abordagens que pensaram o trabalho e suas categorias tendo como eixo a divisão de sexo, mas sem enfatizar as relações de poder. Esse era o caso de análises que enfocavam na existência de estruturas familiares e sistemas produtivos, interpretando o trabalho doméstico como um simples apêndice do trabalho assalariado ou entendendo os dois como complementares, sem, todavia, indicar o nível de hierarquização entre eles. Segundo Kergoat (2009), o maior problema dessas abordagens mais descritivas era justamente a perda da força subversiva do conceito de divisão sexual do trabalho. Segundo Kergoat (2009, p. 72), "falar em termos de divisão sexual do trabalho é ir mais além de uma simples constatação de desigualdades: é articular a descrição do real com uma reflexão sobre os processos pelos quais a sociedade utiliza a diferenciação para hierarquizar essas atividades".

O processo de análise do real que articula a descrição com a hierarquização das atividades resultou em diferentes sínteses propostas pelas feministas materialistas. Uma das pioneiras foi publicada por Christine Delphy em 1970, em *L'Ennemi Principal*, ou *O inimigo principal* (Delphy, 2015). Como já informamos, Delphy se apropria do vocabulário marxista para explicar a base material da exploração das mulheres, relacionando as diferentes realidades do trabalho assalariado e do trabalho doméstico no capitalismo.

Delphy (2015) analisou as relações materiais na sociedade contemporânea, as quais estariam, segundo ela, divididas em dois modos de produção conectados: (1) o **capitalista** ou industrial, marcado pela produção de mercadorias e a exploração da burguesia sobre o proletariado; e (2) o **familiar**, identificado principalmente com os serviços domésticos, a criação de filhos e a exploração patriarcal dos homens sobre as mulheres.

O trabalho doméstico seria definido justamente como atividades exercidas pelas mulheres de forma gratuita para os homens. Independentemente da participação feminina no mercado de trabalho, ocupando postos assalariados, essas atividades domésticas continuariam a ser imputadas às mulheres. Logo, o mercado de trabalho não tornaria a mulher livre das relações de dominação patriarcal. A ocupação de posições antagônicas no âmbito familiar evidencia que mulheres e homens são classes em disputa.

> Portanto, é nossa tarefa histórica, e não apenas nossa, definir o que chamamos de opressão em termos materialistas, tornar evidente que as mulheres são uma classe. Isso significa dizer que a categoria "mulher" assim como a categoria "homem" são categorias políticas e econômicas e não categorias eternas. Nossa luta tem como objetivo suprimir os homens como classe, não por meio de um genocídio, mas de uma luta política. Quando

a classe "homens" desaparecer, "mulheres" como classe irão desaparecer também, pois não existem escravos sem senhores. (Wittig, 2019, p. 88)

A associação de mulheres e homens a escravos e senhores, respectivamente, não é um exagero retórico. No sistema capitalista, a produção de mercadorias é executada por trabalhadores, que têm seu trabalho explorado por meio da apropriação do mais-valor, ou mais-valia. A apropriação exercida sobre os trabalhadores se realiza numa esfera econômica, já que eles e seus patrões têm, em teoria, os mesmos direitos políticos, a mesma condição jurídica e o mesmo *status* perante o sagrado[2], por exemplo. No caso do trabalho doméstico, Margaret Benston (1997) mostra que o fruto do trabalho das mulheres nesse âmbito não é mercantilizado. Como efeito, a relação de exploração não se efetiva apenas economicamente, dependendo de uma diferença hierárquica de poder e *status*, de forma similar ao que ocorria com os servos camponeses.

Por conta das peculiaridades da exploração do trabalho doméstico feminino, Christine Delphy (2015) identifica as mulheres não apenas como uma classe, mas também como uma casta. Tal identificação resulta do entendimento da autora de que, sob a forma de expropriação do trabalho não pago, o casamento consistiria em uma relação de escravidão da mulher em relação ao marido, a quem é permitida a exploração do trabalho doméstico e sexual dessa mulher (Delphy, 2015).

Já mencionamos as críticas de feministas marxistas como Michèle Barrett e Mary McIntosh (Barrett; McIntosh, 1979) ao trabalho de

---

2 *A igualdade perante o sagrado significa que não existem diferenças de* status *social relativas a crenças religiosas, diferentemente de outras realidades sociais nas quais hierarquias eram explicadas de acordo com a posição das pessoas em uma cosmologia associada a uma ou mais divindades.*

Christine Delphy e sua apropriação descuidada do ferramental teórico marxista. Tais autoras demonstram a insuficiência das análises de Delphy sobre o casamento como causa da exploração das mulheres por meio da simples constatação de que mulheres que não se casam não deixam de sofrer opressão. Barrett e McIntosh (1979) também apontaram que a visão de Delphy subestima as dimensões ideológicas e psicológicas da opressão das mulheres como meros fatores superestruturais determinados mecanicamente pela estrutura econômica.

Christine Delphy não foi a única das feministas materialistas francesas a associar a apropriação do trabalho feminino a relações pré-capitalistas de exploração. Tendo como referência o trabalho de Colette Guillaumin, Jules Falquet (2008, p. 124) explica que o **conceito de "sexagem"** serve justamente para se referir à apropriação física direta dos corpos dos indivíduos de um grupo social sobre os indivíduos de outro grupo. Assim, seria uma relação oposta à exploração salarial, em que a apropriação se dá sobre uma parte da produção e não sobre o corpo do produtor. Portanto, a relação de "sexagem" recorda outras formas de exploração física direta, como a servidão da Europa medieval ou a escravidão das *plantations*[3] no continente americano (Falquet, 2008).

É interessante notar que, embora as relações sociais de sexo atribuam o trabalho doméstico às mulheres (especialmente nos matrimônios), nem todas as mulheres o desempenham de maneira total na sociedade contemporânea. Conforme assinala Danièle Kergoat (2010), mulheres de alta renda contam com a possibilidade de externalizar esse trabalho doméstico para outras mulheres.

---

3 Sistema produtivo agrícola baseado no latifúndio monocultor, voltado principalmente para o mercado externo e dependente da força de trabalho escravizada.

Independentemente de ser exercido diretamente ou externalizado, o trabalho doméstico ou familiar é executado socialmente por mulheres e apropriado por meio de relações de opressão. Isso remete ao terceiro conceito central para as feministas materialistas francesas: o patriarcado.

A palavra *patriarcado* tem suas origens na combinação dos termos gregos antigos *pater* (pai) e *arkhe* (origem/comando). Ainda que essas sejam suas traduções literais, na prática, o termo *pai* não tem o significado principal associado ao laço biológico, e sim ao sentido de autoridade. Portanto, etimologicamente, o patriarcado seria a concepção de que o poder se origina na autoridade masculina. Sua utilização como conceito para compreensão de diferentes sociedades foi iniciada ainda no século XIX, nas obras de autores como Johann Jakob Bachofen e Lewis Morgan, que serviram de base para o trabalho de Friedrich Engels (Lima; Souza, 2015).

A tradição atrelada às abordagens de Bachofen, Morgan e Engels impulsionou a concepção de que sociedades primitivas obedeceriam aos princípios do matriarcado, caracterizado pela descendência matrilinear e a poliandria, ou seja, a existência de mulheres casadas simultaneamente com vários homens. Refletindo a ideia de evolucionismo social, hegemônica no século XIX, esses intelectuais viam no surgimento da propriedade privada o elemento basilar para a desarticulação do matriarcado e o estabelecimento do patriarcado (Lima; Souza, 2015).

Foi nos anos 1970 que a ideia de patriarcado foi apropriada pelas feministas, graças ao trabalho de Kate Millett (Delphy, 2009). O termo foi ressignificado para expressar a dominação masculina e/ou a opressão das mulheres, abandonando interpretações evolucionistas da história e sem implicar a crença da existência do matriarcado original. Segundo Christine Delphy (2009), esta compreensão do feminismo sobre o patriarcado apresenta duas características: (1) o entendimento de que se trata de um sistema e não de relações individuais ou de um estado de espírito; (2) a concepção de que é um sistema diferente do capitalismo e não reduzido a este.

O fato de o patriarcado ser um sistema diferente e não submetido à estrutura capitalista, não significa que seja possível entendê-lo de maneira isolada. A compreensão teórica de que são coisas diferentes e não hierarquizadas é o passo necessário para possibilitar leituras da realidade que mostrem a integração das explorações patriarcal e capitalista nas vidas das mulheres (Delphy, 2015).

As análises concretas da exploração do trabalho doméstico e da submissão feminina levaram as materialistas francesas a considerar a luta contra o patriarcado sua principal frente de batalha para a modificação radical das estruturas sociais. Isso porque, segundo elas, o patriarcado condiciona, inclusive, o trabalho assalariado das mulheres. Em outras palavras, a condição de mulher, estabelecida pela exploração masculina, precede à condição de operária, concretizada na apropriação da mais-valia por meio da venda da força de trabalho (Abreu, 2018).

Transpondo o vocabulário conceitual marxista, a única saída possível vista pelas feministas materialistas para a superação da opressão seria a via revolucionária:

> *De imediato, pode-se afirmar que a libertação das mulheres não se dará sem a destruição total do sistema de produção e de reprodução patriarcal.*
>
> *Como esse sistema é central a todas as sociedades conhecidas, essa libertação implica a mudança total das bases de todas essas sociedades, que não ocorrerá sem uma revolução, isto é, a tomada do poder político.* (Delphy, 2015, p. 117)

Mesmo sendo considerados sistemas distintos e não hierarquizados, nas análises feministas materialistas, o capitalismo e o patriarcado apareceram interligados desde os anos 1970. Diante disso, Danièle Kergoat (2010) elaborou o conceito de **consubstancialidade**, articulando, inicialmente, relações sociais de sexo e de classe social. Posteriormente, o uso dessa categoria passou a abarcar também as relações de "raça"/etnia. A respeito dessa conceituação, Kergoat (2010, p. 94, grifos do original) esclarece:

> *A minha tese, no entanto, é: as relações sociais são* **consubstanciais***; elas formam um nó que não pode ser desatado no nível das práticas sociais, mas apenas na perspectiva da análise sociológica; e as relações sociais são* **coextensivas***: ao se desenvolverem, as relações sociais de classe, gênero e "raça" se reproduzem e se coproduzem mutuamente.*

As ideias de consubstancialidade/coextensividade dialogam criticamente com as análises que reivindicam a interseccionalidade entre gênero, raça e classe, cuja elaboração mais famosa advém do feminismo negro sintetizado por Kimberlé Crenshaw, como detalharemos no Capítulo 4. Cabe registrarmos aqui, todavia, que as feministas materialistas veem uma limitação na perspectiva interseccional. Isso ocorre porque entendem que essa imagem conceitual trabalha com uma maior rigidez das posições de gênero/raça/classe, havendo o risco de fragmentação das relações sociais que a imagem da consubstancialidade não produziria.

Em que pese tenha sido elaborado para dar conta de integrar diferentes relações sociais, o conceito de consubstancialidade não implica a vinculação de tudo a tudo, como adverte Kergoat (2010). Trata-se apenas de uma forma de leitura da realidade social, baseada no entrecruzamento dinâmico e complexo das relações sociais, sem excluir a existência de contradições entre elas. As relações de sexo imprimem suas marcas nas relações de "raça"/etnia e de classe e vice-versa, ajustando-se de maneiras recíprocas (Kergoat, 2010).

Colocar o problema nos termos da consubstancialidade das relações sociais permite uma outra abordagem: de acordo com uma configuração dada de relações sociais, o gênero (ou a classe, a raça) será – ou não será – unificador. Mas ele não é em si fonte de antagonismo ou solidariedade. Nenhuma relação social é primordial ou tem prioridade sobre outra. (Kergoat, 2010, p. 99, grifo do original)

Um dos principais campos de atuação analítica das materialistas francesas, aplicando o conceito de consubstancialidade das relações sociais, é a internacionalização do trabalho de reprodução social no contexto da globalização. Jules Falquet (2008) assinala que o quadro de uma suposta hipermobilidade evidenciou a existência de uma mão de obra migrante, racializada, precarizada e composta majoritariamente de mulheres, saídas do sul global para suprir as necessidades das grandes metrópoles globalizadas.

Síntese

Neste capítulo, explicamos que uma parcela das feministas francesas valeram-se das reflexões inovadoras de Simone de Beauvoir sobre a mulher como construção social e das modificações no contexto social francês da década de 1960 para construir as pautas políticas e teóricas do Movimento de Libertação das Mulheres – ou *Mouvement de Libération des Femmes* (MLF) – na França. Dentre as perspectivas do movimento, destacou-se a corrente das feministas materialistas.

O materialismo feminista opunha-se, em primeiro lugar, às concepções biologizantes usadas para compreender a opressão às mulheres. Combatia também aquilo que entendia como explicações ideológicas do antagonismo entre os sexos. As materialistas compreendiam que a definição dos sexos devia ser buscada nas relações de produção e reprodução da vida.

O feminismo materialista se apropriou de conceitos marxistas, mas, ao mesmo tempo, buscou se distanciar das esquerdas tradicionais francesas, acusando-as de secundarizar a luta das mulheres contra a opressão diante da centralidade da luta contra o capitalismo. Reunidas em torno da publicação da revista *Questions Féministes*, fundada em 1977, autoras como Christine Delphy, Colette Guillaumin, Nicole Claude-Mathieu e Monique Wittig estabeleceram os princípios da visão feminista materialista (Abreu, 2018).

Considerando a produção e a reprodução da vida, as materialistas francesas deram centralidade às relações de trabalho e, consequentemente, à divisão sexual do trabalho. Para elas, as relações sociais de sexo eram estabelecidas pelo antagonismo entre homens e mulheres como classes sociais, definidas na exploração do trabalho feminino. Perspectivas mais radicais nesse sentido reivindicavam a existência de dois modos de produção paralelos: (1) o capitalismo, marcado pela exploração da burguesia sobre o proletariado por meio da mais-valia retirada na produção de mercadorias; e (2) o patriarcado, constituído pela exploração exercida pelos homens sobre o trabalho doméstico não pago realizado pelas mulheres. A superação de qualquer um desses modos de produção, paralelos e não hierarquizados, seria proporcionado por ações revolucionárias.

A compreensão de que as vidas das mulheres estavam atravessadas pelos sistemas de classes antagônicas, tanto do capitalismo quanto do patriarcado, motivou as feministas materialistas a desenvolverem os conceitos de consubstancialidade e coextensividade para analisar de maneira unificada as relações sociais de sexo, classe e "raça"/etnia.

O feminismo materialista francês elaborou formas bastante originais de compreender a realidade social das mulheres, sempre valorizando o embate com outras correntes teóricas. Mesmo se aproximando de outras abordagens, como o marxismo ou as teorias de gênero de língua inglesa, as materialistas francesas seguem trabalhando com as ferramentas que construíram nos últimos 50 anos.

Indicações culturais

Assista aos filmes indicados a seguir para refletir sobre alguns aspectos explorados ao longo do capítulo. Em *A vida invisível* (2019), há uma discussão sobre como as relações sociais de sexo, ou gênero, operam no interior da vida familiar, em constante conexão com a esfera pública. Em *Virando a mesa do poder* (2019), a questão é deslocada para o âmbito da política institucional e do acesso aos direitos políticos.

A VIDA invisível. Direção: Karim Aïnouz. Brasil: Sony Pictures., 2019. 139 min.

VIRANDO A MESA do poder. Direção: Rachel Lears. EUA: Netflix, 2019. 86 min. Documentário.

Atividades de autoavaliação

1. Sobre o debate francês dos anos 1960-1970, assinale a afirmativa **incorreta**:
   a) Em *O segundo sexo*, Simone de Beauvoir (2009, p. 15; 18) partiu de perguntas como "O que é mulher?" e "De onde vem a submissão das mulheres?".
   b) Simone de Beauvoir nem sempre foi engajada no movimento feminista, pois em parte de sua carreira ela considerou que a opressão das mulheres teria fim com o socialismo.

c) A expansão da educação formal e a crescente entrada das mulheres nas universidades não teve influência nas mobilizações das mulheres por igualdade.
d) O acesso a métodos contraceptivos modificou a situação das mulheres.
e) O MLF funcionou como aglutinador das demandas das mulheres em busca de autonomia individual e coletiva.

2. Entre as correntes de pensamento que influenciaram a teoria feminista francesa, podemos destacar:
   a) o estruturalismo de Lévi-Strauss e o positivismo de Augusto Comte.
   b) o pós-estruturalismo baseado em Foucault e a psicanálise de Jacques Lacan.
   c) as reflexões sobre desejo de Gilles Deleuze e o positivismo de Augusto Comte.
   d) o método desconstrucionista de Jaques Derrida e o liberalismo de John Locke.
   e) as reflexões sobre desejo de Félix Guatarri e o liberalismo de Adam Smith.

3. A ideia da divisão sexual do trabalho reflete sobre:
   a) a diferença entre mulher/feminino e homem/masculino nas ocupações econômico-sociais, suas causas e consequências.
   b) a divisão do trabalho que não é baseada em relações de poder.
   c) a divisão do trabalho que não se baseia em relações de dominação.
   d) a especialização do trabalho somente entre homens, seja baseada em conflito, seja baseada em cooperação.

e) a especialização do trabalho somente entre mulheres, seja baseada em fraternidade, seja baseada em cooperação.

4. Sobre o feminismo materialista francês, é correto afirmar que:
a) embora contenha *materialismo* no nome, palavra emprestada do léxico marxista, não tem nenhum vínculo teórico com essa corrente de pensamento.
b) parte do pressuposto de que a opressão sofrida pelas mulheres é expressão de condições materiais.
c) o marxismo era a teoria capaz de dar conta da opressão das mulheres por completo.
d) considerava que a libertação das mulheres seria uma consequência da abolição da propriedade privada dos meios de produção, não havendo necessidade de segmentar as lutas.
e) defendia explicações naturalizadoras e biologizantes da opressão sobre as mulheres.

5. Segundo Danièle Kergoat (1996), o conceito de relações sociais de sexo repousa sobre algumas concepções principais, **exceto**:
a) Em uma ruptura radical com as explicações biologizantes das diferenças entre as práticas sociais masculinas e femininas.
b) Nas afirmações de que tais diferenças são construídas socialmente e que esta construção social tem uma base material (e não apenas ideológica).
c) Na afirmação de que as relações sociais de sexo são passíveis de ser apreendidas historicamente.
d) Na afirmação de que essas relações sociais repousam em princípio e, antes de tudo, em uma relação hierárquica entre os sexos.
e) De que não se trata de uma relação de poder.

Atividades de aprendizagem

Questões para reflexão

1. Sobre a divisão sexual do trabalho e a destinação prioritária de homens à esfera produtiva, e das mulheres, à reprodutiva, quais são os impactos desse cenário no cotidiano da sua comunidade? Há uma maior presença masculina em funções de maior valor agregado, como a política, a religião e as instituições militares?
2. Qual é o percentual de mulheres em cargos eletivos no Brasil, no seu Estado ou cidade?

Atividade aplicada: prática

1. Eleja um partido político de sua preferência como objeto da sua análise e pesquise a quantidade de candidatos homens e mulheres que concorreram no último pleito, pode ser em âmbito municipal, estadual ou federal. Em seguida, investigue as verbas de campanha destinadas a esses grupos. Possivelmente você não encontrará esses dados prontos e precisará somar as candidaturas individuais para construir seu número final. De posse dos dados, relacione os resultados de sua pesquisa com o conteúdo do capítulo.

CAPÍTULO 4
Feminismos negros
e a articulação entre
gênero, raça e classe

Bárbara Araújo Machado

Neste capítulo, voltaremos nossa atenção ao feminismo negro, cujas autoras defenderam a existência de uma articulação necessária entre relações sociais de gênero, raça e classe social – e, em alguns casos, também de sexualidade. Iniciaremos com um percurso sobre a forma pioneira como intelectuais e ativistas negras estadunidenses trataram a questão. Destacaremos a atuação da ativista abolicionista Sojourner Truth (2014) e o marco histórico do manifesto do Combahee River Collective (2019), em que está expresso o entendimento de que a realidade é uma síntese dessas diferentes determinações contraditórias. Observaremos de que forma esse debate evoluiu até a criação do hoje famoso conceito de interseccionalidade, abordando alguns aspectos das obras de Angela Davis (2016), bell hooks[1] (2019) e Audre Lorde (2019). Nos deteremos no conceito de interseccionalidade, elaborado pela jurista Kimberlé Crenshaw (1989, 1993, 2002), enfatizando algumas apropriações e críticas feitas a ele. Por fim, abordaremos a obra de Patricia Hill Collins (2019), que propõe compreender o pensamento feminista negro como uma epistemologia.

(4.1)
Gênero, raça e classe

O feminismo negro, assim como o feminismo de modo geral, não existe como um movimento unívoco. Algumas mulheres que podem ser rotuladas socialmente como *feministas negras* preferem adotar outras denominações, como *mulheristas*[2] ou militantes do movimento

---

1   Lembramos que bell hooks é o pseudônimo de Gloria Jean Watkins, que opta por grafá-lo em letras minúsculas.
2   O termo mulherismo *foi cunhado pela escritora afro-americana Alice Walker e há uma vasta discussão sobre seus significados teóricos e políticos. Entre outras questões levantadas por Walker, o mulherismo é uma perspectiva que rejeita o feminismo e se volta para a comunidade negra (Collins, 2017). Para saber mais, confira: Collins, 2017.*

de mulheres negras. Isso acontece, entre outras razões, porque essas mulheres entendem o feminismo como algo que historicamente excluiu as mulheres negras, sendo, portanto, necessário criar espaços alternativos a ele. Mesmo aquelas que adotam o termo *feminismo negro* podem ter ideias muito diversas entre si e, por vezes, até conflitantes sobre alguns pontos fundamentais, como uma maior ou menor abertura para um pensamento liberal, por exemplo.

Diante de todas essas ressalvas, é razoável afirmar que o feminismo negro como conjunto de pensamentos e práticas coloca no centro do debate a necessidade de articular categorias de diferença e desigualdade, principalmente gênero, raça e classe. Importantes esforços nesse sentido tiveram origem nos Estados Unidos e, por isso, nos deteremos, por ora, na realidade daquele país.

Em 1851, na primeira Convenção Nacional pelos Direitos das Mulheres dos Estados Unidos, a abolicionista e ex-escrava Sojourner Truth proferiu um discurso que marcou o movimento de mulheres afro-americanas a ponto de ser retomado até os dias de hoje (Davis, 2016). "E não sou uma mulher?" (Truth, 2014), frase central desse discurso, se tornou palavra de ordem para indicar que a unicidade da palavra *mulher* não faz sentido, quando há uma diversidade de experiências vividas por mulheres, principalmente ao considerarmos sua racialização.

Na convenção mencionada, Sojourner foi a única negra entre as mulheres brancas, que eram atacadas por homens hostis ao evento, dizendo "que era ridículo que as mulheres desejassem votar, já que não podiam sequer pular uma poça ou embarcar em uma carruagem sem a ajuda de um homem" (Davis, 2016, p. 71). Diante disso, Truth proferiu sua fala contundente:

Ninguém jamais me ajudou a subir em carruagens, ou a saltar sobre poças de lama, e nunca me ofereceram melhor lugar algum! E não sou uma mulher? Olhem para mim? Olhem para meus braços! Eu arei e plantei, e juntei a colheita nos celeiros, e homem algum poderia estar à minha frente. E não sou uma mulher? Eu poderia trabalhar tanto e comer tanto quanto qualquer homem – desde que eu tivesse oportunidade para isso – e suportar o açoite também! E não sou uma mulher? Eu pari treze filhos e vi a maioria deles ser vendida para a escravidão, e quando eu clamei com a minha dor de mãe, ninguém a não ser Jesus me ouviu! E não sou uma mulher? (Truth, 2014)

Nesse discurso, Truth argumenta que sua experiência como mulher é totalmente diferente daquela que o estereótipo sobre as mulheres brancas convenciona: ela não era considerada do "sexo frágil", mas, ao contrário, tinha realizado pesado trabalho braçal nas *plantations* escravistas. O ainda pungente discurso de Truth (2014) aponta para a contínua necessidade de articular as questões de gênero com as de raça e as relações de trabalho e classe social.

A primeira formulação que propôs claramente articular gênero, raça, classe e sexualidade, bem como entender as conexões entre machismo, heterossexismo e capitalismo, foi elaborada em 1977 pelo Combahee River Collective (2019). Esse coletivo, que reunia mulheres negras socialistas lésbicas, fez uma proposta de análise e prática políticas revolucionária e bastante atual. No manifesto do coletivo, as integrantes do grupo afirmaram ter como tarefa desenvolver "análise e práticas integradas baseadas no fato de que os principais sistemas de opressão estão interligados. A síntese dessas opressões cria as condições de nossas vidas" (Combahee River Collective, 2019, p. 197). Esse entendimento de que a realidade social é uma síntese de opressões que criam as condições de vida dialoga com a concepção marxiana de que as pessoas fazem sua própria história, mas sob circunstâncias que não escolhem, em condições determinadas historicamente (Marx, 2011).

De fato, como socialistas, as militantes do Combahee River Collective tinham na teoria de Marx uma base que, conforme elas defendiam, deveria ser expandida para compreender a realidade vivida pelas mulheres negras. Elas argumentavam que a classe trabalhadora tinha raça e sexo, ou seja, essas relações sociais eram "determinantes significativos para suas vidas laborais e econômicas" (Combahee River Collective, 2019, p. 201). Dessa forma, elas ressaltavam que as mulheres negras faziam parte da classe trabalhadora e que sua experiência, permeada pelo racismo, pelo heterossexismo e pela desigualdade de classes, fazia delas sujeitos políticos fundamentais na transformação da sociedade. Além disso, compreendendo a articulação desses elementos, elas advogavam um projeto político de solidariedade entre os diferentes grupos subalternizados socialmente, inclusive apresentando uma política internacionalista e anti-imperialista.

(4.2)
Angela Davis: mulheres, raça e classe

O manifesto do Combahee River Collective deixa evidente a origem radical do movimento de mulheres negras norte-americano. Outro nome fundamental para o movimento é o de Angela Davis. Filósofa marxista, Davis foi filiada ao Partido Comunista dos Estados Unidos, no qual compunha o clube Che-Lumumba, um setorial negro dentro do partido. Também foi ligada ao Partido dos Panteras Negras, tendo se tornado internacionalmente conhecida por conta da campanha Libertem Angela Davis e Todos os Prisioneiros Políticos, articulada diante de sua prisão em 1970. Davis havia sido acusada de sequestro e assassinato por ter a titularidade de uma arma utilizada em uma troca de tiros entre a política e Jonathan Jackson, também integrante do Partido dos Panteras Negras. Davis se tornou um símbolo da luta antirracista e contra a perseguição do Estado a militantes políticos. Depois de sua experiência na prisão, ela se tornou uma ativista pelo abolicionismo penal, defendendo o fim do sistema prisional e a busca de formas alternativas de promoção de justiça (Davis, 2018).

Em 1981, com a publicação de *Mulheres, raça e classe*, Davis (2016) compôs um panorama histórico da interação entre relações raciais, de gênero e de classe social nos Estados Unidos desde a escravidão até aquele momento. Embora não seja historiadora, ela fez um trabalho primoroso de análise histórica dessas relações, atentando particularmente para os movimentos sufragista, antiescravagista e, mais contemporaneamente, o comunismo nos Estados Unidos, perpassando pelas tensões raciais mais atuais dentro do movimento de mulheres da década de 1970. A análise de Davis (2016) é, de certa forma, a materialização do projeto de análise e prática integradas que o Combahee River Collective propôs – inclusive porque sua atuação política sempre se deu no sentido de articular as diferentes formas de exploração e opressão.

Mulheres, raça e classe é aberto com um capítulo intitulado "O legado da escravidão: parâmetros para uma nova condição da mulher". Sem dúvida, pensar gênero, raça e classe em sociedades com um passado escravocrata exige uma análise desse passado e seu legado no pós-abolição. Em sua análise, Angela Davis demonstra a ausência de estudos consistentes sobre a experiência das mulheres negras escravizadas estadunidenses até 1981, evidenciando sua necessidade para compreender "a luta atual das mulheres negras e de todas as mulheres em busca de emancipação" (Davis, 2016, p. 17). Diante desse vazio, a autora se coloca a analisar essa experiência, observando de que maneira gênero e raça se articulavam na dinâmica escravagista estadunidense.

> *a postura dos senhores em relação às escravas era regida pela conveniência: quando era lucrativo explorá-las como se fossem homens, eram vistas como desprovidas de gênero; mas, quando podiam ser exploradas, punidas e reprimidas de modos cabíveis apenas às mulheres, elas eram reduzidas exclusivamente à sua condição de fêmeas.* (Davis, 2016, p. 19)

Com isso, Davis aponta que as mulheres escravizadas trabalhavam majoritariamente nas lavouras, como seus pares homens, fazendo trabalho manual pesado. Ao mesmo tempo, a violência que elas sofriam tinha um caráter evidente de gênero, principalmente no que diz respeito à violência sexual. Analisando a bibliografia da época sobre a questão, a autora observa um elogio à miscigenação que apagava seu caráter violento, deixando de lado o fato de que "dificilmente havia uma base para 'prazer, afeto e amor' quando os homens brancos, por sua posição econômica, tinham acesso ilimitado ao corpo das mulheres negras" (Davis, 2016, p. 38).

Angela Davis também investiga como a família dos escravizados aparecia na historiografia norte-americana, ressaltando que o significado do trabalho doméstico e de cuidado familiar era diferente na realidade de escravizados e escravizadas, "já que lhes propiciava o único espaço em que podiam vivenciar verdadeiramente suas experiências como seres humanos" (Davis, 2016, p. 29). Com a separação de familiares, filhos vendidos para outras fazendas longe de seus pais e outras quebras de laços afetivos, o espaço da família poderia se tornar um espaço de exercício da subjetividade e de fortalecimento de laços comunitários. É verdade que Davis exagera no olhar positivado sobre a realidade da família escravizada, chegando a afirmar que nas senzalas havia "igualdade sexual", um "igualitarismo característico de suas relações sociais" (Davis, 2016, p. 30). Assim, acaba apagando as hierarquias de gênero entre os escravizados em nome de uma idealização das relações entre eles[3].

Outro elemento importante abordado na obra de Davis é o sentido do trabalho doméstico para a população negra, particularmente para as mulheres. Ela observa uma continuidade, desde o período escravista, da ocupação do emprego doméstico por pessoas negras. Citando W. E. B. Du Bois, Davis (2016, p. 106) afirma que, "enquanto o serviço doméstico fosse a regra para a população negra, a emancipação permaneceria uma abstração conceitual". Abordando particularmente o caso das mulheres negras, Davis argumenta que, além de terem que cumprir tarefas domésticas em suas próprias casas, muitas delas também foram encarregadas de realizar trabalho doméstico na casa de mulheres brancas – o que muitas vezes as levava "a negligenciar sua própria casa e até mesmo suas próprias crianças. Enquanto empregadas remuneradas, elas eram convocadas a serem mães e esposas substitutas em milhões de casas de famílias brancas" (Davis, 2016, p. 239).

A autora dialoga, ainda, com feministas que, na década de 1970, realizaram um intenso debate sobre o trabalho doméstico, sem, no entanto, racializá-lo. Ela se refere particularmente ao movimento Salários para o Trabalho Doméstico (Wages for Housework), que defendia que o trabalho feito pelas donas de casa deveria ser remunerado pelo Estado, já que tinha influência direta na produção de valor capitalista. Essa seria uma forma de visibilizar um trabalho feito pelas mulheres que, ao não ser remunerado, tornava-se socialmente invisível e, portanto, mais passível de exploração (Federici, 2019).

---

[3] Confira West (2018) para uma revisão historiográfica sobre relações entre homens e mulheres escravizados nos Estados Unidos.

Entre outras críticas, Angela Davis (2016, p. 239) assinala que "as mulheres de minorias étnicas – especialmente as negras – têm sido remuneradas por tarefas domésticas há incontáveis décadas", sem, contudo, deixar de ter seu trabalho explorado. Ela se opõe ao foco do movimento na figura da "dona de casa", que se limitava à realidade das mulheres brancas, entrando "em flagrante contradição com os grandes números de mulheres imigrantes que inundavam as fileiras da classe trabalhadora no Nordeste" dos Estados Unidos, além de "milhões de mulheres – que trabalhavam duramente fora de casa como produtoras forçadas da economia escravagista do Sul" (Davis, 2016, p. 231).

A obra e a vida de Angela Davis são um exemplo da necessidade de articular gênero, raça e classe para compreender a realidade social e, principalmente, para agir sobre ela e transformá-la.

(4.3)
BELL HOOKS E AUDRE LORDE: FEMINISMO DA MARGEM AO CENTRO

Ainda nos anos 1980, outras intelectuais negras se debruçaram sobre a articulação entre gênero, raça, classe e sexualidade. Merecem menção as obras de bell hook e Audre Lorde. hooks foi uma intelectual negra extremamente engajada com estudos étnicos-raciais, educação crítica eeminismo. Em *Teoria feminista: da margem ao centro*, publicado em 1984, hooks (2019) critica a abordagem expressa no livro *Mística feminina*, de Betty Friedan (1971)[4], considerado por muitos um

---

4   Betty Friedan (1921-2006) foi uma ativista feminista estadunidense. Ela publicou o livro Mística feminina, *em 1963, além de participar da fundação do National Organization of Women (NOW), em 1966.*

marco do feminismo dos anos 1960 e 1970. Ela afirma que Friedan se restringiu a abordar os problemas do "grupo restrito de mulheres brancas casadas, com formação acadêmica, pertencentes à classe média e alta", ignorando a existência de mulheres negras e mulheres brancas pobres (hooks, 2019, p. 1).

Para superar essa abordagem feminista centrada na experiência das mulheres brancas e de classes privilegiadas, que se apresenta como experiência universal da mulher, no singular, hooks propõe um deslocamento do feminismo para as margens. Isso significa compreender a importância das desigualdades de raça, gênero e sexualidade na construção do movimento feminista.

A autora defende que as mulheres negras, por passarem por uma experiência particularmente desafiante dentro da "estrutura social classista, sexista e racista predominante", têm uma posição estratégica na luta feminista (Hooks, 2019, p. 12). Com isso, hooks faz ecoar o manifesto do Combahee River Collective (2019) e a ideia de que as mulheres negras, com sua experiência particular de opressões, têm um potencial político de grande relevo para a luta contra as diferentes formas de desigualdade social.

Além da questão racial, fulcral para a autora, a questão de classe também aparece, principalmente na denúncia de um feminismo liberal que reivindica a incorporação de algumas mulheres em posições de comando e de privilégio, enquanto a maioria esmagadora delas continua sofrendo exploração e opressão. Alertando para o fato de que o capitalismo patriarcal não tem problema em integrar algumas feministas, ela afirma que

> *A ideologia do "individualismo liberal competitivo e isolador" permeou de tal modo o pensamento feminista, que prejudicou o eventual radicalismo da luta feminista. A usurpação que as mulheres burguesas fizeram do*

feminismo para corroborar os seus interesses de classe tem sido, de um modo gravíssimo, justificada pela teoria feminista tal como esta tem sido concebida. (hooks, 2019, p. 7)

Como contraponto ao feminismo liberal, hooks propõe um feminismo que se desloque a partir da periferia social, da "margem para o centro", conforme o subtítulo de seu livro. Mediante as experiências dos grupos marginalizados, o feminismo teria o potencial de se tornar um movimento sistêmico, e não apenas setorial. Segundo hooks (2019, p. 21):

Ao definirmos o feminismo desta maneira, chamando a atenção para a diversidade de realidades sociais e políticas das mulheres, centralizamos as experiências de todas as mulheres [...] Assim que deixarmos de nos focar na opinião simplista "os homens são o inimigo", seremos obrigadas a examinar o sistema de domínio e o papel que temos na sua preservação e perpetuação.

Essa perspectiva sistêmica implica superar uma setorização a que o feminismo tendia, principalmente nas décadas de 1970 e 1980. Nesse sentido, hooks (2019, p. 50) afirma:

Os grupos com interesses específicos levaram as mulheres a acreditar que só as feministas socialistas deveriam se preocupar com a classe; que só as feministas lésbicas deveriam se preocupar com a opressão das lésbicas e dos homens gays; que só as mulheres negras e outras mulheres de cor deveriam se preocupar com o racismo. Todas as mulheres podem se opor politicamente ao sexismo, ao racismo, a homofobia e à opressão de classes. Embora possam querer focar-se num determinado problema político ou numa causa em particular, se elas se opuserem firmemente a todas as formas de opressão de grupos, esta perspectiva holística irá se manifestar no seu trabalho independentemente de particularização.

Assim como hooks, a escritora Audre Lorde (2019), ao criticar o feminismo hegemônico norte-americano, propôs desenvolver um feminismo que correspondesse à complexa realidade das experiências vividas por mulheres trabalhadoras, negras, não heterossexuais etc. Lorde (2019, p. 130) afirma que a existência de diferenças entre as mulheres não são o motivo de sua fragmentação, mas sim "nossa recusa em reconhecê-las e analisar as distorções que resultam de as confundirmos e os efeitos dessas distoções sobre os comportamentos e as expectativas humanas" (Lorde, 2019, p. 130). Assim como hooks, Lorde considera as diferenças e a diversidade de experiências subjetivas como a medula do debate. A tensão entre união e diferença, solidariedade e desigualdade, está no título de sua obra mais conhecida: *Irmã Outsider* (Lorde, 2019). A palavra *irmã* evoca a ideia de sororidade feminista, segundo a qual todas as mulheres seriam irmãs ao viverem a opressão machista; e o vocábulo *outsiter* evoca a ideia de deslocamento, de não pertencimento a um grupo, o lugar do outro. Ela exemplifica essa tensão citando a relação entre mulheres brancas e não brancas: "Quando mulheres brancas ignoram os privilégios inerentes à sua branquitude e definem *mulher* apenas de acordo com suas experiências, as mulheres de cor se tornam 'outras', *outsiders* cujas experiência e tradição são 'alheias' demais para serem compreendidas" (Lorde, 2019, p. 134).

Além de escrever textos em prosa, Audre Lorde foi poeta, o que conferiu a seus escritos camadas de subjetividade e arte muito instigantes. A integração das relações raciais, de gênero, classe e sexualidade aparece em Lorde também como uma manifestação de sua existência, como evidencia o excerto a seguir:

> *As diferenças existentes entre mulheres negras também são deturpadas, usadas para nos separar umas das outras. Como uma lésbica negra e*

feminista [...], como uma mulher comprometida com a liberdade em relação à opressão racial e sexual, eu me vejo constantemente estimulada a destacar algum dos aspectos de quem sou e apresentá-los como um todo significativo, eclipsando ou negando as outras partes do meu ser. Mas essa é uma maneira fragmentária e destrutiva de viver. Minha concentração máxima de energia fica disponível para mim apenas quando agrego todas as partes de quem sou, abertamente [...]. Só então posso unir a mim e a minhas energias num todo a serviço das lutas que abraço como parte da minha vida. (Lorde, 2019, p. 149-150)

A integralidade da existência de Audre Lorde também implica uma integralidade de diferentes relações sociais que a atravessam e que determinam as condições de sua vida, como proferia o Combahee River Collective (2019). Nesse sentido, a autora afirma que "não existe luta por uma questão única porque não vivemos vidas com questões únicas" (Lorde, 2019, p. 174).

Cabe destacar que tanto Audre Lorde quanto bell hooks foram leitoras da obra de Paulo Freire, patrono da educação brasileira e grande ativista por uma educação libertadora. Lorde lembra Freire ao afirmar que o objetivo da transformação revolucionária não pode ser que o oprimido tome o lugar do opressor, mas em superar em cada um de nós o fragmento de opressor que está arraigado (Lorde, 2019). Em bell hooks, o diálogo com Freire permeia diversas obras. A escritora, inclusive, afirma que o livro *Pedagogia do Oprimido* (Freire, 2013) "ajudou muitos de nós a desenvolver uma consciência política" (hooks, 2019, p. 32)

Essas feministas negras trataram a articulação entre as diferentes relações sociais, sempre atentas às interações entre os diferentes tipos de desigualdade e com uma visão sistêmica das opressões. Essa conduta, além de promover uma reflexão sobre o pensamento e a ação política, torna possível classificá-las como radicais, no sentido de ir à raiz dos problemas, de propor transformações sociais significativas. Elas questionavam as pautas feministas liberais, que visavam apenas promover algumas mulheres a postos de poder, igualando-as aos homens das classes dominantes. Entender suas contribuições é fundamental para compreender os desenvolvimentos posteriores do pensamento feminista negro nos Estados Unidos e no mundo.

(4.4)
O CONCEITO DE INTERSECCIONALIDADE

Temos reiterado que a percepção de que as relações de classe, gênero, raça e sexualidade se articulam na realidade social atravessa o pensamento feminista negro pelo menos desde o manifesto de 1977 do Combahee River Collective. Contudo, foi na virada da década de 1980 para a de 1990 que esse entendimento foi proposto como conceito. A jurista negra norte-americana Kimberlé Crenshaw cunhou o termo *interseccionalidade*, a princípio para preencher uma lacuna jurídica, mas com a possibilidade de desenvolvimento e apropriações do conceito que fizeram com que ele se tornasse muito popular, principalmente a partir dos anos 2000.

O conceito aparece pela primeira vez em um artigo de Crenshaw de 1989, no qual ela narra o impasse jurídico no qual mulheres negras se encontram em diversas situações em que racismo e sexismo estão em jogo. Crenshaw (1989) aborda particularmente o caso DeGraffernreid *versus* General Motors, em que um grupo de mulheres negras processou uma empresa por romper uma política de inclusão racial e de gênero ao demitir e não mais contratar mulheres negras. Nesse caso, a decisão judicial considerou que a empresa, ao empregar homens negros e mulheres brancas, estaria contemplando a política inclusiva de gênero e raça. Considerou ainda que as mulheres que moviam a ação estavam tentando criar uma situção especial, de privilégio, na medida em que elas argumentavam que sua situação era única, e não uma soma do racismo e do sexismo, mas uma **intersecção** de ambos (Crenshaw, 1989).

Diante desse quadro, Kimberlé Crenshaw propõe o conceito de interseccionalidade. Esse conceito, traduzido para o português, parece muito mais complexo do que se o tomarmos na lógica de sua língua de origem. Em inglês, a palavra *intersection* não significa apenas "intersecção", mas também o "cruzamento" de ruas e avenidas. Assim, a autora adota a interseccionalidade como uma metáfora, segundo a qual:

> *vários eixos de poder [...] constituem avenidas que estruturam terrenos sociais, econômicos e políticos. É através delas que as dinâmicas do desempoderamento de movem. [...] Tais sistemas, frequentemente, se sobrepõem e se cruzam, criando intersecções complexas nas quais dois, três ou quatro eixos se entrecruzam. As mulheres racializadas frequentemente estão posicionadas em um espaço onde o racismo ou a xenofobia, a classe e o gênero se encontram. Por consequência, estão sujeitas a serem atingidas pelo intenso fluxo de tráfego em todas essas vias.* (Crenshaw, 2002, p. 177)

A imagem que Crenshaw desenha é clara: no caso de DeGraffernreid *versus* General Motors, por exemplo, o erro do tribunal estava em compreender as "avenidas" do racismo e do sexismo como paralelas, quando na verdade elas se cruzavam – e as mulheres negras se encontravam nesse perigoso cruzamento, vulneráveis ao fluxo do racismo e do sexismo **ao mesmo tempo**. Nesse sentido, a interseccionalidade procura superar uma perspectiva **aditiva** das opressões, evidenciando que a intersecção é um lugar diferente do resultado da soma de diferentes opressões.

Extrapolando a questão jurídica inicial e buscando pensar amplamente em desigualdades e direitos humanos, a autora propõe a interseccionalidade como:

> *uma conceituação do problema que busca capturar as consequências estruturais e dinâmicas da interação entre dois ou mais eixos da subordinação. Ela trata especificamente da forma pela qual o racismo, o patriarcalismo, a opressão de classe e outros sistemas discriminatórios criam desigualdades básicas que estruturam as posições relativas de mulheres, raças, etnias, classes e outras.* (Crenshaw, 2002, p. 177)

Crenshaw enfatiza que a interseccionalidade não é uma proposta teórica fechada, mas um conceito aberto, uma metáfora para visibilizar a interação entre diferentes eixos de subordinação. Diante disso, chega-se a duas conclusões: (1) a proposta inicial da interseccionalidade estava sujeita a desdobramentos e apropriações; e (2) há diferentes "eixos da subordinação" (Crenshaw, 2002, p. 117) que podem ser considerados, para além do gênero e da raça, os principais enfoques dos primeiros escritos de Crenshaw.

Sobre o primeiro ponto, a abertura do conceito de interseccionalidade fez muitas autoras o adotarem, mas desenvolvendo teorias e metodologias que não se encontram na proposta original. Com isso, o conceito se tornou um sucesso principalmente nos meios acadêmicos norte-americano e europeu, e no Brasil, tanto nos debates acadêmicos quanto em espaços de militância. Algumas autoras têm alertado que esse sucesso e as diferentes apropriações de um mesmo conceito ligadas a ele têm como consequência uma percepção da interseccionalidade como uma "linguagem universal" no feminismo; isso, porém, esconde concepções teóricas e políticas diferentes e até mesmo conflitantes (Carbin; Edenheim, 2013; Kerner, 2016). Por isso, é importante observar quais são os pressupostos teóricos e filosóficos defendidos pelas diferentes autoras e autores que utilizam o conceito: ele pode, por exemplo, ser aplicável sob uma perspectiva marxista ou uma perspectiva liberal. Isso porque o entendimento crucial da interseccionalidade é de que raça, gênero, classe e outros marcadores de diferença interagem e criam situações diferentes da mera adição desses elementos. A forma como se concebem os conceitos de "raça", gênero, classe social etc. não está dada pela proposta da interseccionalidade. O conceito de interseccionalidade pode, por isso, representar matrizes de pensamento diferentes.

> **Importante!**
>
> Vale lembrar que a interseccionalidade é um ponto em uma trajetória anterior do pensamento feminista negro que buscou compreender de que forma essas diferentes relações sociais se articulam. As primeiras proposições, particularmente aquela do Combahee River Collective, se vinculam a uma matriz de pensamento racial, socialista, que pensa essas relações sociais e sua articulação em termos de uma transformação social mais ampla, provocada por movimentos de solidariedade entre diferentes grupos subalternizados.

O segundo ponto que destacamos é a existência de diferentes eixos, embora Crenshaw priorize, principalmente em seus primeiros trabalhos, a intersecção entre raça e gênero. Muitos trabalhos que usam o conceito de interseccionalidade reproduzem essa priorização, podendo deixar de fora da análise outros elementos importantes. Em um de seus primeiros textos sobre o assunto, a autora faz uma breve ressalva sobre sua priorização de "padrões intersectados de racismo e sexismo", afirmando que "o conceito pode e deve ser expandido ao trazer para a equação questões como classe, orientação sexual, idade e cor" (Crenshaw, 1993, p. 1244-1245, tradução nossa). Questões como religião e deficiências físicas e mentais também têm sido mobilizadas como "avenidas" que cruzam outros eixos de subordinação, criando realidades específicas.

O conceito de interseccionalidade tomou diferentes caminhos e resultou em desdobramentos diversos. Em 2016, Patricia Hill Collins e Sirma Bilge (2021) revisitaram o conceito, fazendo uma análise crítica de sua história e seus usos, não apenas no ambiente acadêmico, mas na vida prática. Em *Interseccionalidade*, Collins e Bilge caracterizam tal conceito como uma "ferramenta analítica" (Collins; Bilge, 2021 p. 60) que pode assumir diferentes formas. As autoras defendem particularmente o uso da interseccionalidade como "investigação e práxis críticas" (Collins; Bilge, 2021 p. 60). Ao usar a expressão *investigação crítica*, as autoras se referem a "um amplo sentido de usos de estruturas interseccionais para estudar uma variedade de fenômenos sociais" (Collins; Bilge, 2021, p. 62). E o termo *práxis crítica* é empregado por elas para se referir "às maneiras pelas quais as pessoas, como indivíduos ou parte de um grupo, produzem, recorrem ou aplicam estruturas interseccionais na vida cotidiana" (Collins; Bilge, 2021, p. 62).

As autoras argumentam que os entendimentos mais comuns da interseccionalidade subestimaram esse aspecto prático que envolve tentativas de superar problemas sociais gerados por desigualdades complexas (Collins; Bilge, 202). As teóricas acrescentam que há uma "relação sinérgica" entre a investigação e a práxis críticas da interseccionalidade, atribuindo à "tensão criativa" entre essas dimensões a originalidade e o crescimento do conceito (Collins; Bilge, 2021, p. 306). Diante dessa reflexão, é inegável que o conceito de interseccionalidade tornou-se indispensável para pensar diferença e desigualdade em diferentes contextos e sociedades.

(4.5)
Patricia Hill Collins: o pensamento feminista negro como epistemologia

Patricia Hill Collins é uma socióloga negra cujo trabalho é indispensável para tratar das relações de gênero, raça, classe, sexualidade e outros marcadores sociais na sociedade estadunidense. Seu livro mais notório, publicado originalmente em 1990, revisto e ampliado em 2000 e traduzido para o português brasileiro em 2019, é *Pensamento feminista negro*. Na obra, ela se propõe a "descrever, analisar e explicar a importância do pensamento feminista negro e contribuir para seu desenvolvimento como teoria social crítica" (Collins, 2019, p. 56).

Embora se refira especificamente à realidade estadunidense, Collins afirma que as questões do livro abrem "janelas para questões mais universais de justiça social" (Collins, 2019, p. 12), reforçando a importância que o livro pode ter em contextos diferentes. Sobre seu impacto na realidade brasileira, a autora afirma que:

> *As conexões cada vez mais visíveis entre o feminismo afro-brasileiro e o pensamento feminista negro dos Estados Unidos ilustram os possíveis benefícios de um feminismo negro transnacional. Ambos os grupos enfrentam desafios semelhantes: por exemplo, lidar com os legados da escravidão que costumam desvalorizar a condição da mulher negra, bem como elaborar respostas ao racismo antinegro que assume formas específicas conforme o gênero.* (Collins, 2019, p. 13)

Segundo a análise de Collins (2019), a opressão sofrida pelas mulheres negras estadunidenses engloba três dimensões interdependentes:

1. a exploração **econômica** do trabalho das mulheres negras, em particular "a persistente guetização dessas mulheres na prestação de serviços", que guarda relações com a herança escravista (Collins, 2019, p. 34);
2. a opressão **política** e a negação histórica de direitos garantidos a outros grupos, como direito ao voto, ao acesso a cargos públicos, ao acesso à educação, à equidade jurídica etc.;
3. a dimensão **ideológica** que afirma e reforça imagens estereotípicas usadas como justificativas para a opressão.

A autora explicita, assim, aspectos econômicos, políticos e ideológicos que estão em constante relação na realidade da sociedade dos Estados Unidos. Essas dimensões podem ser aplicadas a outras realidades também, como aquela vivida pelas mulheres negras afro-brasileiras, guardadas as devidas particularidades históricas de cada realidade nacional.

Ao analisar alguns temas capitais no pensamento feminista negro estadunidense (trabalho e família; imagens de controle; autodefinição; política sexual; relações afetivas; maternidade; ativismo), Collins defende a concepção desse pensamento como **epistemologia**. Ela explica que – diferentemente da metodologia, que se refere a como conduzir pesquisas, e dos paradigmas, que abrangem referenciais interpretativos (ela cita como exemplo a interseccionalidade) – a epistemologia "determina quais perguntas merecem investigação, quais referenciais interpretativos serão usados para analisar as descobertas e para que fim serão destinados os conhecimentos decorrentes desse processo" (Collins, 2019, p. 403).

A epistemologia dominante na realidade estadunidense é marcadamente ocidental e eurocêntrica, definindo a produção de conhecimento pelos critérios de homens brancos das classes dominantes. Na contramão, o pensamento feminista negro é concebido no sentido de se opor às opressões e às epistemologias dominantes, não apenas no que se refere às questões das mulheres negras como coletividade, mas também aos grupos socialmente oprimidos no geral (Collins, 2019).

Essa epistemologia contra-hegemônica tem como bases alguns princípios. O **primeiro** deles é a valorização da experiência vivida como critério de credibilidade e significado; o **segundo** é o uso do diálogo na elaboração de pautas e na construção de conhecimento, valorizando a conexão e a troca, em detrimento de uma concepção individualista; o **terceiro** é aquilo que Collins (2019, p. 419) chama de "ética do cuidar", que envolve uma ênfase na subjetividade individual, a presença de emoções nos diálogos e a capacidade de empatia; e um **quarto** princípio se refere a uma ética da responsabilidade pessoal.

Vale, por fim, apontar para uma elaboração teórica de Patricia Hill Collins pautada pelo conceito de interseccionalidade. Como já informamos, no livro *Interseccionalidade*, Collins e Bilge (2021) propõem uma releitura desse conceito, observando suas aplicações teóricas e práticas.

Uma das críticas feitas ao conceito é que ele é excessivamente "local", mais atento a situações específicas do que às estruturas ou aos sistemas que conformam as relações e hierarquias sociais. Esse caráter específico da proposta original da interseccionalidade faz sentido se considerarmos que ela surgiu para abordar casos específicos em que direitos não estavam sendo contemplados por uma excessiva separação dos chamados *eixos de subordinação* ou *de desigualdade*.

Em *Pensamento feminista negro*, Collins elabora uma proposta conceitual para complementar a interseccionalidade com o fito de superar esse caráter particularista.

A ideia de interseccionalidade se refere a formas particulares de opressão interseccional, por exemplo, intersecções entre raça e gênero ou entre sexualidade e nação. Os paradigmas interseccionais nos lembram que a opressão não é redutível a um tipo fundamental, e que as formas de opressão agem conjuntamente na produção de injustiça. (Collins, 2019, p. 57)

Diante dessa percepção, Collins elabora o conceito de **matriz de dominação**, que se refere ao modo como as opressões interseccionais são organizadas, "independentemente das intersecções específicas em questão" (Collins, 2019, p. 57). Ela busca, com isso, caracterizar um enfoque mais amplo de análise, que se refira à "organização social geral dentro da qual as opressões interseccionais se originam, se desenvolvem e estão inseridas" (Collins, 2019, p. 57).

Patricia Hill Collins contribuiu imensamente não apenas para sistematizar o pensamento feminista negro, analisando-o e concebendo-o como epistemologia contra-hegemônica, mas também para complexificar as formas de compreender as relações entre gênero, raça, classe, sexualidade e outros marcadores sociais. Sem dúvida, é uma referência que precisa ser abordada em debates sobre esse tema.

Síntese

Neste capítulo, explicamos que o feminismo negro, apesar de sua heterogeneidade, reforça a necessidade de articular categorias de diferença e desigualdade, como gênero, classe social e raça. Tratamos, inicialmente, do feminismo negro norte-americano, relembrando o mote de Sojourner Truth (2014), abolicionista negra que, no fim do século XIX, questionou à plateia branca: "E não sou uma mulher?". Truth buscava trazer à baila as especificidades da realidade de mulheres negras num país escravagista; na ocasião, ela enfatizou que o tratamento que lhes era dado nada tinha a ver com o estereótipo do "sexo frágil", que descrevia apenas a realidade das mulheres brancas privilegiadas. Considerando nossa preocupação particular com a articulação entre gênero, raça e classe, conhecemos a contribuição transformadora do Combahee River Collective (2019), coletivo de mulheres negras socialistas lésbicas, que, em seu manifesto de 1977, defendiam a necessidade de analisar e agir na realidade compreendendo as conexões entre machismo, heterossexismo e capitalismo.

Em 1981, foi publicada a contribuição de outra mulher negra revolucionária: Angela Davis (2006), com *Mulheres, raça e classe*. Numa abordagem historicizante, Davis analisou os movimentos sufragista, abolicionista e o comunismo estadunidense, observando na realidade concreta como as relações de gênero, raça e classe perpassavam umas às outras na realidade histórica o tempo inteiro. Davis apontou para a generificação contraditória da experiência das mulheres escravizadas nos Estados Unidos. Se, por um lado, elas eram exploradas no trabalho da mesma forma que os homens, por outro, a violência sofrida por elas era generificada, sendo a violência sexual marcante nesse contexto. A autora também ressaltou a importância do trabalho doméstico no contexto da família escrava como um espaço de exercício de subjetividade e afeto. No debate contemporâneo sobre o trabalho doméstico que foi levantado por feministas nos anos 1970, Davis (2016) ressaltou que a onipresença da figura da dona de casa que trabalhava sem receber ignorava o fato de que mulheres negras e imigrantes eram empregadas domésticas assalariadas e nem por isso eram menos oprimidas.

Também nos anos 1980, relatamos que bell hooks e Audre Lorde foram vozes críticas de um feminismo branco liberal, propondo um feminismo que de fato representasse as experiências vividas por mulheres negras, trabalhadoras, não heterossexuais etc. bell hooks (2019) critica o feminismo liberal, o qual se pretende representativo de todas as mulheres na medida em que o objetivo desse movimento é apenas a ocupação de posições de poder e a equiparação de *status* entre homens e mulheres brancos de classes dominantes. Já Audre Lorde (2019), com base na ideia de *irmã outsider*, evidencia a tensão entre a sororidade feminista e a dificuldade do feminismo hegemônico em lidar com as diferenças entre as mulheres. Ela defende uma existência integral, bem como um feminismo integral, que levasse em conta o fato de que as vidas das mulheres são múltiplas, assim como devem ser suas lutas.

Voltamos nossa atenção, então, para o conceito de interseccionalidade proposto pela jurista estadunidense Kimberlé Crenshaw (2002), o qual se tornou um dos mais relevantes para abordar a interação entre gênero, raça, classe e outros marcadores de diferença/desigualdade. A metáfora da interseccionalidade como um lugar de cruzamento de diversas avenidas de relações sociais (raça, gênero, religião etc.) foi construída com o propósito de preencher uma lacuna jurídica que superasse uma perspectiva aditiva das desigualdades que não considerava experiências únicas. Era como dizer que o racismo atinge os negros e o sexismo atinge as mulheres, ignorando as particularidades vividas por mulheres negras, que não vivem uma soma de discriminações, mas uma experiência única e diferente. O fato de o conceito ter sido uma proposta aberta lhe rendeu um grande sucesso na academia e na militância. Em contrapartida, isso gerou a ilusão de uma "linguagem universal" no feminismo, escamoteando perspectivas teóricas e políticas diferentes e eventualmente conflitantes. Lembramos, nesse ponto, que é preciso estar atento às perspectivas presentes nos diferentes usos da interseccionalidade para que não se caia nessa armadilha da "linguagem universal". Outra crítica que o conceito sofreu se refere à priorização dos eixos de gênero e raça nas pesquisas que o utilizam, sendo importante trazer à luz outras formas de desigualdade. Tratamos, ainda, da abordagem de Patricia Hill Collins e Sirma Bilge (2021) para o uso do conceito de interseccionalidade como "investigação e análise críticas" (Collins; Bilge, 2021, p. 60), observando teoria e prática.

Por fim, expusemos que Patricia Hill Collins (2019) entende o pensamento feminista negro como uma espistemologia – no sentido daquilo que determina quais perguntas devem ser investigadas, quais referenciais devem ser utilizados para análise e quais são os fins dos conhecimentos produzidos nas pesquisas. O pensamento feminista negro, segundo Collins (2019), se debruça sobre temas como trabalho e família, imagens de controle, autodefinição, política sexual, relações afetivas, maternidade e ativismo. Entendido como *epistemologia*, esse pensamento vai na contramão das epistemologias dominantes, ocidentais e eurocêntricas, tendo como princípios a valorização da experiência vivida, o diálogo na elaboração de pautas e na construção de conhecimentos e uma ética do cuidar e da responsabilidade pessoal epistemológicas. Collins propôs, ainda, o conceito de matriz de dominação, cujo objetivo era superar o caráter particularista do conceito de interseccionalidade conforme elaborado por Crenshaw, identificando uma organização geral em que as relações interseccionais acontecem.

Indicações culturais

Para saber mais sobre a dinâmica das relações raciais e de gênero nos Estados Unidos, assista aos seguintes documentários:

A 13ª EMENDA. Direção: Ava Duvernay. EUA: Netflix, 2016. 100 min. Documentário.
MAYA ANGELOU, e ainda resisto. Direção: Rita Coburn Whack e Bob Hercules. Estados Unidos: American Masters Pictures, 2016. 114 min. Documentário.

Atividades de autoavaliação

1. Assinale a alternativa que melhor representa a relação do manifesto do Combahee River Collective com a perspectiva marxista:
   a) O coletivo acreditava que o marxismo era inadequado para compor uma análise prática das vidas das mulheres negras nos Estados Unidos.
   b) O coletivo defendia uma expansão do marxismo para que este fosse capaz de compreender a experiência vivida pelas mulheres negras.
   c) Com componentes socialistas, o coletivo estava alinhado com uma perspectiva soviética de marxismo, considerando-se o contexto de Guerra Fria.
   d) O coletivo defendia o uso restrito de autoras marxistas negras como fonte de análise para a realidade das mulheres negras.
   e) O coletivo defendia que a economia era o único determinante das relações sociais vividas pelas mulheres negras.

2. Entre as importantes conclusões a que chega Angela Davis (2016) em sua obra *Mulheres, raça e classe*, assinale aquela que pode ser considerada problemática conforme a historiografia atual:
   a) As mulheres negras escravizadas sofriam punições e violências que tinham relação com seu gênero.
   b) A família escrava poderia representar um lugar de exercício de subjetividade para as pessoas escravizadas.
   c) Havia um igualitarismo característico nas relações entre homens e mulheres escravizados nos Estados Unidos.

d) Reivindicar salários para o trabalho doméstico não resolvia o problema das mulheres que já exerciam esse tipo de emprego nos Estados Unidos: imigrantes e negras.
e) Compreender o legado da escravidão é fundamental para a luta das mulheres negras na atualidade.

3. Ao afirmar que o capitalismo patriarcal não tem problema em integrar algumas feministas, bell hooks (2019) está criticando o:
   a) feminismo liberal.
   b) patriarcado liberal.
   c) feminismo socialista.
   d) capitalismo feminista.
   e) feminismo capitalista.

4. São características do conceito de interseccionalidade todas as opções a seguir, **exceto**:
   a) descreve a intersecção de diferentes eixos de poder e subordinação.
   b) constitui uma metáfora para as desigualdades e opressões sociais.
   c) descreve a realidade vivida por mulheres negras.
   d) foi proposto como um conceito aberto e provisório.
   e) foi apropriado por diversas autoras com perspectivas diferentes.

5. Para Patricia Hill Collins (2019), epistemologia se refere:
   a) àquilo que determina os objetos, os referenciais e os fins de uma pesquisa.
   b) à forma de conduzir pesquisas acadêmicas.
   c) ao conjunto de referenciais interpretativos usados em pesquisas.

d) a um repositório de formulações acadêmicas.
e) à forma como as pessoas pensam.

Atividades de aprendizagem

Questões para reflexão

1. Qual é o lugar das mulheres negras em suas referências bibliográficas? Você costuma ler as obras acadêmicas ou literárias escritas por autoras negras? Por quê?

2. Quantas historiadoras negras você conhece? Quantas mulheres negras brasileiras estão presente nos programas de cursos da sua faculdade?

Atividade aplicada: prática

1. Escolha um capítulo do livro *Mulheres, raça e classe* (Davis, 2016) e elabore um fichamento. Explique como aparecem as relações entre gênero, raça e classe no capítulo escolhido, observando as fontes históricas utilizadas.

Capítulo 5
Gênero, raça e classe
no Brasil

Bárbara Araújo Machado

Neste capítulo, investigaremos a sociedade brasileira, sua formação histórica e sua realidade atual pelo viés das relações de gênero, raça e classe. Iniciaremos abordando as formulações do sociólogo Florestan Fernandes (2006, 2008, 2017) e apresentaremos uma análise demográfica da população brasileira com base nos marcadores mencionados. Em seguida, comentaremos a contribuição de algumas autoras que construíram suas análises da sociedade brasileira assumindo que capitalismo, racismo e sexismo são fatores que se interligam de maneira complexa. A primeira autora analisada é a socióloga Heleieth Saffioti (2013, 2015), de cuja obra destacaremos os conceitos de **patriarcado-racismo-capitalismo** e o de **nó**. Em seguida, observaremos a proposta de um feminismo afro-latino-americano, conforme elaborado por Lélia Gonzalez (2020), enfatizando como essas diferentes relações sociais constituem a realidade da América Latina. Nos aprofundaremos, então, na obra de Lélia Gonzalez e fecharemos o capítulo com as considerações da filósofa Sueli Carneiro (2019), que explora questões importantes sobre o movimento de mulheres negras no Brasil.

(5.1)
POR QUE PENSAR GÊNERO, RAÇA E CLASSE DE MANEIRA ARTICULADA NO BRASIL

O Brasil é um país de dimensões continentais e cujas desigualdades sociais têm feições igualmente extraordinárias. A transformação do território que hoje corresponde ao Brasil em uma colônia portuguesa a partir do século XVI estabeleceu as bases para essas desigualdades. Já no contato com os povos nativos, as diferenças étnicas e de gênero significaram violências de proporções catastróficas. As populações indígenas foram vítimas de aculturação e genocídio, e as mulheres foram submetidas à violência sexual por parte dos europeus e seus decendentes.

A dinâmica colonial foi criando camadas sociais hierarquizadas que, com a abolição da escravidão e o advento da República, resultaram em um legado periférico e de subdesenvolvimento no qual as classes populares eram superexploradas, para satisfazer os interesses tanto das classes dirigentes locais quanto daquelas dos países centrais. É o que nos mostra Florestan Fernandes, sociólogo fundamental do pensamento social brasileiro, pioneiro na análise integrada de relações raciais e capitalismo no Brasil. No célebre livro *A integração do negro na sociedade de classes*, Fernandes (2008) analisou como a persistência do racismo na sociedade pós-abolição se relacionava com o regime escravocrata e o subsequente desenvolvimento do capitalismo brasileiro. Nessa obra, o autor percebe a ausência de uma integração efetiva da população negra à sociedade brasileira, consolidando uma análise integrada de capitalismo e racismo e, portanto, de classe social e raça no Brasil.

Já em *A revolução burguesa no Brasil*, Florestan Fernandes (2006) estabelece uma interpretação segundo a qual o capitalismo brasileiro é percebido como atrasado, não mais no sentido de conter "sobrevivências" de sistemas anteriores, como era entendido o racismo em sua obra anteriormente citada. Aqui, esse "atraso" tem relação com o fato de que o país foi constituído na periferia do capitalismo e, por isso, tem uma relação estreita com as burguesias dos países centrais. O autor ressalta que a exploração capitalista une as burguesias nacional e as dos países centrais na busca pela manutenção da exploração da classe trabalhadora.

A relação orgânica entre as questões raciais e de classe aparece no livro *Significado do protesto negro*, publicado em 1989. No artigo "Luta de raças e classes", Fernandes (2017, p. 84-85) trata raça e classe como "duas polaridades, que não se contrapõem, mas se interpenetram como elementos explosivos".

> *Classe e raça se fortalecem reciprocamente e combinam forças centrífugas à ordem existente, que só podem se recompor em uma unidade mais complexa, uma **sociedade nova**, por exemplo. Aí está o busílis da questão no plano político revolucionário. Se além da classe existem elementos diferenciais revolucionários, que são essenciais para a negação e a transformação da ordem vigente, há distintas radicalidades que precisam ser compreendidas (e utilizadas na prática revolucionária) como uma unidade, uma síntese no diverso.* (Fernandes, 2017, p. 85, grifo do original)

Com isso, o autor tomava a classe trabalhadora brasileira como multirracial, o que significava perceber as especificidades das demandas da população negra, que não deveriam ser subsumidas nas reivindicações mais amplas da classe. A obra de Florestan Fernandes corrobora a necessidade de articular raça e classe social para pensar a sociedade brasileira, já que esses elementos se relacionam como "uma síntese no diverso" (Fernandes, 2017, p. 85).

O gênero é, sem dúvida, outro elemento que faz parte dessa síntese. As mulheres sempre foram maioria na sociedade brasileira, e essa proporção vêm aumentando nos últimos anos (Mattos; Terra, 2017). Como temos reiterado ao longo deste livro, embora tratar de gênero não signifique falar apenas de mulheres, é importante perceber o peso quantitativo das mulheres na população brasileira para considerar as relações sociais presentes em nossa sociedade.

Já comentamos que considerar as classes sociais como relações sociais significa necessariamente pensar em trabalho. Quando tomamos a dimensão do trabalho para investigar a realidade generificada e a racialidade da sociedade brasileira, encontramos informações muito reveladoras. De acordo com Marcia Lima, Flávia Rios e Danilo

França, "o mercado de trabalho é considerado *locus* privilegiado de análise das desigualdades", pois o acesso a ele revela muito sobre questões socioeconômicas e sobre a dimensão educacional (Lima; Rios; França, 2013, p. 55).

Os historiadores Marcelo Badaró Mattos e Paulo Terra (2017) analisaram dados sobre as relações de trabalho no Brasil entre 1970 e 2010 e perceberam uma constante predominância do trabalho informal – isso é, sem garantia de direitos trabalhistas –, bem como uma forte tendência à precarização do trabalho. Esse trabalho precarizado, particularmente o trabalho terceirizado, tem sido ocupado majoritariamente por mulheres e pessoas negras no Brasil. Rachel Passos e Cláudia Nogueira (2018, p. 484) analisaram diversos dados que comprovaram uma "divisão sociossexual e racial do trabalho" precarizado.

É consenso que o trabalho doméstico não assalariado é predominantemente realizado por mulheres no âmbito do lar. Dados do Instituto de Pesquisa Econômica Aplicada (Ipea), entre 2001 e 2015, indicam que mulheres trabalham 18 horas a mais do que os homens nos chamados *afazeres domésticos*. A proporção de mulheres que realizam esse trabalho ficou acima de 91%, ao passo que entre os homens variou entre 45% e 55% (Ipea, 2018). Quando observamos o pertencimento racial da população, esses dados ganham outros contornos. Segundo o Instituto Brasileiro de Geografia e Estatística (IBGE), entre 2012 e 2013, 58,4% das pessoas que trabalham com carteira assinada são mulheres brancas. E 57% das pessoas trabalhadoras domésticas são mulheres negras (Passos; Nogueira, 2018). Assim, embora as mulheres realizem a maior parte do trabalho doméstico no lar, muitas mulheres negras somam a isso a ocupação de empregadas domésticas. Segundo Lima, Rios e França (2013 p. 73), muitos pesquisadores veem a presença de mulheres negras no emprego doméstico como:

uma herança arcaica da escravidão, por se tratar de um trabalho manual, pouco remunerado, com forte presença de informalidade, pessalidade, sem perspectivas de ascensão na carreira e, acima de tudo, por não possuir, até muito recentemente, os direitos trabalhistas equiparados aos dos demais trabalhadores protegidos. Trata-se, ademais, de uma ocupação [...] fortemente marcada pela distância social, muitas vezes ritualizada em contextos de humilhação.

O emprego doméstico reúne as desigualdades de gênero, raça e classe de uma maneira única na realidade brasileira. Como declararam Lima, Rios e França (2013), é um campo de trabalho precarizado. Lembremos que foi apenas em 2013, com o debate da Proposta de Emenda à Constituição (PEC) das Domésticas e a aprovação da Emenda Constitucional n. 72, de 2 de abril de 2013 (Brasil, 2013), que se garantiu pela primeira vez salário mínimo, 13º salário, férias anuais e outros direitos trabalhistas para essas pessoas. Além da presença significativa de mulheres negras no emprego doméstico, elas são parte significativa do setor privado de serviços gerais, realizando a limpeza e a manutenção de lugares públicos, mas sob contratos de trabalho terceirizados, com grande instabilidade e insegurança.

Gênero e raça também são muito relevantes na análise da desigualdade e da violência no Brasil. O *Dossiê mulheres negras*, publicado pelo Ipea em 2013, contém um capítulo focado na "vitimização de mulheres por agressão física, segundo raça e cor no Brasil" (Romio, 2013, p. 133). De acordo com Jackeline Romio (2013, p. 139), analisar a violência contra as mulheres é um desafio, inclusive pela variedade de formas de manifestação: "conflitos na família, intolerância religiosa, perigos urbanos, racismo, desigualdades socioeconômicas, violências sexuais, conflitos nas relações conjugais-afetivas-sexuais, situação de guerra, conflito por terras e falta de segurança na sociedade em geral".

Romio (2013) ressalta a escassez de pesquisas de caráter estatístico sobre esse tema no Brasil, o que dificulta um diagnóstico cientificamente embasado sobre a questão.

Romio (2013) observa uma maior incidência de violência doméstica entre pessoas pobres, bem como uma maior taxa de ocorrências de agressão física de mulheres negras em relação às mulheres brancas. É possível que haja, então, uma relação entre violência e pobreza, bem como entre violência e raça.

Sobre violência doméstica realizada por homens negros sobre mulheres negras, Angela Davis propõe uma reflexão interessante. Ao realizar uma conferência na Universidade Federal da Bahia em 2017, Davis (2017) abordou esse tipo de violência também sob o aspecto de uma reprodução da própria violência sofrida pelos homens negros nas mãos do Estado e das instituições. Sem "desculpar" os agressores negros, ela lembra do papel das formas institucionais de violência sofridas cotidianamente por esses homens, o que tem influência na reprodução da violência contra as mulheres negras. Assim, Davis advoga a luta também contra esse tipo de violência, dada a correlação entre as diferentes formas de violência.

A disparidade de gênero e raça aparece, ainda, nos dados sobre violência letal. Segundo o *Atlas da Violência* de 2020, publicado pelo Ipea, a taxa de homicídios de mulheres não negras caiu 11,7% entre 2008 e 2018, ao passo que a taxa entre as mulheres negras aumentou 12, 4% (Cerqueira; Bueno, 2020). O *Atlas da Violência* de 2020 também revela a superioridade numérica de homicídios de homens negros em relação a todos os outros grupos (Cerqueira; Bueno, 2020). Cruzando-se esses dados com aqueles sobre idade, observa-se que jovens negros são o grupo que mais morre por homicídio no Brasil. A organização não governamental Anistia Internacional Brasil chegou a lançar, em 2012, uma campanha intitulada Jovem Negro Vivo, fazendo ressoar o dado de 2012 de que a cada 100 jovens assassinados, 77 eram negros – sendo a maioria morta por armas de fogo (WikiFavelas, 2021).

Todos esses dados, além de nosso lastro histórico, reforçam a relevância de se considerar articuladamente gênero, raça e classe no Brasil.

(5.2) HELEIETH SAFFIOTI: A MULHER NA SOCIEDADE DE CLASSES

Informamos anteriormente que o sociólogo Florestan Fernandes foi o primeiro a pensar as relações entre capitalismo e raça no Brasil. Contudo, as dinâmicas determinadas pelo gênero não tiveram o mesmo destaque que raça e classe em sua obra. Esse elemento ganhou centralidade nas elaborações de uma de suas orientandas, a socióloga Heleieth Saffioti. Buscando entender as relações entre gênero e capitalismo no Brasil – e as articulando com as relações raciais posteriormente –, Saffioti se tornou uma das principais referências nos estudos sobre história das mulheres e relações de gênero no país e no mundo (Connell; Pearse, 2015). Nesta seção, abordaremos algumas das questões elementares levantadas por Saffioti em sua obra, priorizando o olhar da autora para a articulação entre gênero, raça e classe.

Heleieth Saffioti, assim como Florestan Fernandes, se apoiava em um referencial teórico marxista, o que a levou a desenvolver uma análise totalizante das relações de gênero no Brasil. Isso significa que essa autora, em vez de fazer recortes setoriais e particulares, procurou compreender de forma ampla a maneira como as relações de gênero se desenvolveram na sociedade brasileira, na formação do capitalismo característico desse país. Uma de suas obras mais conhecidas é uma primeira síntese desse esforço: o livro *A mulher na sociedade de classes* foi publicado em 1969, e visava explicar como e por que "o fator sexo opera nas sociedades de classe de modo a alijar da estrutura ocupacional grandes contingentes do sexo feminino" (Saffioti, 2013, p. 39). Já o artigo "A mulher no modo de produção capitalista", de 1976, apresenta alguns desenvolvimentos das ideias expostas na primeira obra, contando então com algumas elaborações teóricas mais sofisticadas (Saffioti, 1976).

Assim como Fernandes (2008), nesses escritos, Saffioti (1976, 2013) investigou como se deu a integração de um grupo populacional no capitalismo brasileiro (no caso de Fernandes, os negros, e no de Saffioti, as mulheres). A conclusão de Saffioti, diante da percepção da não integração das mulheres na dinâmica do capitalismo, da qual eram excluídas em vários aspectos, era de que essa exclusão fazia parte do sistema capitalista e o beneficiava. Em *A integração do negro na sociedade de classes*, Florestan Fernandes (2008) havia cogitado a possibilidade de o preconceito contra grupos marginalizados ser uma espécie de "sobrevivência" de modos de produção anteriores e que persistia no sistema capitalista brasileiro, apesar de serem estranhos a ele. Saffioti (2013) assumiu que o preconceito não era estranho ao capitalismo, mas que se associava a ele de modo a usá-lo como justificativa "natural" para a exclusão de alguns grupos. Nesse sentido, ela afirma: "Do ponto de vista da aparência, portanto, não é a estrutura das classes que limita a atualização das potencialidades humanas, mas, ao contrário, a ausência de potencialidades de determinadas categorias sociais que dificulta e mesmo impede a realização plena da ordem competitiva" (Saffioti, 2013, p. 59).

Assim, ao reforçar ideias preconceituosas de que, por exemplo, mulheres seriam naturalmente ligadas ao cuidado da família e pessoas negras seriam mais aptas a realizarem trabalhos braçais, o sistema capitalista mistifica a exploração desses contingentes e a luta de classes. O preconceito racial e de gênero, portanto, está intimamente ligado às relações de classe em nossa organização social.

A compreensão de Saffioti sobre a relação interna entre gênero, raça e classe foi se transformando ao longo do tempo. Em *A mulher na sociedade de classes*, a autora qualifica gênero e raça como "categorias subalternas" que "operam segundo as necessidades e conveniências do sistema produtivo de bens e serviços" (Saffioti, 2013, p. 60). A partir de 1987, no livro *O poder do macho*, ela passa a afirmar que os "três esquemas básicos de dominação atuantes na sociedade brasileira" (Saffioti, 1987, p. 59) (patriarcado, preconceito racial e classes sociais) não podem ser compreendidos isoladamente, pois operam de forma conjunta na realidade. Por conta disso, não podem ser hierarquizados na análise sociológica nem na luta política (Saffioti, 1987).

Para consolidar essa perspectiva, a autora propõe dois conceitos importantes: (1) **patriarcado-racismo-capitalismo** e (2) **nó**. O primeiro expressa que patriarcado, racismo e capitalismo não são sistemas sociais totalmente separados, mas relações sociais que se entrelaçam e conformam uma mesma realidade social. Convém mencionar que Saffioti defende o uso do conceito de patriarcado, que ela adotou bem antes do conceito de gênero aparecer em sua obra, por entender que é aquele "que se refere especificamente à sujeição da mulher" e "singulariza a forma de direito político que todos os homens exercem por serem homens" (Pateman, citado por Saffioti, 2015, p. 58).

Para descrever como gênero, raça e classe aparecem imbricados em nossa realidade, a autora utiliza a seguinte imagem:

as classes sociais são, desde sua gênese, um fenômeno gendrado[1]. *Por sua vez, uma série de transformações no gênero são introduzidas pela emergência da classe. Para amarrar melhor essa questão, precisa-se juntar o racismo. O nó formado por estas três contradições apresenta uma qualidade distinta das determinações que o integram. Não se trata de somar racismo + gênero + classe social, mas de perceber a realidade compósita e nova que resulta desta fusão.* (Saffioti, 2015, p. 122)

O conceito de nó está intimamente ligado ao de patriarcado-racismo-capitalismo. Para Saffioti, o patriarcado é um sistema de dominação anterior ao capitalismo, mas, com o advento deste, foi reformulado para que fossem readequadas as relações de dominação-exploração[2]. Ela propõe uma fusão entre os sistemas, ressaltando um elemento de grande impacto:

É impossível isolar a responsabilidade de cada um dos sistemas de dominação-exploração fundidos no patriarcado-racismo-capitalismo pelas discriminações diariamente praticadas contra as mulheres. De outra parte, convém notar que a referida simbiose não é harmônica, não é pacífica. Ao contrário, trata-se de uma unidade contraditória. (Saffioti, 1987, p. 62)

Nesse trecho, Saffioti usa a expressão *unidade contraditória*, que veio a ser pelas autoras da teoria da reprodução social[3]. Essa expressão tem relação com a ideia de "unidade no diverso", desenvolvida por Marx (1859) em *Introdução à contribuição para a crítica da economia política*. O autor afirma o seguinte: "o concreto é concreto porque

---

1   Saffioti usa o termo *gendrado* como neologismo a partir da palavra *gênero*, caracterizando a influência das relações de gênero no fenômeno das classes sociais.
2   Conferir Capítulo 2.
3   Conferir Capítulo 2.

é a síntese de múltiplas determinações e, por isso, é a unidade do diverso" (Marx, 1859). Ao falar em "concreto", ele se refere à realidade social e às relações sociais. Assim, ao lembrarmos que Saffioti é uma autora marxista, podemos compreender sua abordagem da realidade social como uma totalidade contraditória, na qual múltiplas determinações estão em ação. Essas determinações são complexas e se chocam a todo tempo, nessa realidade compósita, dinâmica e cheia de contradições em que vivemos; uma realidade que produz desigualdades, mas também solidariedade entre grupos diferentes.

A obra de Heleieth Saffioti reúne elaborações fundamentais para se estudar a realidade brasileira. Ela oferece não apenas um arcabouço teórico sobre as relações entre gênero e raça e classe no capitalismo, mas também um olhar histórico para essas relações no caso brasileiro. Ela faz isso em uma obra extensa, desde *A mulher na sociedade de classes* – em que ela retorna à realidade colonial para observar de que maneira se apresentavam as relações sociais em que as mulheres de diferentes grupos estavam inseridas até a transição para o capitalismo no Brasil – até *Gênero Patriarcado Violência* – em que utiliza suas formulações teóricas para investigar a violência contra mulheres no Brasil (Saffioti, 2013; 2015).

(5.3)
POR UM FEMINISMO AFRO-LATINO-AMERICANO

A noção de um feminismo afro-latino-americano costuma estar ligada às elaborações de Lélia Gonzalez, intelectual negra brasileira com notória contribuição na área. Uma recente publicação que reuniu muitos de seus escritos é homônimo a um de seus textos: *Por um feminismo afro-latino-americano* (Gonzalez, 2020).

Nesse texto, Gonzalez analisa a história e o estado atual do movimento feminista com relação às questões étnico-raciais e suas interações com gênero. Ela conclui que o feminismo latino-americano cometeu um erro de análise crucial na compreensão sobre as mulheres da região.

> *O feminismo latino-americano perde muito de sua força abstraindo um fato da maior importância: o caráter multirracial e pluricultural das sociedades da região. Lidar, por exemplo, com a divisão sexual do trabalho sem articulá-la com a correspondente ao nível racial é cair em uma espécie de racionalismo universal abstrato, típico de um discurso masculinizante e branco. Falar de opressão à mulher latino-americana é falar de uma generalidade que esconde, enfatiza, que tira de cena a dura realidade vivida por milhões de mulheres que pagam um preço muito alto por não serem brancas.* (Gonzalez, 2020, p. 142)

A pluralidade racial e cultural de que a autora fala tem como contraparte uma história de dominação e racismos em toda a América Latina. Tal história é marcada por séculos de escravização atlântica e doméstica, aculturação e genocídio dos povos originários e violência sistemática contra africanos e seus descendentes trazidos à força para esta região.

Gonzalez ressalta a sofisticação do racismo latino-americano ao "manter negros e índios na condição de segmentos subordinados dentro das classes mais exploradas graças à sua forma ideológica mais eficaz: **a ideologia do branqueamento**" (Gonzalez, 2020, p. 143, grifo do original). No caso brasileiro, essa ideologia, que na virada do século XIX para o XX teve a face das teorias racialistas supostamente "científicas", a partir dos anos 1930 tomou contornos de democracia racial, num discurso que pretendia invisibilizar a realidade do racismo no país.

Gonzalez (2020) alerta para o fato de que essa ideologia permeia o feminismo latino-americano de várias formas. Ela ilustra isso citando que mulheres negras e indígenas muitas vezes são enquadradas como mulheres do setor "popular", como se elas não se enquadrassem no movimento de mulheres, mas apenas naqueles ligados à pobreza.

Segundo a autora, esse foi um dos fatores que afastou as mulheres do feminismo, assinalando a forte presença de mulheres negras e indígenas em organizações de recorte étnico-racial. Ela ressalta nesse ponto a comum experiência de opressão com os homens, bem como a existência de discriminação de gênero nesses espaços.

Sem desconsiderar a importância da presença de mulheres negras e indígenas em organizações de recorte étnico-racial e no movimento feminista, Lélia Gonzalez defende a criação e o fortalecimento de espaços transnacionais de militância de mulheres negras e indígenas da América Latina. Isso é bastante útil para que se reconheça que suas experiências históricas de opressão se tocaram em tantos pontos e, sobretudo, para que os caminhos de luta convirjam para a construção de outras formas de viver.

Se Lélia Gonzalez advertiu para a urgência de um movimento feminista afro-latino-americano, isso foi motivado pela centralidade da relação entre sexismo e racismo nas histórias que compõem a realidade da complexa e diversa região da América Latina. A formação de um capitalismo periférico baseado em centenas de anos de escravização e colonialismo tomaram cortornos particularmente violentos quando consideradas as experiências das mulheres negras nessa história.

A intelectual negra dominicana Ochy Curiel afirma que a mestiçagem, tida por muitos como um dos pilares das sociedades latino-americanas:

teve como base a violação das mulheres indígenas e negras por parte dos colonizadores, seguindo uma lógica heterossexual que faz os homens se apropriarem do corpo das mulheres, sobretudo aquelas cujos corpos são valorizados ou como mercadoria, ou como meros objetos referidos à natureza. (Curiel, 2008, p. 20, tradução nossa)

> **Importante!**
>
> A violência sexual e a heterossexualidade compulsória são elementos fundantes das nações latino-americanas e do Caribe, tendo papel crucial na conformação da ideologia da mestiçagem – essa ideia homogeneizante conhecida dos brasileiros e segundo a qual "somos todos misturados, por isso não é possível haver racismo entre nós".

A autora hondurenha Breny Mendoza (citada por Curiel, 2013, p. 146) propõe compreendermos a mestiçagem como uma "categoria heterossexual", na medida em que envolve a violência do homem colonizador sobre mulheres indígenas, africanas e suas descendentes. Segundo a autora, é marcada "a vinculação entre conquista, racismo e sexualidade, a partir da qual se explica a invasão dos corpos das mulheres, fundamentalmente por meio de atos de violação sexual" pelos colonizadores (Mendoza, citada por Curiel, 2013, p. 145-146, tradução nossa).

A filósofa afro-brasileira Sueli Carneiro interpreta a violência sexual na história do Brasil como uma realidade ocultada pelo mito da democracia racial, que exalta a miscigenação na América Latina e no Brasil. Ela cunhou a expressão "estupro colonial da mulher negra" (Carneiro, 1995, p. 546), visando denunciar o apagamento de tamanha violência, transformado pelo discurso hegemônico como se constituísse uma relação entre iguais, cordial, em vez de uma violação sistemática. De acordo com Carneiro (2019):

> *a violação colonial perpetrada pelos senhores brancos contra as mulheres negras e indígenas e a miscigenação daí resultante está na origem de todas as construções de nossa identidade nacional, estruturando o decantado mito da democracia racial latino-americana, que no Brasil chegou às últimas consequências. Essa violência sexual colonial é, também, o "cimento" de todas as hierarquias de gênero e de raça presentes em nossas sociedades, configurando aquilo que Angela Gilliam define como "a grande teoria do esperma em nossa formação nacional", através da qual, segundo Giliam: "O papel da mulher negra é negado na formação da cultura nacional; a desigualdade entre homens e mulheres é erotizada; e a violência sexual contra as mulheres negras foi convertida em romance".*

Embora a história das mulheres afro-latino-americanas seja marcada por violações e violências sistemáticas, suas experiências também se compõem de resistência, criação, afetos e desejo. Nesse sentido, a defesa de Lélia Gonzalez de um feminismo afro-latino-americano deve ser compreendida não apenas no sentido negativo das experiências de violência, mas também no potencial da construção política transnacional.

(5.4)
Lélia Gonzalez: um olhar "amefricano"

Embora já tenhamos abordado algumas observações de Lélia Gonzalez sobre a América Latina e o feminismo negro, sem dúvida é fundamental nos aproximarmos um pouco mais de suas reflexões. Gonzalez pode ser considerada uma das grandes intérpretes do Brasil, ao lado de nomes como Florestan Fernandes e Caio Prado Júnior, tendo se dedicado à compreensão da formação da sociedade brasileira e suas dinâmicas de funcionamento. Infelizmente, como decorrência de uma estrutura acadêmica racista, o cânone do pensamento social brasileiro não deu à autora a atenção devida. Isso fica evidente pelo fato de sua primeira coletânea de escritos ter sido publicada pela primeira vez de forma independente somente em 2018 e, depois, por uma editora renomada, em 2020.

Assim, além de contribuições originais para o campo do feminismo negro, essa autora formulou em sua obra "um esforço sistemático para analisar e interpretar o Brasil numa perspectiva negra" (Barreto, 2018, p. 16). As relações raciais, de classe e de gênero, bem como uma compreensão do capitalismo brasileiro (e latino-americano) como dependente com relação aos países centrais, foram chave para a compreensão da sociedade brasileira pela intelectual. Sem dúvida, Gonzalez foi pioneira naquilo que hoje em dia se tem chamado de uma *análise interseccional* de nossa sociedade, visto que ela buscou compreender articuladamente essas dinâmicas sociais de desigualdade e diferença.

Já comentamos que Lélia Gonzalez propunha adotar uma perspectiva afro-latino-americana para o feminismo negro. Essa defesa tem relação com um conceito que lhe foi caro: o de **amefricanidade**. Ela o desenvolve com base na ideia de "Améfrica Ladina" uma renomeação de "América Latina" elaborada por M. D. Magno. Esse autor buscava, com isso, negar uma latinidade de matriz europeia e branca, evidenciando a presença negra e a circularidade cultural de matriz africana pelas Américas (Gonzalez, 2020). Compreendendo o capitalismo brasileiro como um capitalismo de tipo dependente no contexto mundial, inserido em uma dinâmica mais ampla de colonização da "Améfrica Ladina", Gonzalez (2020) dialogou com o argentino José Nun para propor uma compreensão da dinâmica excludente do mundo de trabalho no Brasil, considerando gênero, raça e classe social. Esse autor argumenta que – para além dos trabalhadores formais, inseridos no mercado de trabalho, e daquilo que Karl Marx chamava de **exército industrial de reserva**, aqueles trabalhadores que estão fora do mercado, mas "a postos" para entrar nele quando houver oportunidade – há na América Latina uma **massa marginal** de trabalhadores, caracterizada por estar sempre à margem do mercado formal. Exemplos de integrantes dessa massa marginal seriam: desempregados, trabalhadores não assalariados, prestadores de serviços, trabalhadores ocasionais, trabalhadores ambulantes etc. (Figueiredo Filho; Oliveira, 2012, p. 3).

Na esteira do raciocínio de Nun, Gonzalez defende que é a população negra quem ocupa majoritariamente o lugar de "massa marginal" no Brasil. Isso porque "o gênero e a etnicidade são manipulados de tal modo que, no caso brasileiro, os mais baixos níveis de participação na força de trabalho, '*coincidentemente*', pertencem exatamente às mulheres e à população negra" (Gonzalez, 2020, p. 27, grifo do original).

Buscando articular a divisão de classes sociais e o racismo, Gonzalez observa no contexto nacional a existência de uma **divisão racial do trabalho**. Com isso, ela assinala que, ao permear as diferentes classes sociais, o racismo não beneficia apenas as pessoas brancas das classes dominantes, mas também os trabalhadores brancos.

O privilégio racial é uma característica marcante da sociedade brasileira, uma vez que o grupo branco é o grande beneficiário da exploração, especialmente da população negra. E não estamos nos referindo apenas ao capitalismo branco, mas também aos brancos sem propriedade dos meios de produção que recebem os dividendos do racismo. Quando se trata de competir para o preenchimento de posições que implicam recompensas

materiais ou simbólicas, mesmo que os negros possuam a mesma capacitação, os resultados são sempre mais favoráveis aos competidores brancos.
(Gonzalez, 2020, p. 46)

Além de pensar a interação entre capitalismo e racismo, o gênero também é medular no pensamento de Lélia Gonzalez. Ela chama atenção para o lugar das mulheres negras no mercado de trabalho brasileiro, observando que, no período em que escrevia (década de 1980), elas atuavam notadamente: na "prestação de serviços domésticos junto às famílias das classes média e alta" (Gonzalez, 2020, p. 58) e "na prestação de serviços de baixa remuneração ('refúgios') nos supermercados, nas escolas ou nos hospitais, sob a denominação genérica de '**servente**' (que se atente para as significações que tal significante nos remete)" (Gonzalez, 2020, p. 59, grifo do original).

Ao ressaltar a denominação genérica *servente* para as prestadoras de serviços gerais, a autora está evidenciando a continuidade das relações escravistas numa realidade pós-abolição. Com isso, a autora evidencia que o racismo engendrado na formação da sociedade brasileira se faz presente no capitalismo dependente que aqui se constituiu.

Os efeitos do passado escravista também são considerados nas reflexões da autora sobre as representações sobre as mulheres negras da sociedade brasileira. No texto *Racismo e sexismo na cultura brasileira*, Gonzalez (2020) investiga de que maneira as mulheres negras aparecem no discurso do mito da democracia racial brasileira. Seu argumento central é que "os termos mulata e doméstica são atributos de um mesmo sujeito" (Gonzalez, 2020, p. 80), ou seja, há sobre as mulheres negras uma projeção simultânea de hipersexualização e de trabalho (com raízes escravistas). Para chegar a essa conclusão, Gonzalez remete ao "rito carnavalesco" (Gonzalez, 2020, p. 80), em que a mulher negra é lida socialmente como a bela e sensual "mulata" do carnaval, como contraparte do cotidiano do trabalho dessa mulher, transfigurada em empregada doméstica.

Como assinalamos, Lélia Gonzalez retoma o passado escravista para analisar as dinâmicas sociais da atualidade. Nesse movimento, ela encontra na figura da "mucama" a origem dessa representação dúbia da mulher negra, que a hipersexualiza ao mesmo tempo que a destina ao trabalho doméstico. A autora relata que, no verbete *mucama* constante no *Dicionário Aurélio*, a palavra derivada do quimbundo[4] é dada como equivalente a "amásia escrava", ou seja, amante escrava. Essa origem, contudo, encontra-se entre parênteses – ocultada, na visão da autora –, ao passo que a definição da palavra fora dos parênteses consta como "a escrava negra moça e de estimação que era escolhida para auxiliar nos serviços caseiros ou acompanhar pessoas da família e que, por vezes era **ama-de-leite**" (Gonzalez, 2020, p. 81, grifo do original). Assim, a definição "oficial" indica o aspecto do trabalho, mas há uma dimensão implícita da sexualização, relacionada à figura da mulata do carnaval.

Gonzalez analisa, ainda, a figura da "mãe preta", que aparece em autores clássicos do pensamento social brasileiro como a "boa ama negra", responsável por cuidar das crianças da casa grande. Contudo, ela constesta essa imagem apaziguadora:

> *não é esse exemplo extraordinário de amor e dedicação totais como querem os brancos e nem tampouco [sic] essa entreguista, essa traidora da raça como querem alguns negros apressados em seu julgamento. Ela simplesmente é mãe. [...] Se assim não é, a gente pergunta: que[m] é que amamenta, que dá banho, que limpa cocô, que põe pra [sic] dormir, que acorda de noite prá cuidar, que ensina a falar, que conta história e por aí*

---

4 *Quimbundo é uma língua falada em Angola.*

afora? É a mãe, não é? Ela é a mãe nesse barato doido da cultura brasileira. [...] A branca, a chamada legítima esposa, só serve prá [sic] parir os filhos do senhor. Não exerce a função materna. (Gonzalez, 2020, p. 87-88)

Nesse sentido, a mãe preta, ao exercer a função de mãe, transmitiu um conjunto de valores às crianças brasileiras:

*Ao nosso ver, a **mãe preta e o pai João**, com suas histórias, criaram uma espécie de "**romance familiar**" que teve uma importância fundamental na formação dos valores e crenças do nosso povo, do nosso Volksgeist[5]. Conscientemente ou não, passaram para o brasileiro "**branco**" as categorias das culturas africanas de quem eram representantes. Mais precisamente, coube à mãe preta [...] a africanização do português falado no Brasil (o "preutuguês", como dizem os africanos lusófonos) e, consequentemente, a própria africanização da cultura brasileira.* (Gonzalez, 2020, p. 54, grifo do original)

Explicamos que, de diferentes formas, Lélia Gonzalez investigou como as relações de gênero, raça e classe social configuraram a sociedade brasileira, criando uma realidade social particularmente complexa para as mulheres negras. Ela deixa explícita essa reflexão ao afirmar a existência de uma tripla discriminação, em trecho que sintetiza as diversas discussões que perpassam sua obra:

No contexto das profundas desigualdades raciais existentes no continente, se insere, de maneira muito bem articulada, a desigualdade sexual. Essa é uma dupla discriminação contra as mulheres não brancas na região: as mulheres africanas e ameríndias. O duplo caráter de sua condição biológica – ou racial e sexual – as torna as mulheres mais oprimidas e exploradas em uma região dependente de um capitalismo patriarcal e

---

5 Volkgeist é termo do alemão "espírito do povo" (Gonzalez, 2020, p. 54).

racista. Precisamente porque esse sistema transforma as diferenças em desigualdades, a discriminação que elas sofrem assume um caráter triplo, dada sua posição de classe: os ameríndios e afro-americanos fazem parte, em sua imensa maioria, do imenso proletariado latino-americano.
(Gonzalez, 2020, p. 145-146)

Na próxima seção, esclareceremos como outra intelectual negra brasileira abordou as múltiplas discriminações sofridas pelas mulheres negras no Brasil.

(5.5)
Sueli Carneiro e o movimento de mulheres negras no Brasil

A filósofa Sueli Carneiro é um dos mais importantes nomes do feminismo brasileiro e, particularmente, do feminismo negro. Ela também foi atuante no movimento negro contemporâneo, fase que se iniciou no fim da década de 1970. Seus escritos, profundamente políticos, se firmaram como contribuições basilares para pensar a articulação entre gênero, raça e classe no Brasil.

Uma de suas primeiras contribuições primordiais é o artigo "Mulher negra", de 1985, originalmente publicado no livro *Mulher negra: política governamental e a mulher* (Carneiro, 2008), organizado pela Editora Nobel e pelo Conselho Estadual da Condição Feminina, do qual a autora fez parte. Esse texto, em que a filósofa aborda a situação demográfica e socioeconômica das mulheres negras brasileiras na década de 1970 e metade da de 1980, foi um trabalho realizado para suprir uma ausência deliberada de dados sobre a população negra nesse período. A autora explica que no censo de 1970 ficou ausente o quesito cor, e no de 1980 poucas tabulações nesse sentido foram divulgadas. Isso dificultou a tarefa de comparar os dados de diferentes décadas e, consequentemente, perceber as necessidades da população negra para a formulação de políticas públicas (Carneiro, 2018). Para estabelecer um panorama estatístico sobre as mulheres negras brasileiras – e paulistas, em particular –, a autora teve que desagregar dados obtidos pelo IBGE no censo de 1980, oferecendo uma base para as demandas políticas das mulheres negras. Nesse trabalho, algumas de suas conclusões foram:

> *1º A mulher negra não participa no processo produtivo em igualdade de condições com homens brancos, negros, amarelos e mulheres brancas e amarelas, situando-se assim na base da hierarquia social, penalizada em relação a oportunidades e mobilidade na estrutura ocupacional;*
>
> *2º As diferenças abruptas que geram essas distorções permearão a luta da mulher negra, imprimindo-lhe um caráter específico, determinado e elaborado por forças políticas e econômicas bem vivas e atuantes decorrentes e uma prática social etnocida, que se estende ao homem negro em intensidade semelhante.*
>
> *3º [...] o quociente de distribuição de oportunidades sociais/raciais no Brasil onde, em termos de renda e educação, as mulheres brancas estavam melhores que os homens negros em 1980, evidenciando o peso do privilégio da raça sobre a condição sexual. [...]*
>
> *A distância entre homens e mulheres negras expressa, diferentemente, o resultado do machismo e do sexismo presentes nos mecanismos de seleção social para posições na hierarquia, onde sexo e raça atuam cumulativamente para configurar as desvantagens da mulher negra mesmo em relação ao homem negro, e que as ideologias da ascensão social e de embranquecimento tendem a incrementar.*

4º Que nesse contexto, [as mulheres negras estão] à margem do processo de educação e do processo de luta em torno apenas da relação homem × mulher, uma vez que o peso de sua participação no mercado de trabalho é definido pelas desigualdades impostas pelo preconceito e discriminação etnossexual; contradições estas muito mais arcaicas que a luta de classes.
(Carneiro, 2018, p. 58-59)

Nessas conclusões, há alguns elementos bastante substanciais que ajudam a compreender a trajetória do movimento de mulheres negras que se desenvolveria a partir da década de 1980 no Brasil. Descrevemos, ao tratar da obra de Lélia Gonzalez, como questões econômicas e culturais criam barreiras para as mulheres negras no Brasil, encerradas em certas expectativas ligadas a estereótipos machistas e sexistas. Sueli Carneiro expõe dados quantitativos para apoiar essa análise, ressaltando que "sexo e raça atuam cumulativamente para configurar as desvantagens da mulher negra" (Carneiro, 2018, p. 59). Cabe fazer a ressalva que, à época da escrita desse texto, o conceito de interseccionalidade ainda não havia sido cunhado, embora noções da articulação entre gênero e raça já aparecessem no Brasil nas obras de Heleieth Saffioti e, principalmente, de Lélia Gonzalez. O conceito de interseccionalidade foi mais difundido no Brasil a partir da publicação da tradução brasileira do artigo "Documento para o encontro de especialistas em aspectos da discriminação racial relativos ao gênero" (Crenshaw, 2002), passando a ser muito utilizado por militantes do movimento brasileiro de mulheres negras.

Depois de enumerar as conclusões de seu levantamento, Sueli Carneiro (2018, p. 59-60) afirma que a reversão do quadro negativo por ela apresentado:

depende, entre outras coisas, de um esforço educacional centrado na população negra; da instauração de medidas legislativas e punitivas eficazes no combate à discriminação em todas as suas manifestações, e em especial, no mercado de trabalho; do combate sistemático aos estereótipos negativos veiculados sobre os negros nos meios de comunicação em massa, nos livros didáticos etc.

De fato, o movimento de mulheres negras, organizado autonomamente em relação às organizações feministas e ao movimento negro, viria a ter como pautas primordiais questões que passam por esses eixos. A pauta educacional, em particular, é uma demanda explicitada pelo movimento negro contemporâneo desde pelo menos 1978, conforme a *Carta de princípios do movimento negro unificado*, que exigia a "reavaliação do papel dos negros na História do Brasil" e a "valorização da cultura negra" (Gonzalez; Hasenbalg, 1982, p. 66).

No artigo "Mulheres em movimento", Sueli Carneiro explica que o desenvolvimento de uma agenda específica contra as desigualdades às quais as mulheres negras foram sujeitadas resultou no engajamento dessas mulheres em movimentos populares, no movimento negro e no movimento de mulheres negras (Carneiro, 2003). Segundo a intelectual, a partir de meados dos anos 1980, foram formadas diversas organizações específicas de mulheres negras, que tinham como pautas os seguintes eixos norteadores: acesso das mulheres negras ao mercado de trabalho; representações estereotipadas de mulheres negras que influenciam em sua vida sexual, afetiva, no acesso ao trabalho e na autoimagem; saúde e direitos reprodutivos; transformação da representação das mulheres negras na mídia (Carneiro, 2003).

Além de se engajar no movimento de mulheres negras, tendo sido uma das fundadoras de uma das principais organizações desse movimento, o Geledés – Instituto da Mulher Negra, fundado em 1988 em São Paulo (Portal Geledés, 2022), Sueli Carneiro continuou ligada ao movimento feminista. Isso, contudo, não significou um acordo total com a lógica hegemônica nesse movimento; pelo contrário, ela denunciou sistematicamente o racismo presente no movimento feminista, ressaltando a necessidade de "Enegrecer o feminismo", conforme o título de um de seus escritos mais conhecidos (Carneiro, 2019). Nesse texto, publicado originalmente em 2003, a autora explica que "as mulheres negras tiveram uma experiência histórica diferenciada que o discurso clássico sobre a opressão da mulher não tem reconhecido" (Carneiro, 2019). Ela entendia que as pautas levantadas pelo feminismo hegemônico branco não representavam os interesses e problemas ligados à experiência histórica das mulheres negras. Fazendo ressoar o discurso de Sojourner Truth[6], ela questiona:

> *Quando falamos do mito da fragilidade feminina, [...] de que mulheres estamos falando? Nós, mulheres negras, fazemos parte de um contingente de mulheres, provavelmente majoritario, que nunca reconheceram a si mesmas nesse mito, porque nunca fomos tratadas como frágeis. Fazemos parte de um contingente de mulheres que trabalharam durante séculos nas lavouras ou nas ruas, como vendedoras, quituteiras, prostitutas... Mulheres que não entenderam nada quando as feministas disseram que as mulheres deveriam ganhar as ruas e trabalhar.* (Carneiro, 2019)

Diante desse quadro, Sueli Carneiro afirma que a unidade das diferentes mulheres na luta feminista "não depende apenas de nossa capacidade de superar as desigualdades geradas pela histórica hegemonia masculina, mas exige também a superação de ideologias complementares desse sistema de opressão, como é o caso do racismo" (Carneiro, 2019). Enegrecer o feminismo, portanto, não significa simplesmente agregar as mulheres negras e suas pautas; é dar centralidade

---

6   *Conferir o Capítulo 4.*

a essas pautas no feminismo como um todo. Todo feminismo deve ser antirracista. Nesse sentido, a autora faz a potente reflexão a seguir:

> *A utopia que hoje perseguimos consiste em buscar um atalho entre uma negritude redutora da dimensão humana e a universalidade ocidental hegemônica que anula a diversidade. Ser negro sem ser somente negro, ser mulher sem ser somente mulher, ser mulher negra sem ser somente mulher negra. Alcançar a igualdade de direitos é converter-se em um ser humano pleno e cheio de possibilidades e oportunidades para além de sua condição de raça e de gênero. Esse é o sentido final dessa luta.* (Carneiro, 2019)

Com essa colocação, Sueli Carneiro advoga a pluralidade e a solidariedade entre os sujeitos que participam de diferentes movimentos de luta pela igualdade de direitos, elemento imprescindível para o pensamento feminista negro como um todo.

Síntese

Começamos este capítulo refletindo sobre por que pensar gênero, raça e classe de maneira articulada no Brasil, revisitando a realidade colonial em que foram criadas hierarquias que, transformadas, se perpetuaram na sociedade brasileira. As relações de gênero, a discriminação étnico-racial contra as populações negra e indígena e a desigualdade de classe aguda interagem para forjar a realidade na qual vivemos. Comentamos a obra de Florestan Fernandes (2006, 2008, 2017), que analisou o desenvolvimento do capitalismo brasileiro contemplando a integração (no caso, da ausência dela) das pessoas negras nessa nova configuração de sociedade. Mais tarde, Fernandes concluiu que a intensa desigualdade social da sociedade brasileira não tem a ver com sobrevivências da sociedade escravista e colonial que persistiram no capitalismo, mas que se trata dos contornos que o capitalismo recebeu no contexto nacional, sendo dependente dos países capitalistas centrais. Fernandes defendeu, ainda, que classe social e raça são elementos que se fortalecem reciprocamente, entendendo-os como uma síntese no diverso.

Traçamos, na sequência, um panorama geral sobre as relações de gênero, raça e classe no mundo do trabalho, evidenciando a massiva presença de pessoas negras, particularmente mulheres negras, em posições de trabalho precarizadas. O emprego doméstico e o setor de serviços gerais aparecem como espaços ocupados mormente pelas mulheres negras. Referimos que, no Brasil, a violência sexual e letal atinge principalmente a população negra e pobre.

Enfocamos, então, a obra de Heleieth Saffioti (1987, 1999, 2013, 2015), que investigou como o gênero e as mulheres eram tratados no capitalismo brasileiro. Saffioti defendia que os preconceitos de raça e de gênero não eram estranhos ao sistema capitalista, mas que eram usados por ele para justificar a exclusão de alguns grupos sociais. Ressaltamos que a reflexão dessa intelectual sobre gênero, raça e classe foi mudando ao longo de sua obra, chegando à proposição dos conceitos de patriarcado-racismo-capitalismo e de nó. O primeiro conceito aponta para a integração sistêmica de patriarcado, racismo e capitalismo; o segundo é uma metáfora para explicar como as relações sociais de gênero, raça e classe se entrelaçam na realidade.

Passamos então à discussão sobre a ideia de um feminismo afro-latino-americano, expressão elaborada por Lélia Gonzalez (2020). A autora salienta que a pluralidade racial e cultural da América Latina exige um movimento feminista que leve em consideração as especificidades das experiências dos diferentes grupos de mulheres da região. As mulheres não brancas da América Latina historicamente foram submetidas à violência sexual, transformada em um mito da miscigenação que tem relação íntima com uma ideologia do embranquecimento. Explicamos que os âmbitos da sexualidade e da violência sexual foram determinantes na dominação dessas mulheres pelos colonizadores.

Abordamos a obra de Lélia Gonzalez (2020) em outros aspectos pertinentes, a começar por seu conceito de "amefricanidade", que remete à presença negra e afrodescendente na América Latina. Expusemos que Gonzalez foi uma intérprete do capitalismo brasileiro, debruçando-se principalmente sobre como a população negra em geral e as mulheres negras em particular eram integradas ou não no mercado de trabalho. Para isso, ela usou o conceito de **massa marginal**, destacando que essas pessoas muitas vezes encontravam-se em posições extremamente marginalizadas com relação à dinâmica do mercado formal. A autora também tratou das representações sobre as mulheres negras que aparecem na cultura brasileira, mencionando os estereótipos de **mulata, mucama** e **mãe preta**. Essas imagens têm relação com uma hipersexualização das mulheres negras, sem dissociá-las do trabalho doméstico. A figura da mulher negra como cuidadora de crianças brancas também é questionada por ela, que aponta que a "mãe preta" teve um papel importante na "africanização da cultura brasileira" (Gonzalez, 2020, p. 54). Gonzalez sublinha que as mulheres negras sofrem uma tripla discriminação na América Latina, ressaltando o caráter articulado de gênero, raça e classe.

Finalmente, abordamos alguns aspectos da obra de Sueli Carneiro (2018), que teve papel essencial na formulação de análises demográficas sobre as mulheres negras no Brasil. Seu trabalho possibilitou a elaboração de pautas políticas específicas para o movimento de mulheres negras. Mencionamos que os temas de acesso ao mercado de trabalho, representações estereotipadas e saúde foram alguns dos mais significativos levantados por essa autora e presentes no movimento de mulheres negras. Carneiro (2019) desenvolver a ideia de "enegrecer o feminismo", em texto muito citado quando se fala da necessidade de racializar o debate do movimento feminista.

Indicações culturais

Para compreender melhor as particularidades e estratégias de luta do movimento de mulheres negras, recomendamos assistir aos seguintes filmes:

KBELA. Direção: Yasmin Thayná. Brasil, 2015. 21 min. Disponível em: <https://www.youtube.com/watch?v=LGNIn5v-3cE>. Acesso em: 19 ago. 2022.
MULHERES NEGRAS: projetos de mundo. Direção: Day Rodrigues e Lucas Ogasawara. Brasil, 2016.

Atividades de autoavaliação

1. São ideias defendidas pelo sociólogo Florestan Fernandes (2006, 2008, 2017) todas as afirmativas a seguir, **exceto**:
    a) A população negra não foi devidamente integrada à sociedade brasileira após a abolição formal da escravidão no país.
    b) A burguesia brasileira não é uma vítima inocente do imperialismo, mas têm interesses associados aos das burguesias dos países centrais, o que resulta em uma intensa exploração dos trabalhadores brasileiros.
    c) O racismo é um elemento imprescindível para se compreender o capitalismo brasileiro, diferentemente do sexismo, que não tem um papel relevante na dinâmica social.

d) Classe e raça são relações que se fortalecem reciprocamente e devem ser entendidas com uma síntese do diverso.

e) Os movimentos sociais da classe trabalhadora brasileira precisam ter como parte de suas pautas as demandas específicas da população negra.

2. Sobre os conceitos de nó e de patriarcado-racismo-capitalismo, formulados por Heleieth Saffioti (2015), é correto afirmar que:

a) O termo *patriarcado* vem no início da expressão *patriarcado-racismo-capitalismo* porque a autora defendia que a desigualdade entre homens e mulheres era o elemento prioritário na questão das desigualdades sociais.

b) A ideia de nó representa uma soma dos elementos classe social, "raça" e gênero.

c) A realidade social permite separar patriarcado, racismo e capitalismo, tanto em termos de análise quanto em termos de lutas sociais, que devem acontecer em movimentos separados.

d) As relações de gênero, raça e classe representam uma síntese harmônica, já que essas relações sociais se encontram integradas na realidade.

e) O nó formado por raça, gênero e classe social conforma uma realidade compósita e nova, e não uma adição desses elementos.

3. Marcam a experiência história das mulheres latino-americanas os seguintes elementos, **exceto**:

a) Diversidade étnico-racial.
b) Violência sexual colonial.
c) Organização política.
d) Heterossexualidade compulsória.
e) Homogeneidade étnico-racial.

4. Compõem a obra de Lélia Gonzalez (2020) as seguintes ideias, **exceto**:
   a) Análises baseadas na ideia de um capitalismo global dividido entre países centrais e países dependentes.
   b) Análises históricas da formação da cultura brasileira e suas representações racistas.
   c) Análises do mundo do trabalho que consideram as particularidades de gênero e raça.
   d) Análises de elementos linguísticos e culturais.
   e) Análises economicistas focadas na questão salarial.

5. Com relação às pesquisas de Sueli Carneiro sobre as mulheres negras brasileiras, é correto afirmar que:
   a) No artigo "Mulher negra", de 1985, a autora se baseou nas estatísticas dos censos de 1970 e 1980 desenvolvidos pelo IBGE, que expunham análises completas dos dados demográficos sobre sexo, classe social e raça/cor.
   b) De acordo com os dados analisados pela pesquisadora, nos anos 1980, mulheres negras e brancas compunham os grupos com menor renda e índices educacionais, ao passo que homens brancos e negros ocupavam, respectivamente, a primeira e a segunda posição nesses quesitos.
   c) A necessidade de políticas afirmativas de educação voltadas para a população negra foi uma das medidas apontadas pela pesquisadora para reverter o quadro estabelecido em sua pesquisa.
   d) A pauta da educação surgiu no movimento negro brasileiro a partir dos anos 1980, após a publicação da pesquisa de Sueli Carneiro.

e) A ideologia de embranquecimento da população negra atua como uma força construtiva na promoção de igualdade étnico-racial no Brasil.

Atividades de aprendizagem

Questões para reflexão

1. De que maneira a ideia de miscigenação aparece no discurso do senso comum sobre a realidade brasileira?

2. Qual é a relação dessa ideia de miscigenação com o reconhecimento ou não da presença de racismo em nossa sociedade pela população em geral?

Atividade aplicada: prática

1. Pesquise a canção *Canto das três raças*, composta por Paulo César Pinheiro e Mauro Duarte e imortalizada na interpretação de Clara Nunes (Canto..., 1976). Analise letra e música e componha um texto escrito sobre como a ideia de miscigenação é retratada na canção, considerando as discussões desenvolvidas neste capítulo.

Capítulo 6
Precarização e cuidado

Camila Fernandes Pinheiro

Neste capítulo final de nossa abordagem, evidenciaremos os nexos entre as relações de gênero e as formas de precarização do trabalho. Primeiramente articularemos a precarização contemporânea do trabalho à inserção diferenciada da mão de obra feminina e masculina no mercado de trabalho. Nesse sentido, identificaremos algumas manifestações de tal inserção ao longo das cadeias produtivas. Em seguida, traçaremos um panorama acerca das leituras sobre o trabalho de cuidado. Finalmente, caracterizaremos o trabalho emocional sob o olhar do gênero, que é o fio condutor de todo o capítulo.

(6.1)
Gênero, precarização e cadeias produtivas

A precarização contemporânea do trabalho se refere a mudanças estruturais no capitalismo que desencadearam novas formas de trabalho. A crise estrutural do capital do início dos anos 1970 estimulou a crescente substituição do padrão taylorista e fordista de produção por relações de trabalho flexibilizadas e desregulamentadas. São exemplos dessa tendência o modelo japonês ou toyotismo e a chamada *acumulação flexível*. Dessa forma, o modelo regulatório da social-democracia, que sustentou o Estado de bem-estar social em países ocidentais ricos, vem sendo substituído pela desregulação neoliberal e privatizante (Antunes, 2000).

Cabe destacar algumas características destas formas distintas de racionalização da produção capitalista. O **fordismo**, nascido na fábrica da Ford nos Estados Unidos, é o sistema de produção e consumo em massa, que foi expandido para além da produção automobilística. Ele inseriu as linhas de montagem e preconizou a padronização do produto e a simplificação da produção. Em suas linhas de produção foram utilizados equipamentos e ferramentas que simplificaram tarefas complexas e possibilitaram o emprego de trabalhadores com baixa qualificação. Para que o consumo em massa se efetivasse, absorvendo a produção, era necessário que os salários fossem dignos de comportar tal consumo.

Já o **taylorismo** ou administração científica é um modelo produtivo para a organização industrial que envolve treinamento dos trabalhadores, padronização dos métodos, divisão e hierarquização de tarefas, controle rígido do tempo e supervisão contínua do trabalho executada pela figura da gerência (Antunes, 2000).

As respostas oferecidas pelo capital à crise do conjunto das economias capitalistas, com a implementação do ideário neoliberal, tiveram profundos impactos sobre o mundo do trabalho. Os programas cumpridos inicialmente pelos países centrais, seguidos daqueles ditos *subdesenvolvidos* incluíram: reestruturação produtiva, amplas privatizações, diminuição do Estado, desmonte de direitos sociais e políticas fiscais e monetárias alinhadas aos preceitos de organismos internacionais, como o Fundo Monetário Internacional (FMI).

O **toyotismo**, como modelo alternativo ao binômio taylorismo/fordismo, nasceu na fábrica da Toyota, no Japão, e tem se expandido para o Ocidente capitalista. Essa forma de produção flexibilizada tem quatro características principais, elencadas por Antunes (2000): (1) ter produção vinculada à demanda; (2) ser variada e heterogênea; (3) ser fundamentada no trabalho operário em equipe, com multivariedade de funções; (4) ser baseada no princípio *just in time* (melhor aproveitamento do tempo de produção) com adoção do sistema *kanban* (placas de comando de reposição de peças e de estoque, que deve ser mínimo). Diferentemente da fábrica fordista, na qual 75% da cadeia produtiva era abrigada em seu interior, na toyotista isso ocorre com somente 25%, sendo transferido a terceiros o restante do processo produtivo (Antunes, 2000).

Essa forma flexibilizada da acumulação capitalista gerou diversas consequências para o mundo do trabalho, enumeradas por Antunes (2000): (1) redução do proletariado fabril estável, em relação ao binômio taylorismo/fordismo, graças à reestruturação e redução do espaço físico produtivo; (2) incremento do novo proletariado, do subproletariado fabril e de serviços, que tem sido chamado de *trabalho precarizado*, a exemplo dos terceirizados e subcontratados; (3) aumento significativo do **trabalho feminino**, que atinge mais de 40% da força de trabalho nos países centrais, e tem sido absorvido pelo trabalho precarizado e desregulamentado; (4) aumento dos assalariados médios e de serviços; (5) exclusão de jovens e idosos do mercado de trabalho dos países centrais; (6) inclusão precoce e criminosa de crianças no mercado de trabalho, em especial nos países de industrialização intermediária como os da Ásia e América Latina; (7) aumento dos níveis de exploração do trabalho, precarização dos trabalhadores.

As consequências sobre o conjunto da classe trabalhadora são complexas e desiguais:

> *Estas mutações criaram, portanto, uma classe trabalhadora mais heterogênea, mais fragmentada e mais complexificada, dividida entre trabalhadores qualificados e desqualificados, do mercado formal e informal, jovens e velhos, homens e mulheres, estáveis e precários, imigrantes e nacionais, brancos e negros etc., sem falar nas divisões que decorrem da inserção diferenciada dos países e de seus trabalhadores na nova divisão internacional do trabalho.* (Antunes, 2000, p. 43)

No que tange às relações trabalhistas, Guiraldelli (2012, p. 719) descreve um quadro de instabilidade e perda de direitos:

> Nesse quadro atual, o que se tinha como estável e perene no mundo do trabalho, diante da garantia de uma legislação trabalhista, planos de carreira, empregos vitalícios e direitos sociais, agora se vivencia um estágio caracterizado por incertezas, inseguranças e instabilidades na inserção, ocupação e manutenção no espaço produtivo frente ao processo de desregulamentação, flexibilização e deterioração do trabalho, que trazem rebatimentos para a saúde física e mental do/a trabalhador/a.

Druck e Borges (2002) argumentam que, no Brasil, a reestruturação do setor industrial tem caminhado mais no sentido de novos padrões de gestão e organização do trabalho do que de inovações tecnológicas. A nova tendência organizacional brasileira, inspirada no modelo japonês, é baseada em desconcentração, flexibilidade e redução de custos. Nela, a qualidade total e a terceirização são protagonistas (Druck; Borges, 2002). A terceirização, como forma de flexibilização do trabalho, tornou-se a principal política desse novo desenho de gestão e organização, sendo entoada pelos discursos empresariais através dos "contratos flexíveis" (por tempo determinado, por tempo parcial, por tarefa, por prestação de serviço, sem cobertura legal e sob a responsabilidade de terceiros). As empresas modernas de diversos setores passaram a almejar a transferência dos custos trabalhistas e responsabilidades da gestão a terceiros.

O padrão de acumulação flexível proporcionou crescente empregabilidade às mulheres; todavia, elas foram inseridas em formas precárias de trabalho, como mão de obra barata, em funções de menor qualificação e espaços de informalidade. Logo, houve uma inserção diferenciada de homens e mulheres no mundo do trabalho, ligada à dificuldade de acesso delas à qualificação para atuarem em ambientes de trabalho nos quais se emprega alta tecnologia, caracterizando um processo de feminização das categorias de trabalho não qualificadas (Gonçalves, 2003).

Embora as mulheres brasileiras sempre tenham trabalhado, seja no âmbito produtivo, seja no âmbito reprodutivo, as últimas décadas do século XX foram de alterações em virtude de mudanças demográficas, culturais e sociais. Os núcleos familiares foram alterados graças à redução das taxas de fecundidade e aumento de famílias chefiadas por mulheres (maior número de separações, novas formas de coabitação e viúvas). A escolaridade da população aumentou, particularmente a da feminina. Ademais, novos valores acerca do papel social das mulheres, impulsionados pelas demandas feministas, se somaram às demais alterações, impactando a ampliação da participação feminina no mercado de trabalho (Bruschini, 1998).

Essas mudanças situam-se na conjuntura internacional da reestruturação produtiva, que, na prática, tem representado o declínio das formas mais protegidas de emprego. As novas relações de trabalho facilitaram a exploração da força de trabalho das mulheres nas ocupações de tempo parcial e de menor remuneração. O maior contingente feminino no mercado de trabalho deparou-se com a redução do Estado e o custo elevado de educação e saúde, o que tem causado seu empobrecimento (Bruschini, 1998).

Hirata (2002, p. 228-229) considera difícil explicar as modalidades de flexibilização (precarização) da força de trabalho feminina somente pelos mecanismos do mercado de trabalho, sem mobilizar a dimensão familiar, que revela uma "lógica do salário complementar e a preeminência da condição de mães de família sobre a condição de trabalhadoras". Uma abordagem das relações construídas historicamente, social e culturalmente seria capaz de analisar como a noção de flexibilidade é construída considerando-se o trabalho feminino, materializado pela questão da complementaridade, da secundarização dessa força de trabalho.

Abramo (2007) investiga como as representações sociais corroboram para a construção das desigualdades entre homens e mulheres no mercado de trabalho, pautadas pela noção de mulher como força de trabalho secundária. A inserção das mulheres no mercado tem sido entendida como secundária pelo imaginário social, empresarial e sindical, bem como pelas visões que baseiam as políticas públicas. Essas concepções limitadas pela ideia de que os homens são responsáveis pelos proventos, e as mulheres, pelas atividades domésticas, têm servido ao rebaixamento dos salários delas, mesmo nas faixas de maior escolaridade (Abramo, 2007).

Nesse sentido, apesar do aumento da participação no mercado de trabalho, as mulheres mantiveram suas responsabilidades sobre o trabalho doméstico e a criação de filhos, o que significa uma sobrecarga e resulta em discriminação dentro desse mercado (Bruschini, 2006). Outra permanência foi a ocupação das mulheres em atividades do setor de serviços e no segmento informal e desprotegido (emprego doméstico sem registro, atividade por conta própria, familiar não remunerada ou domiciliar). Pelo levantamento de Bruschini (2006), metade da força de trabalho feminina esteve nessas condições precárias de trabalho, com baixos índices de registro em carteira e contribuição previdenciária.

Nogueira (2004) declara haver um paradoxo na feminização do mundo do trabalho: a estagnação do emprego masculino e até regressão ocorrida nos anos 1990, enquanto crescia o emprego remunerado feminino. Tal dado revela o aumento geral da inserção feminina no mercado formal e informal, embora em áreas nas quais predominam empregos vulneráveis e precários.

Hirata (2002, p. 223) salienta que a maioria de pesquisas e artigos sobre a flexibilização da indústria são *gender-blinded*, ou seja, não consideram a dimensão do gênero e apresentam conclusões relativas ao conjunto dos trabalhadores, sem distinção entre a população masculina e a feminina. Assim, os dados brasileiros sobre inovações relativas à organização e à gestão da produção (*just in time, kanban*), equipamentos programáveis e sistemas participativos (círculos de controle de qualidade) são concernentes basicamente aos homens e, secundariamente, às mulheres.

No sentido contrário, os trabalhos que consideram a divisão sexual dos processos de formação ligada às novas tecnologias demonstram que as generalizações para a população masculina podem induzir ao erro nas análises. Com respeito à flexibilidade, Hirata (2002) esclarece que a mão de obra flexível é formada mormente por mulheres contratadas em tempo parcial, embora tenha sido pensada, num primeiro momento, em termos de **especialização flexível**; isso significa uma mão de obra qualificada e flexível, adaptada às novas tecnologias, tendo como emblema o operário muito qualificado e polivalente.

No caso dos países subsdesenvolvidos, o surgimento desse novo paradigma de organização industrial alternativo ao modelo fordista/taylorista permite constatar que o padrão taylorista não acabou, especialmente quando é levada em conta a mão de obra feminina. Ao contrário do predomínio da automação, o fordismo e a produção em massa padronizada ainda fazem parte da realidade desses países (Hirata, 2002). As trabalhadoras continuaram a ser controladas pelos padrões tayloristas, submetidas ao ritmo da linha de montagem e ao controle do tempo.

Quando novas tecnologias são implementadas, tendem a fortalecer a marginalidade laboral das mulheres, especialmente daquelas não qualificadas:

Na realidade, são os postos não qualificados que desapareceram, e são também os postos que implicam tarefas repetitivas que, com as mudanças tecnológicas, continuam disponíveis para mulheres (ver, por exemplo, o caso da indústria plástica, com bastante mão de obra feminina, e os postos que ela reserva para mulheres em um país como o Brasil). Da mesma maneira, na indústria alimentícia, o processo de modernização leva à eliminação do emprego de mulheres em várias atividades (M. H. Trilinki, 1990), nas indústrias de transformação da carne, a introdução dos controladores programáveis (CLP) substituiu 24 operárias qualificadas e semiqualificadas por um operador homem; na limpeza de camarões, uma máquina substitui de uma vez 50 operárias, máquina colocada em ação e controlada por um operário; também numa linha de etiquetagem de vinagre, 30 mulheres que etiquetavam manualmente foram substituídas por uma máquina, manobrada igualmente por um operário. (Hirata, 2002, p. 230-231)

No que concerne à qualificação, embora a inserção feminina no mercado de trabalho tenha sido marcada pela precariedade, uma pequena parcela de mulheres instruídas tem conseguido acessar áreas profissionais de prestígio, como a medicina, o direito, a arquitetura e as engenharias. Além disso, elas continuam a marcar presença em "guetos" femininos tradicionais, como a enfermagem e o magistério (Bruschini, 2007).

Nesse aspecto, Hirata percebe uma tendência à bipolarização do trabalho assalariado feminino. Em um extremo, aparecem as profissionais altamente qualificadas e bem-remuneradas, como engenheiras, arquitetas, médicas, professoras, gerentes, advogadas e juízas; no outro, estão as trabalhadoras de baixa qualificação, com baixa remuneração e socialmente desvalorizadas (Hirata, 2002, p. 148).

Entre as diversas ocupações precarizadas, o emprego doméstico remunerado é considerado um "nicho ocupacional feminino por excelência" (Bruschini, 2007, p. 561), uma vez que 90% dos trabalhadores desse tipo de trabalho são mulheres. A precariedade é traduzida pelos baixos rendimentos, longas jornadas e baixos índices de formalização (carteira assinada).

> Em 2005, nada menos que 33% da força de trabalho feminina ou 12 milhões de mulheres situavam-se em nichos precários, ou de menor qualidade, no mercado de trabalho, seja como trabalhadoras domésticas (mais de 6,2 milhões), seja realizando atividades não remuneradas (3,3 milhões) ou trabalhos na produção para o consumo próprio ou do grupo familiar, (2,7 milhões). (Bruschini, 2007, p. 561)

Portanto, a reestruturação produtiva do capital estabeleceu um declínio das formas protegidas de emprego e o surgimento de formas flexibilizadas de trabalho, geralmente sem cobertura legal. As **cadeias produtivas**, que compreendem o conjunto de etapas ao longo da produção, também foram sensivelmente afetadas pela crise do fordismo/taylorismo. Descreveremos, na sequência, como o aumento da participação feminina no mercado de trabalho, concomitante ao aumento da precariedade do emprego, pode ser percebido ao longo das cadeias produtivas.

No contexto da reestruturação produtiva, a expansão do trabalho feminino liga-se a diversos fatores, entre os quais: o processo de urbanização e o aumento da capacidade industrial de absorver trabalhadores; as reivindicações feministas que questionaram o papel social das mulheres e defenderam sua atuação pública; o aumento das famílias monoparentais; a redução das taxas de fecundidade; o aumento da escolaridade das mulheres e seu acesso às universidades.

Todos esses elementos têm nexos com a oferta da mão de obra feminina e sua permanência no mercado de trabalho.

Bruschini e Lombardi (2002) registram que há padrões diferenciados de inserção da mão de obra feminina, apontando que setores que têm oferecido maior quantidade de vagas para as mulheres são agropecuário, de extração vegetal e pesca, de comércio de mercadorias, de prestação de serviços e industrial.

Um elemento importante da reestruturação das cadeias produtivas é o trabalho domiciliar. Entre os setores que adotaram esse tipo de trabalho, destacam-se os de calçados, têxtil, de confecção, de couro, de embalagens, de madeira, e de alimentos. O caso do ramo calçadista é emblemático da adoção da terceirização, sobretudo na região do Vale dos Sinos, no Rio Grande do Sul, e de Franca, no interior São Paulo (Guiraldelli, 2012).

Nesses casos, as indústrias subcontratam trabalhadoras em domicílio, por vias informais de trabalho, nas quais elas ficam fragilizadas e submetem-se a longas jornadas de trabalho. A produção ocorre de acordo com a demanda do contratante e o pagamento é feito por peça produzida. Guiraldelli (2012) enfatiza a segregação ocupacional que se dá pelo isolamento dessas mulheres graças ao confinamento, em que ficam afastadas da representação sindical e marcadas pela insegurança no trabalho. "Isso resulta em dificuldades no que tange à mobilidade social do sujeito feminino e reforça as assimetrias ocupacionais e salariais entre homens e mulheres" (Guiraldelli, 2012, p. 714).

Os processos de terceirização ocorreram também em indústrias do complexo têxtil, que têm importante polo em Divinópolis, em Minas Gerais, e Campinas, em São Paulo. A externalização da produção via subcontratação e trabalho domiciliar tornou-se uma marca desse setor, que buscava reduzir custos com a força de trabalho desde a década de 1990. Esse deslocamento territorial das atividades produtivas ganhou força no Brasil na virada do século XX para o XXI, principalmente nas regiões Sudeste e Nordeste, mas também ocorreu em outras áreas da América Latina (Guiraldelli, 2012).

Souza-Lobo (2021), ao analisar as indústrias maquiladoras no México, onde as mulheres montam peças para as indústrias americanas do ramo de eletroeletrônico e vestuário, afirma que a desterritorialização do processo de trabalho tem configurado uma forma de expropriação do saber e controle das trabalhadoras. Nessas condições, se cria uma "força de trabalho coletiva e sexuada, sem identidade profissional, que produz um produto final que não conhece" (Souza-Lobo, 2021, p. 171-172). Segundo a autora, essa descentralização da organização produtiva capitalista institui novas formas de divisão sexual do trabalho nas fronteiras nacionais e internacionais.

O interesse dos empregadores está em migrar as unidades produtivas para regiões onde não haja um sindicalismo pujante. Assim, eles conseguem submeter as relações e condições de trabalho às suas determinações. Na outra ponta, o impacto sobre os trabalhadores pode ser percebido pelo aumento do desemprego nos locais onde o custo de mão de obra é mais elevado. Em alguns casos há transferência de todas as partes da produção a terceiros.

Em pesquisa sobre o setor de confecção da região de Campinas, Araújo e Amorim (2001) descrevem distintos graus de subordinação relacionados à subcontratação, que na região são em sua maioria equivalentes; nesse contexto, o contingente de micro-produtores formado por costureiras trabalhando em domicílio. A modalidade de terceirização que tem se generalizado no país visa à redução de custos e transfere riscos às subcontratadas. Aos trabalhadores se impõem relações de emprego instáveis, diminuição de salários e condições de trabalho deterioradas, que se expressam no crescimento de doenças profissionais e acidentes de trabalho.

No Brasil, estudos recentes têm chamado atenção para existência de duas modalidades de terceirização: a primeira, considerada mais virtuosa, consiste num instrumento de melhoria da qualidade, da produtividade e da competitividade, na medida em que inovações tecnológicas e organizacionais são transferidas para as empresas subcontratadas e se difundem ao longo da cadeia. Na segunda modalidade, a terceirização ocorre com o objetivo central de redução de custos e, nesta medida, o que se transfere às subcontratadas são os gastos e os riscos da produção e o custo da mão de obra. Neste caso, a exigência de preços baixos dá-se, muitas vezes, em detrimento da qualidade. E é esta segunda modalidade que, segundo vários estudos, tem se generalizado no país com consequências danosas para os trabalhadores nelas envolvidos. (Araújo; Amorim, 2001, p. 274-275)

Na indústria de confecção em Divinópolis, o trabalho domiciliar nas facções[1] é desempenhado principalmente por mulheres casadas e com filhos, em idades entre 30 e 50 anos, de baixa escolaridade (Neves; Pedrosa, 2007). Nos períodos de maior demanda, como o final do ano, elas contratam outras trabalhadoras, sem nenhum registro em carteira, caracterizando uma relação que tem sido chamada de *quarteirização*. Neves e Pedrosa (2007) denunciam situações graves ligadas a esse trabalho, que incluem a possibilidade de participação infantil e a sazonalidade do trabalho, gerando insegurança relativa à renda.

Uma marca das cadeias produtivas latino-americanas apontada no estudo de caso de Neves e Pedrosa (2007, p. 27) é o fato de o

---

1 As facções *são unidades produtivas que, em sua maioria, são extensões das casas das costureiras.*

preço ser estipulado pelo contratante, revelando sua "assimetria, decisões unilaterais, fragilidade das relações e precarização do trabalho feminino". Outra característica é que, embora o segmento tenha um contingente majoritariamente feminino, algumas tarefas são desempenhadas tradicionalmente por homens. Em um processo produtivo que abrange criação de modelos, elaboração de moldes, enfesto, corte, costura, estamparia e acabamento, as etapas de enfesto[2] e corte são realizadas por homens, e a costura, majoritariamente por mulheres. E é justamente a etapa da costura que vem sendo terceirizada, leia-se precarizada (Neves, 2006). Fora da América Latina também é possível observar algumas tendências na inserção diferenciada da mão de obra.

Ainda sobre esse ramo, Hirata (2002, p. 210) mapeia na confecção inglesa o emprego de mulheres "semiqualificadas e qualificadas, enquanto os homens conservam um certo número de postos qualificados". No vestuário, o trabalho desqualificado foi paulatinamente tornando-se um trabalho de mulheres. No entanto, os postos criados pela tecnologia (microeletrônica), como a oficina de corte, contaram com a entrada de operários homens de alta qualificação. Nesses postos se exige tempo maior de aprendizado formal e grau maior de responsabilidade, pois erros cometidos podem gerar altos custos. Assim, eles são mais bem pagos (Hirata, 2002).

*A partir desses estudos diversos, podemos concluir que, na indústria têxtil, a desqualificação resultante das novas tecnologias leva à expulsão da mão de obra feminina, presente anteriormente em um certo número de **postos qualificados**; o surgimento de novas qualificações, ao contrário, torna efetiva a entrada dos homens. Observa-se, aqui, uma nova segregação dos postos segundo a qualificação e uma mudança da divisão sexual do*

---

2   Enfesto consiste em dobrar camadas de tecido umas sobre as outras para que elas sejam cortadas simultaneamente.

trabalho no sentido de uma polarização anteriormente inexistente entre postos desqualificados femininos e postos qualificados masculinos. (Hirata, 2002, p. 211-212, grifo do original)

Para Hirata (2002), a indústria pode ser pode ser um lugar privilegiado de análise do trabalho de acordo com os sexos e das concepções de masculinidade e feminilidade que se efetivam nela. Pelas tendências da indústria em diferentes regiões do globo, é bastante plausível concordar com a socióloga. Além disso, os estudos citados evidenciam que na atualidade as mulheres são mais atingidas pelo processo de precarização, pois o capital tem incorporado a desigualdade das relações de gênero. Discorremos mais detidamente sobre a desigualdade salarial na seção a seguir.

(6.2)
CUIDADO E GÊNERO

O termo *cuidado* é a tradução mais corriqueira da palavra inglesa *care*, que, todavia, comporta outras interpretações associadas à solicitude ou preocupação com as pessoas. Aliás, há várias definições sobre o que é ou não um trabalho de cuidado. A literatura sobre cuidados deriva, em parte, da discussão que expusemos em capítulos anteriores sobre o caráter não pago dos trabalhos desempenhados nos lares pelas mulheres. Por isso, Amaia Orozco (2014) divide essa discussão em dois momentos. O primeiro esteve atrelado ao conceito de trabalho doméstico, e o segundo, à ideia de cuidado. Nos dois casos, a autora destaca que os debates estimularam o desenvolvimento conceitual, metodológico e político do feminismo.

Conforme mencionamos anteriormente, as discussões sobre o trabalho doméstico remontam às décadas de 1960 e 1970, tanto numa perspectiva teórica quanto no que se refere às lutas políticas. O problema central era pensar sobre o trabalho não remunerado desempenhado pelas mulheres dentro de suas casas e esse foi objeto, por exemplo, das materialistas francesas e das feministas marxistas. Nos dois casos, as relações econômicas eram tomadas como base para se analisar o papel da mulher, assim como a relação entre o trabalho doméstico e o trabalho assalariado.

A partir da década de 1980, algumas pesquisadoras de língua inglesa começaram a mudar o foco das relações econômicas para as relações afetivas, que também apareciam nas tarefas desempenhadas no lar. Por isso, tais autoras não trabalharam com a expressão *trabalho doméstico*, mas com o vocábulo *care*. Uma das pioneiras a utilizar esse conceito de cuidado foi a filósofa e psicóloga Carol Gillian (1982). Ela contrapunha uma ética do cuidado, que privilegiava a empatia, a afetividade e estava associada ao gênero feminino, a uma ética da justiça, dominante, racional e identificada com o gênero masculino. Com base nessa visão, uma definição muito geral entende *cuidado* como práticas materiais ou psicológicas voltadas para necessidades das outras pessoas.

Tal mudança de foco também esteve ligada ao fato de que a perspectiva neoclássica, que estrutura a Economia como disciplina, limita a atividade econômica à produção de bens e serviços negociados no mercado. Além disso, as ações econômicas são percebidas como movidas pela racionalidade e pelo interesse individual, não havendo espaço para motivações afetivas e preocupações com os demais. Com as restrições desse tipo de enquadramento, é impossível compreender as atividades domésticas de reprodução, que envolvem toda uma carga de motivações emocionais. Isso não significa, contudo, deixar de entender tais atividades como trabalho.

É verdade que as feministas questionavam desde pelo menos o final da década de 1960 se o trabalho doméstico produzia valor de uso, defendendo que deveria ser entendido como trabalho. Contudo, foi somente com o avanço do capital e do mercado sobre as atividades reprodutivas que, na década de 1980, a sociologia do trabalho e a economia passaram a discutir o conceito de trabalho de cuidado, dando ênfase para o debate sobre cuidados remunerados e não remunerados. Apenas na década de 1990, a Organização das Nações Unidas (ONU) reconheceu oficialmente o trabalho doméstico não pago como trabalho (Luxton, 1997).

A própria definição de trabalho de cuidados é bastante variável. Parece haver um consenso de que a atenção àqueles e àquelas mais vulneráveis, como crianças, idosos e doentes, deve ser entendida como uma atividade ou um trabalho de *care*. Tradicionalmente, essas atividades foram entendidas como responsabilidade familiar, sendo imputadas majoritariamente às mulheres. Todavia, com o envelhecimento da população e a entrada das mulheres no mercado de trabalho, carreiras inteiras, com formação profissional, foram estabelecidas e, ainda que a hegemonia feminina permaneça nelas, homens passaram a exercer esses trabalhos também.

Em especial a partir da reestruturação produtiva neoliberal e do avanço da mercantilização de relações de cuidado, intensificaram-se as discussões sobre os atores sociais responsáveis pelas atividades de *care*. Além das famílias, as instituições estatais, organizações não governamentais, voluntários, grupos filantrópicos, associações diversas e, até mesmo, o mercado passaram a agir no sentido de oferecer trabalhos de cuidado em diferentes combinações. Em todos os casos, entretanto, segue sendo imposta às mulheres a responsabilidade por tal cuidado.

As diferentes combinações entre os agentes públicos e privados na oferta de cuidados foram concebidas com base no modelo do "losango do cuidado" (Razavi, 2007, p. 21, tradução nossa), também traduzido como "diamante do cuidado". Em um estudo do Instituto de Pesquisa das Nações Unidas para o Desenvolvimento Social (Unrisd, do inglês United Nations Research Institute for Social Development), o modelo é definido como:

> *a arquitetura através da qual o cuidado é provido, especialmente para aqueles com necessidades de cuidados intensos, tais como crianças jovens, idosos frágeis, doentes crônicos e pessoas com incapacidades físicas e mentais (ver Figura 1). As instituições envolvidas na provisão do cuidado podem ser conceitualizadas na forma estilizada de um losango de cuidado, para incluir a família/domesticidade, mercados, o setor público e o setor sem fins lucrativos, que incluiria a provisão voluntária e comunitária.*
> (Razavi, 2007, p. 21, tradução nossa)

A seguir, a figura do losango:

Figura 6.1 – Losango do cuidado

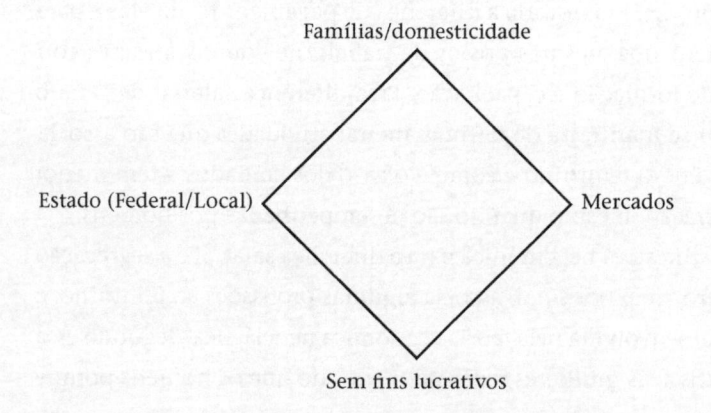

```
            Famílias/domesticidade
                   /\
                  /  \
                 /    \
Estado (Federal/Local) <    > Mercados
                 \    /
                  \  /
                   \/
             Sem fins lucrativos
```

Fonte: Razavi, 2007, p. 21.

A complexidade da relação entre trabalho e afeto e da composição dos diferentes atores sociais a desempenhar os cuidados demanda uma visão dupla para a compreensão do fenômeno (Orozco, 2014). Por um lado, o *care* tem de ser compreendido em sua concepção social. Isto é, como um conjunto de normativas sociais que definem o que é cuidar bem, quem é responsável pelo cuidado de quem, em que lugares isso ocorre e como é a retribuição por essas ações. Por outro lado, é importante analisar a organização social dos cuidados, ou seja, as instituições e os trabalhos os quais cumprem a garantia das necessidades.

Em um trabalho de revisão de pesquisas empíricas e elaborações teóricas sobre o tema dos cuidados, Paula England (2005) definiu cinco grandes abordagens para a questão: (1) o enquadramento da desvalorização; (2) o enquadramento do bem público; (3) o enquadramento das prisioneiras do amor; (4) o enquadramento da mercantilização da emoção; (5) o enquadramento do amor e dinheiro. Esmiuçaremos cada uma dessas abordagens a seguir.

O enquadramento da **desvalorização** tem relação com o ingresso crescente das mulheres no mercado de trabalho na segunda metade do século XX. Era notória a diferença de pagamento para elas e para os homens nos mesmos postos de trabalho e com as mesmas condições de formação e capacitação. Essa diferença salarial de gênero também se manifesta de outra maneira: atividades que são associadas ao gênero feminino – como é o caso dos cuidados – têm menor remuneração, mesmo quando são desempenhadas por homens.

A justificativa hegemônica para a diferença salarial e a segregação de gênero, que, por sinal, associa algumas profissões ao feminino, é aquela desenvolvida pela teoria econômica neoclássica. Segundo essa perspectiva, as mulheres recebem menos do que os homens porque escolhem empregar seu tempo no trabalho doméstico não pago e não desenvolvem experiências em outros campos. Consequentemente, suas habilidades e interesses as fazem escolher profissões que não são lucrativas, como aquelas relacionadas ao âmbito dos cuidados. Portanto, a diferença de pagamento continuará existindo enquanto mulheres e homens tiverem preferências diferentes (Mincer; Polachek, 1974). Obviamente, essa tese – não coincidentemente desenvolvida por dois economistas homens – desconsidera completamente as determinações de gênero, raça e classe engendradas no mercado de trabalho, já que parte de uma visão idealista sobre a escolha racional dos indivíduos.

Paula England e Nancy Folbre (1999) consideram a diferença salarial uma **penalidade de cuidado**. Segundo as autoras, a distinção nos pagamentos tanto individuais quanto nas carreiras mais associadas a um ou a outro gênero decorreria desvalorização das atividades de cuidado:

> Uma grande parte do trabalho de cuidado é feita em casa por membros da família, sem nenhum pagamento. Mulheres fazem a maior parte disso. O trabalho malpago, por definição, implica uma penalidade pecuniária: uma pessoa renuncia a ganhos potenciais que teria trabalhando as mesmas horas em um emprego pago. Além disso, uma vez que o pagamento é afetado por quanta experiência de trabalho uma pessoa tem, mulheres que deixam empregos para criar filhos sofrem penalidades salariais por anos depois de elas terem retornado ao mercado de trabalho. (England; Folbre, 1999, p. 41, tradução nossa)

O segundo enquadramento levantado por England (2005) é o do cuidado como a **produção de um bem público**. Aqui, bens públicos são aqueles que beneficiam mesmo os que não podem pagar por eles; e as ações de cuidado poderiam ser assim qualificadas. Buscando uma definição mais ampla de *care* como atividades que auxiliam a desenvolver as capacidades das pessoas, as ações de cuidado englobam, para além da criação de filhos pequenos, todos os níveis de ensino, da pré-escola à universidade, e todos os trabalhos na área de saúde, como enfermagem, medicina, terapia, nutrição etc. (England, 2005).

Talvez o maior exemplo de investimento numa atividade de cuidado que contribui para o bem público de uma sociedade seja a criação de outro ser humano. Tradicionalmente, a maior parte do trabalho dedicado a essa atividade é familiar, recaindo mormente sobre as mulheres. Nesse sentido, diversas propostas reforçam a necessidade de investimento social na criação:

> Aumentos nos custos privados de criação dos filhos, todavia, estão exercendo uma enorme pressão econômica sobre os responsáveis, principalmente as mães. Os economistas precisam analisar as contribuições do trabalho não mercantilizado para o desenvolvimento do capital humano: à medida que as crianças se tornam cada vez mais bens públicos, a paternidade/maternidade se torna cada vez mais um serviço público. (Folbre, 1994, p. 86, tradução nossa)

Esse tipo de abordagem pode ser utilizado para criticar o fato de que mães ganham em média menos ao desempenhar as mesmas tarefas no mercado de trabalho, além de terem maior instabilidade em seus serviços, sofrendo uma espécie de penalidade pela maternidade. Ainda é possível partir dessas análises para orientar diferentes políticas públicas, que podem ir desde isenções fiscais e complementações salariais a benefícios sociais mais amplos.

O terceiro enquadramento sobre os trabalhos de cuidado é o das **prisioneiras do amor**. Como já mencionamos, as abordagens sobre *care* levam em consideração não apenas o caráter estritamente econômico das atividades, mas também as relações afetivas ligadas a elas. O fato de que há motivações emocionais envolvidas nesse tipo de trabalho resulta em uma diminuição na remuneração. Isso ocorre tanto porque socialmente há uma pressão pelo altruísmo e pela dedicação a pessoas queridas quanto porque o estabelecimento de laços afetivos com os clientes dos serviços de *care* pode coibir as exigências por maiores salários ou melhores condições de trabalho. Nas palavras de Nancy Folbre (2009, p. 311, tradução nossa):

> *As características distintivas do trabalho de cuidado ajudam a explicar a vulnerabilidade econômica das mulheres. Cuidar dos dependentes é custoso e os laços emocionais fazem das cuidadoras primárias "prisioneiras do amor", incapazes ou sem a vontade de ameaçar interromper seus serviços.*

Cabe lembrar que o efeito de constrangimento gerado pelo afeto não recai somente sobre o trabalho pago. Muito do cuidado dispensado pelos pais e mães – principalmente mães – às crianças é fruto de um laço emocional. O senso comum atribuiu essa afetividade às conexões naturais, mas, na realidade, o afeto é desenvolvido justamente na relação de cuidado.

Os laços emocionais da maternidade acabam levando à sobrecarga de trabalho em muitos casos. Em situações de divórcio de casais com filhos é frequente os genitores (homens) não se preocuparem em garantir o afeto, o trabalho ou o dinheiro, que são sua responsabilidade, por conta da certeza de que as mulheres estarão dispostas a suprir essas carências. Nesse sentido, as mães acabam reféns dos vínculos emocionais.

O quarto enquadramento relacionado por England é o da **mercantilização da emoção**, baseado no conceito de trabalho emocional, que detalharemos na próxima seção. *Grosso modo*, tal conceito refere-se ao fato de que os trabalhos de cuidado em geral exigem que as trabalhadoras finjam emoções para desempenhar suas tarefas e conquistar seus salários (England, 2005).

O quinto enquadramento usado nas análises das atividades de cuidado está associado à rejeição da **dicotomia entre amor e dinheiro**.

A mudança da atividade de cuidado da família para os mercados representa uma enorme modificação social. É improvável que os mercados por si próprios forneçam o volume e a qualidade específicos dos cuidados "reais" que a sociedade deseja para crianças, doentes e idosos. O crescente entrelaçamento entre "amor" e "dinheiro" traz a necessidade – e a oportunidade – de pesquisas e ações inovadoras. (Folbre; Nelson, 2000, p. 138, tradução nossa)

Uma pergunta colocada pela abordagem que separa taxativamente amor e dinheiro nas atividades de cuidados é se é possível desempenhar adequadamente um trabalho de *care* sendo pago e não envolvendo um laço afetivo. Posto de outra maneira, o mercado é capaz de oferecer serviços adequados de cuidado? Ou será que o pagamento é justamente o que pode garantir o melhor atendimento?

O feminismo liberal tenderia a acreditar no caminho da mercantilização dos cuidados como forma de libertação das mulheres da sobrecarga com as tarefas de *care*; já autoras críticas como Susan Himmelweit (1995) afirmam que a crescente mercantilização das necessidades diminui a importância das ações que não tomam a forma do consumo mercantil. O enquadramento do amor e dinheiro mostra que essa dicotomia entre mercado e não mercado obsta a compreensão correta dos fenômenos de cuidado.

O dualismo das abordagens dicotômicas acaba reproduzindo essencialismos e estereótipos binários de gênero. As mulheres estariam associadas ao lar, aos cuidados (trabalho reprodutivo), ao amor, à emoção, à fragilidade e à abnegação altruísta, ao passo que os homens estariam relacionados ao mercado, ao trabalho produtivo, ao dinheiro, à razão, à força e ao individualismo. Sabemos que esse dualismo implica uma hierarquia, na qual os aspectos relativos à masculinidade são interpretados como superiores.

Podemos apontar duas soluções diferentes derivadas da crítica à dicotomia entre amor e dinheiro. Julie Nelson (2013) adota uma definição bastante aberta do que são os trabalhos de cuidado. Segundo a autora, todos os trabalhos envolveriam responsabilidade com cuidados, se desempenhados adequadamente e voltados para o bem comum. Assim, nenhuma atividade, seja no âmbito doméstico e familiar, seja no âmbito público e mercantil, estaria dissociada de uma preocupação com os demais. Os motivos pelos quais associaríamos o *care* ao doméstico e ao emocional seriam derivados da reprodução de um padrão sexista e de um baixo padrão ético de nosso comportamento econômico. Nessa lógica, os cuidados seriam algo negligenciado e até desencorajado nas transações econômicas, guiadas pela racionalidade individualista da busca pela vantagem. Nelson (2013) explica como relações de *care* atravessam as relações econômicas nos âmbitos individual, dos negócios e de todo o mercado, enfatizando que a figura do agente econômico sem emoções, guiado pela racionalidade, é uma ficção dos economistas.

Outra solução crítica da dualidade dicotômica, levando em conta a relação entre gênero, raça e classe, é apresentada por Drucilla Baker e Susan Feiner (2009). Elas mostram como determinadas tarefas de cuidado estiveram associadas a mulheres brancas burguesas, enquanto outras – como cozinhar ou limpar – eram consideradas inferiores e apareciam ligadas às mulheres trabalhadoras não brancas. Esta inferioridade segue refletida na realidade das trabalhadoras não brancas que são obrigadas a vender seu trabalho de cuidados para sobreviver. Dessa forma, o argumento de que os cuidados mercantilizados e, consequentemente, pagos seriam inferiores serve como justificativa para diminuir o trabalho e os salários dessas trabalhadoras. A solução é apontada pelas autoras em sua conclusão:

> *A noção de que cuidadoras pagas devem ser motivadas pela preocupação com os outros ou pelo dinheiro trabalha contra as estratégias efetivas para receber maiores salários, melhores condições de trabalho etc. Isto, combinado com a noção de que cuidar é uma competência especial das mulheres, especialmente das mães, impede soluções socialmente progressistas para a crise dos cuidados. A questão continua, como uma ética do cuidado pode ser um discurso de resistência em vez de um discurso de submissão? Para este fim, nós sugerimos substituir a díade mãe/filho(a) como o paradigma de cuidado e, em vez disso, ligar os discursos de cuidado a movimentos sociais coletivistas, como a maternidade ativista, as atividades de cuidado exibidas por comunidades queer durante a crise da AIDS, as creches coletivas organizadas pelos Panteras Negras e outros arranjos de tipo comunal.* (Baker; Feiner, 2009, p. 50, tradução nossa)

E o que é a crise dos cuidados? Ela está relacionada às tensões e dificuldades do mundo atual em suprir as necessidades de cuidados das populações e as diferentes consequências disso para distintos grupos de gênero, classe e raça. A entrada das mulheres em massa no mercado de trabalho foi o primeiro passo. Embora elas continuem a ser responsabilizadas pelos cuidados, há uma mudança de identidade no sentido da recusa em abandonar a carreira profissional e a independência financeira, o que tem afetado a disponibilidade para os cuidados. Somam-se a isso o envelhecimento progressivo da população, um adoecimento crescente, em decorrência justamente das pressões do mercado de trabalho, e um consequente aumento da necessidade desses cuidados.

Ao mesmo tempo, o avanço do neoliberalismo e a reestruturação produtiva reduziram a responsabilidade do Estado e dos empregadores na manutenção de condições mínimas para garantia de cuidados. As atividades de *care* são cada vez mais mercantilizadas e, paradoxalmente, a precarização do trabalho reduz consideravelmente as possibilidades de acesso a essas atividades.

Diante desse cenário de déficit de cuidados, emerge a pergunta: A quem compete oferecer e garantir o *care*? O desmonte das políticas estatais de bem-estar social retira essa responsabilidade do Estado. As empresas, por sua vez, não estão interessadas em modificar suas estruturas, seus funcionamentos e até seus espaços para acomodar essas necessidades. É inevitável, portanto, que esse encargo permaneça no âmbito privado da família, da domesticidade e, consequentemente, corresponda ao trabalho não pago das mulheres.

Os efeitos de um quadro como esse são sentidos de maneiras diferentes em distintos locais e por distintos grupos. A economista espanhola Amaia Orozco (2014) defende que aquilo que se convencionou chamar de *crise dos cuidados* é algo característico dos países do norte global. Isso porque, no Hemisfério Norte, a mercantilização de aspectos crescentes da vida e luta por igualdade de gênero no mercado de trabalho estimularam mulheres brancas a se dedicar mais ao trabalho pago; por conseguinte, verificou-se uma terceirização racializada dos cuidados, por meio do trabalho mais ou menos precarizado, em geral oferecido por mulheres imigrantes. Quanto aos países do sul global, a autora assinala que o escopo da crise é mais amplo, identificando mais propriamente uma crise da reprodução social, já que a maior parte da população não atinge sequer níveis adequados de vida.

Nancy Fraser (2016) declara que essa é uma crise geral, expressão das contradições socioreprodutivas do capitalismo financeirizado. A autora assume o pressuposto de que todas as formas de capitalismo estão ancoradas em contradições ou tendências de crise sociorreprodutivas. Afinal, a reprodução social é uma condição para garantir a acumulação do capital e, paradoxalmente, a orientação capitalista para o acúmulo ilimitado tende a desestabilizar esse próprio processo de reprodução social que sustenta o sistema. Uma visão como essa teria duas vantagens: (1) entender os cuidados como um sistema enraizado na estrutura do capitalismo financeirizado; (2) mostrar que essa crise da reprodução social não é um problema causado pela forma financeira do capitalismo, mas uma consequência tendencial do capitalismo em si (Fraser, 2016).

    O capitalismo financeirizado e globalizado é marcado pela realocação da produção de manufaturas para países nos quais seja possível pagar baixos salários. Nesses países, as mulheres são integradas à força de trabalho, inclusive para baixar o preço geral dela. A presença feminina no mercado de trabalho formal ou informal e os baixos salários externalizam as tarefas de cuidado para as famílias e para a comunidade e, ao mesmo tempo, reduzem a capacidade dessas instituições de desempenhar o *care* adequadamente. O resultado, segundo Fraser (2016), é uma organização dual da reprodução social: mercantilizada para aquelas pessoas que podem pagar pelos cuidados; e privatizada para aquelas que não podem.

    Tomando um contexto globalizado, as mulheres desenvolvem várias estratégias para tentar conciliar seus trabalhos pagos com seus trabalhos não pagos de cuidado. Em geral, essas estratégias envolvem outras mulheres, como mães, amigas, vizinhas ou mesmo empregadas domésticas. Nos países do sul global, essas estratégias também podem passar pela migração para áreas do norte global, deixando as tarefas locais de cuidado com outras pessoas. O tipo emblemático disso é o de mulheres que deixam seus filhos e filhas para serem criados por avós, pelos pais ou por outras responsáveis. Com isso, forjam-se redes transacionais para sustentar lares. Muitas vezes essas mulheres migrantes executam trabalhos de *care* no norte global, como cuidadoras, enfermeiras, babás, faxineiras. Arile Hochschild (2014) designa esse fenômeno como *cadeias globais de cuidado*.

Merece menção o trabalho de Martin Manalansan (2008), autor que questiona a heteronormatividade latente em muitas análises das cadeias globais de cuidados que se limitam a concepções como o amor materno das mulheres. Manalansan (2008) estende sua investigação para experiências de migrantes LGBTQIA+ (Lésbicas, *Gays*, Bissexuais, Transexuais, Travestis, *Queer*, Intersexo e Assexuais) apresentadas em documentários e etnografias. Segundo Manalansan (2008, tradução nossa):

> *Pesquisadores de gênero e migração beneficiar-se-ão do rompimento das suas concepções normativas de domesticidade, amor e cuidado ao não prender esses conceitos a corpos generificados estáticos com habilidades afetivas imutáveis. Nós precisamos de uma abertura analítica e empírica às possibilidades da migração, do gênero e da emoção, o que possibilitará uma politização mais ampla e efetiva das trabalhadoras domésticas globais, recusando-se a tomar seu status afetivo como "natural" e inevitável.*

De qualquer forma, os fluxos migratórios engendraram uma nova divisão sexual e internacional do trabalho na qual estão inseridas essas cadeias globais de cuidado. Nesse caso, o *care* também está associado a novos movimentos do capital em direção a zonas rentáveis para exploração dos trabalhos mercantilizados de cuidados. É o exemplo, citado por Hirata (2016), de empresas de cuidado para pessoas idosas dependentes, com filiais na Europa e América Latina.

Em estudo comparativo sobre Brasil, França e Japão, Hirata (2014) demonstra que o trabalho de cuidado é majoritariamente desenvolvido por mulheres em uma proporção esmagadora. Enquanto na França os cuidados são uma tarefa 90% feminina, no Brasil o índice chega a 95%. Mesmo no Japão, que tem uma porcentagem bastante abaixo da média, as mulheres ocupam pouco mais de 65% desses postos de trabalho. A racialidade aparece na discussão sobre imigração, havendo diferenças significativas entre os três países. Em Paris, a maior parte das cuidadoras é de imigrantes africanas. Em São Paulo, as trabalhadoras de *care* são brasileiras, mas mais da metade é de fora do estado. O caso do Japão é distinto pela dificuldade com o idioma.

Essas observações levam a concordar com Danièle Kergoat (2010): o imbrincamento e o dinamismo presentes na produção coextensiva das relações sociais de classe, sexo e raça são encontrados de maneira paradigmática no trabalho de *care*. Por isso, segundo a autora, essa forma de exploração do trabalho de mulheres é um excelente objeto de estudo quanto à consubstancialidade.

No quadro atual da divisão sexual internacional no trabalho de cuidados, é importante apontar alguns caminhos levantados por autoras preocupadas com a superação da desigualdade de gênero.

Hirata (2016) salienta o papel das políticas públicas e dos movimentos feministas nessa superação, mostrando a importância das mobilizações feministas pela divisão igualitária dos trabalhos de cuidado e pela maior participação estatal na garantia de tais atividades.

Por sua vez, Grecco (2018) reforça que a luta política pode ser uma solução mais eficaz do que o mercado, que propõe a contratação de profissionais para executar as atividades de cuidado, e do que os modelos conciliatórios, que buscam resolver essas tensões no âmbito familiar.

Por fim, Jany-Catrice (2016) equaciona o setor econômico e a ética de cuidados, numa reflexão sobre o laço entre economia e democracia na construção de uma sociedade preocupada com o bem viver.

(6.3)
TRABALHO EMOCIONAL E TRABALHO RELACIONAL

O termo *trabalho emocional* foi cunhado pela socióloga das emoções[3] Arlie Hochschild na década de 1980 para se referir à "administração dos sentimentos para criar uma exposição facial ou corporal publicamente observável" (Hochschild, citada por Bonelli, 2003, p. 357). Essa administração de sentimentos deve apresentar características específicas para ser considerada **trabalho emocional**. Primeiramente, trata-se de um "processo no qual as pessoas tomam como referência um padrão de sentimento ideal construído na interação social", relacionando-se, assim, com expectativas sociais sobre determinados sujeitos (Bonelli, 2003, p. 357). Essas expectativas recaem mais acentuadamente sobre grupos subalternizados socialmente e, nesse sentido, o trabalho emocional é mais acentuado entre mulheres do que entre homens (Bonelli, 2003).

Outra característica importante do trabalho emocional, na visão de Hochschild (citada por Bonelli, 2004, p. 357), é que consiste em trabalho "vendido por um salário e, assim, tem valor de troca". Para se referir a atos desse tipo fora do contexto de mercado de trabalho, ela usa os termos sinônimos "trabalho das emoções" ou "administração das emoções" (Hochschild, citada por Bonelli, 2003, p. 358).

Com base na ideia de trabalho emocional e tendo como enfoque o gênero, é possível complexificar nosso entendimento sobre a atuação das mulheres no mercado de trabalho. Ademais, adotando os conceitos de "trabalho das emoções" e "administração das emoções"

---

[3] *A sociologia das emoções se constituiu como um campo específico da sociologia a partir de meados da década de 1970, tendo como objetivo identificar o caráter social das emoções (Bernardo, 2016).*

de Hochschild, temos subsídios para analisar a questão das emoções no trabalho feminino não remunerado, fora do mercado de trabalho, como o trabalho doméstico e as emoções envolvidas nas relações familiares.

Com relação ao trabalho emocional no contexto remunerado, Hochschild (citada por Bonelli, 2003, p. 359) considera que a "administração institucional das emoções é uma expropriação do indivíduo, porque a finalidade da representação no trabalho emocional é fazer dinheiro". Assim, essa autora relaciona a expropriação da trabalhadora com o controle de seus sentimentos e emoções executado pelo empregador e pelas expectativas sociais do trabalho exercido. Um exemplo citado por Hochschild (citada por Bonelli, 2003, p. 360) é o trabalho das aeromoças, vinculadas a partir dos anos 1960 "aos papéis sociais de noiva, esposa, mãe", sendo esperado que agissem "como se o avião fosse sua casa, e os passageiros seus convidados".

Maria Bonelli (2003, p. 359-360) explica que a obra de Hochschild classifica três características do trabalho emocional: "1) requer contato com o público; 2) o trabalhador precisa produzir um estado emocional em outra pessoa [...]; 3) permite que o empregador exerça algum controle sobre a atividade emocional do empregado, através de treinamento e supervisão".

Nesse sentido, o conceito de trabalho emocional tem sido muito mobilizado em pesquisas sobre profissões que envolvem o trabalho de cuidado e reprodução social. Alguns estudos interessantes abordam os casos de trabalhadores e trabalhadoras da enfermagem (Diogo et al., 2021), da docência (Abramowski, 2018), da limpeza de *shopping centers* (Padilha, 2014) e do atendimento socioeducativo de centros de internação para adolescentes em conflito com a lei (Vinuto, 2021).

Em sua pesquisa sobre cuidadoras de idosos, Anna Bárbara Araújo propõe utilizar a categoria de "demandas morais e emocionais de trabalho" (Araújo, 2019, p. 4) em vez do conceito de "trabalho emocional" proposto por Hochschild. Ela argumenta que o conceito de Hochschild enfatiza a mercantilização das emoções e a ideia de que as trabalhadoras (no caso, as aeromoças) representam um papel para os clientes. Araújo (2019, p. 5) considera que "a mercantilização dos sentimentos diz mais respeito ao trabalhador 'ser' e habitar um papel [...] do que efetivamente representá-lo", abraçando ativamente as demandas morais e emocionais de seu trabalho. A autora defente que:

> *o termo demandas morais e emocionais do trabalho deixa mais claro o caráter simultâneo de imposição e de prescrição pelo qual as emoções e moralidades são organizadas e tornadas parte do trabalho. [...]. Ou seja, me permite discutir transversalmente: 1) como essas demandas se estruturam a partir das relações de gênero e das dinâmicas do mercado de trabalho [...]; 2) como são incorporadas pelas cuidadoras e que tipo de agência elas têm sobre essas demandas e; 3) como se fazem sentir nas interações cotidianas com os idosos. (Araújo, 2019, p. 5)*

Araújo (2019, p. 4) identifica como demandas morais e emocionais do trabalho de cuidadora "o apreço pelo próprio trabalho (ou amor), a paciência e o sacrifício". A pesquisadora comenta haver uma tensão entre as exigências de profissionalização dessas trabalhadoras com a imagem idealizada do cuidado como relacionado à família e aos valores morais e emocionais citados. Ela conclui que essas demandas, associadas ao gênero feminino, constituem um empecilho à valorização do trabalho das cuidadoras. Assim, nesse caso, "é justamente o afastamento dessa subjetividade [a moralidade histórica feminina, ligada ao cuidado e à família] que se converte em estratégia de resistência contra determinadas formas de exploração no trabalho de cuidado" (Araújo, 2019, p. 10).

Embora não utilize diretamente o conceito de trabalho emocional, a investigação de Adriana Piscitelli (2016) sobre a experiência de trabalhadoras brasileiras que migraram para a Espanha trata do tema da expectativa sobre as emoções no trabalho dessas mulheres. Em sua pesquisa, Piscitelli observa que um dos elementos centrais na vida laboral dessas mulheres é a ideia de carinho. Ela entrevistou principalmente trabalhadoras sexuais brasileiras atuando na Espanha, partindo do pressuposto presente no debate público do Brasil de que "certa construção da feminilidade nacional, intensamente sexualizada e marcada pela 'cor', era um aspecto central na dinâmica do 'turismo sexual' internacional, da prostituição de brasileiras no exterior e do tráfico internacional de mulheres com fins de exploração sexual" (Piscitelli, 2016, p. 50).

Lembremos que, para Lélia Gonzalez (2020)[4], as representações das mulheres negras brasileiras são marcadas por uma hipersexualização. Embora a dinâmica de racialização seja diferente no contexto analisado por Piscitelli, podemos considerar que a imagem das mulheres brasileiras é atravessada por certa alteridade étnico-racial – a autora afirma que as brasileiras tendem a se diluir, nesse contexto, "na categoria regional de latino-americanas" (Piscitelli, 2016, p. 50).

O que a pesquisa de Piscitelli (2016) revela é que o principal traço mencionado pelas brasileiras que trabalham na indústria do sexo na Espanha tem relação com o elemento emocional. As próprias trabalhadoras entrevistadas pela pesquisadora associam a brasilidade a afetuosidade, cuidado, amabilidade e alegria. Haveria, assim, uma busca dos clientes espanhóis pelas trabalhadoras brasileiras no sentido de encontrar "relações 'carinhosas'" (Piscitelli, 2016, p. 51).

---

4   *Conferir Capítulo 5.*

É interessante perceber que essa mesma percepção da brasilidade feminina também contribui para que brasileiras inseridas em outros setores dos serviços de cuidado, como o cuidado de idosos, obtenham trabalho. Embora isso possa parecer vantajoso sob alguns aspectos, a percepção da brasilidade feminina como carinhosa também contribui para que essas mulheres se encontrem em situações de assédio sexual "em setores de serviços nos quais há uma intensa pressão para que as migrantes também ofereçam serviços sexuais" (Piscitelli, 2016, p. 52). É o caso do trabalho de cuidadora de idosos e babás, por exemplo.

Assim, o trabalho de cuidado, o trabalho sexual e o trabalho emocional se apresentam complexamente relacionados, atravessados por relações de poder desiguais. Tais relações são "tecidas através de distinções de gênero, nacionalidade/etnicidade, exacerbadas pelo trabalho sexual e mesmo pela situação migratória irregular" (Piscitelli, 2016, p. 53)

Podemos, por fim, tratar do trabalho das emoções característico dass dinâmicas de trabalho não remunerado. Embora não esteja no escopo do conceito de trabalho emocional, é importante sublinhar a relevância do aspecto moral e emocional das atividades realizadas por mulheres no contexto da família. Parte das funções de reprodução social envolve um trabalho emocional, na medida em que os trabalhadores também necessitam de relações permeadas por emoção e sentimentos para se renovarem; os afetos também são necessários para a reprodução de nossas vidas. Em uma leitura mais radical, Silvia Federici (2019, p. 44) argumenta, inclusive, que a criação da ideia de amor romântico no casamento serviu ao propósito de fazer as mulheres se submeterem ao trabalho doméstico não remunerado "como se fosse a melhor coisa da vida".

O amor materno e o cuidado da mãe para com os filhos também foram objetos de análise. Elisabeth Badinter (1985), em sua importante obra *Um amor conquistado: o mito do amor materno*, sublinha o caráter histórico e construído desse sentimento, tomado frequentemente como inerente a uma "natureza feminina" (Badinter, 1985, p. 15). Ela localiza, no século XVIII, principalmente na publicação de *Émile*, do filósofo iluminista Jean-Jacques Rousseau, a cristalização de uma nova ideia da "boa mãe" e do "amor materno" (Badinter, 1985, p. 53).

A autora ressalta que Rousseau não trata sobre os cuidados com as crianças em termos de instinto, mas sempre em termos de moral (Badinter, 1985). Com isso, a educação tem uma contribuição fundamental para a transformação da mulher em seu papel de mãe. De acordo com Badinter (1985, p. 240), o "discurso moralizador" de Rousseau foi herdado pelos séculos subsequentes e ressoa na atualidade.

Badinter (1985, p. 237) acrescenta que a psicanálise promoveu a mãe à "grande responsável" pela felicidade dos filhos, determinando o papel que, se evitado, leva necessariamente à condenação moral pela sociedade. Conforme a autora, "Primeiro, qualquer pessoa que não a mãe (o pai, a ama etc.) pode 'maternar' uma criança. Segundo, não é só o amor que leva a mulher a cumprir seus 'deveres maternais'. A moral, os valores sociais, ou religiosos, podem ser incitadores tão poderosos quanto o desejo da mãe" (Badinter, 1985, p. 16).

Retomando as considerações de Anna Bárbara Araújo (2019), é necessário matizar tais considerações com a agência dos sujeitos que desempenham trabalhos envolvendo emoções. Se, por um lado, há expectativas sociais e normas de gênero envolvidas, por outro, também há algum grau de autonomia e atuação consciente dos sujeitos.

Síntese

Neste capítulo, discutimos aspectos do trabalho marcados pelas relações de gênero. Traçamos um panorama de como a crise do capital dos anos 1970 deu origem a uma reestruturação produtiva balizada por formas precarizadas de trabalho. O esgotamento do modelo fordista/taylorista que havia marcado a social-democracia deu lugar à expansão do toyotismo pelo mundo, ainda que de maneira heterogênea, cujo emblema seria a perda de direitos sociais.

Analisamos como, no último quartel do século XX, a expansão do trabalho feminino foi acompanhada pelas formas contemporâneas de trabalho, baseadas na flexibilização e na introdução de tecnologia. Observamos que as mulheres têm ocupado postos mais precarizados, como o trabalho subcontratado e parcial, sob o signo da informalidade, de baixas garantias e desigualdade salarial. Exemplificamos a deterioração das condições do trabalho feminino ao longo das cadeias produtivas, sobretudo nos setores têxtil e calçadista, em que o trabalho domiciliar se tornou uma realidade bastante difundida.

Discutimos como os trabalhos de cuidado adicionaram uma dimensão afetivo-emocional aos debates acerca dos trabalhos domésticos, observando que tais atividades são tradicionalmente associadas ao gênero feminino. Nessa perspectiva, foi possível analisar os elementos que levam a uma desvalorização desse tipo de trabalho diante de outros e a sobrecarga que isso gera nas mulheres, especialmente em contextos de avanço do neoliberalismo e da chamada *crise dos cuidados*. Explicamos que tal crise gera uma nova divisão sexual internacional do trabalho, com diferentes resultados, considerando a intersecção entre gênero, raça e classe.

Finalmente, abordamos a noção da expressão *trabalho emocional* cunhada pela socióloga Arlie Hochschild nos anos 1980 (Bonelli,

2003), que tem servido de ferramenta teórica para analisar a atuação das mulheres no mercado de trabalho, em associação às clivagens de gênero. Graças às suas características, o trabalho emocional tem sido empregado nas análises sobre trabalho de cuidado e reprodução social, embora possa servir ao estudo de quaisquer trabalhos que envolvam emoções.

Indicações culturais

Assista aos filmes indicados a seguir para aprofundar a reflexão sobre o capítulo. Em *Que horas ela volta* (2015), o mote é o trabalho doméstico no Brasil contemporâneo e sua imbricação com as heranças coloniais. Em *Eu me importo* (2020), é tematizado o trabalho de cuidado direcionado a idosos, o papel do Estado e das instituições privadas no oferecimento desse cuidado.

QUE HORAS ela volta? Direção: Ana Mylaert. Brasil: Pandora Filmes, 2015. 112 min.

EU ME IMPORTO. Direção: Jonathan Blakerson. EUA: Netflix, 2020. 118 min.

Atividades de autoavaliação

1. A precarização contemporânea do trabalho emergiu no contexto de:
   a) bonança do capital e necessidade de manter o fordismo/taylorismo.
   b) expansão do capital e necessidade de manter os padrões de vida propiciados pela social-democracia.
   c) crise estrutural do capital e substituição do padrão fordista e taylorista de produção.

d) crescimento do modelo regulatório da social-democracia, que não foi prejudicado pela crise capitalista.
e) necessidade de superação do toyotismo como modelo produtivo.

2. Segundo Antunes (2000), a reestruturação produtiva gerou uma flexibilização das relações de trabalho, também chamada de *precarização*. No novo modelo, a reestruturação produtiva
a) aumentou o proletariado fabril estável.
b) diminuiu o trabalho precarizado de terceirizados e subcontratados.
c) gerou diminuição do trabalho feminino.
d) aumentou a quantidade de assalariados médios e de serviços.
e) excluiu a participação de crianças no mercado de trabalho.

3. O trabalho de cuidado **não** engloba atenção a
a) crianças.
b) idosos.
c) doentes.
d) vulneráveis.
e) atividades fabris.

4. Sobre o trabalho de cuidado, Paula England (1999) definiu cinco grandes abordagens para o tema. Assinale a alternativa que **não** apresenta uma dessas cinco abordagens:
a) Enquadramento da desvalorização.
b) Enquadramento do bem público.
c) Enquadramento das prisioneiras do amor.
d) Enquadramento da mercantilização da emoção.
e) Enquadramento do desentendimento e sexo.

5. A crise dos cuidados, que é a dificuldade do mundo atual em suprir necessidades de cuidados das populações, pode ser relacionada a diversos fatores. Assinale a alternativa que apresenta um fator que **não** contribuiu para a crise dos cuidados.
   a) Entrada em massa das mulheres no mercado de trabalho.
   b) Construção de uma identidade das mulheres vinculada à carreira e à independência financeira e recusa em abandoná-la.
   c) Envelhecimento progressivo da população.
   d) Melhora nos índices de saúde da população, que necessita de menos cuidados.
   e) Avanço do neoliberalismo e redução das responsabilidades do Estado.

Atividades de aprendizagem

Questões para reflexão

1. Ao tratarmos das cadeias produtivas, explicamos que, na terceirização do trabalho, há um movimento de subcontratação de mulheres, em situações de emprego ainda mais vulnerável do que aquelas que contratam. Pensando nisso, na precarização do trabalho e no trabalho de cuidados, qual é a rede de pessoas e subcontratação que se forma quando as cuidadoras necessitam do trabalho de cuidados em suas vidas privadas? Quem cuida dos doentes das famílias das cuidadoras? Quem cuida dos filhos das babás?

2. Quem paga pelos cuidados quando eles são necessários nas famílias das cuidadoras, uma vez que o neoliberalismo enxugou o Estado?

Atividade aplicada: prática

1. Considerando a ideia exposta na Seção 6.2, de que o trabalho de cuidados é que estabelece os vínculos na maternidade, escolha um dos capítulos da segunda parte do livro *O conflito: a mulher e a mãe*, de Elisabeth Badinter (1985) – Capítulo II: *A santa aliança dos reacionários*; Capítulo III: *Mães, vocês lhes devem tudo!*; Capítulo IV: *O império do bebê* – e elabore uma síntese na qual você relacione o capítulo escolhido às ideias expostas nas Seções 6.2 e 6.3 sobre trabalho de cuidados e trabalho emocional.

Considerações finais

Embora as desigualdades de gênero persistam no mundo do trabalho – afinal, elas se tornaram, como descrevemos ao longo desta obra, parte do sistema social em que vivemos –, já não se pode discutir relações de trabalho sem considerar a dimensão do gênero. Assim, propusemos aqui apresentar um panorama de diversas discussões sobre gênero e trabalho para dar suporte a estudantes, pesquisadores e pesquisadoras que desejam aprofundar seus estudos e possíveis análises sobre questões englobadas nesse grande tema. Conforme relatamos, a teoria feminista teve papel central nas formulações intelectuais sobre a relação entre gênero e o mundo do trabalho, apontando inclusive para a necessidade de pensar de maneira integrada as relações sociais de gênero, classe social e raça.

As discussões desenvolvidas neste livro apontam para diferentes caminhos que podem ser trilhados pelo(a) leitor(a). A dimensão histórica dos debates permite analisar o desenvolvimento de diferentes conceitos e noções de acordo com a época em que surgiram, o campo intelectual e político em que se inseriram e as formas como foram se transformando com o tempo. É o caso, por exemplo, de conceitos como **gênero**, **patriarcado** e **interseccionalidade**, fundamentais para os estudos de gênero e trabalho na atualidade, mas que carregam consigo construções históricas próprias, que ajudam a compreender as relações sociais em que tais conceitos foram forjados, bem como novos caminhos a serem traçados.

História e política se imiscuem constantemente neste livro, já que toda a discussão sobre gênero e trabalho implica diretamente problemas e demandas políticas de diferentes grupos sociais. Essas demandas se transformaram em ação em diversos momentos, o que engendra uma relação necessária entre construção de conhecimento e intervenção na realidade prática em muitos dos temas que abordamos aqui. Pensar as discussões apresentadas em sua dimensão histórica não significa apenas olhar para o caminho que levou a elas, mas também atentar para seu potencial político e transformador. Não à toa, muitos dos autores e autoras com quem dialogamos neste livro integraram organizações de movimentos sociais, buscando articular teoria e prática.

Convém alertamos que aqui tratamos de diferentes contextos nacionais. Movimentos feministas dos países centrais, particularmente o francês e o estadunidense, tiveram inegável influência global. O feminismo brasileiro, por sua vez, foi diretamente influenciado pela experiência francesa no caso das mulheres que fundaram as primeiras organizações autoproclamadas *feministas* no Brasil dos anos 1970, tendo conhecido o feminismo na Europa e buscado formas de construir uma perspectiva feminista em um Brasil ditatorial. Autoras feministas negras norte-americanas têm sido crescentemente reivindicadas pelo feminismo no Brasil, pioneiramente pelas feministas negras e atualmente por todas aquelas que buscam um feminismo dito *interseccional*, ou sensível à questão racial.

Contudo, enfatizamos, como propôs Lélia Gonzalez (2020), nosso contexto periférico, primeiro como país latino-americano e depois propriamente como Brasil. As diferentes realidades nesse país de dimensões continentais deram origem a movimentos feministas e de mulheres trabalhadoras muito diversos, com demandas específicas. Não obstante, guardam em comum a experiência colonial e a conformação patriarcal e racista de uma nação construída em quatro séculos de escravidão. Essa discussão tem de necessariamente constar em qualquer debate sério sobre gênero e trabalho no contexto nacional.

Para aqueles e aquelas estudantes que se formarão professores de História, compreender a importância das relações de gênero e raça no mundo do trabalho é um pressuposto para que a construção do conhecimento em sala de aula aconteça com a devida complexidade. Longe de constituir meras discussões acadêmicas, as clivagens de gênero e raça no mundo do trabalho estão presentes de formas muito claras na vida dos estudantes e na dinâmica escolar. Basta reconhecermos quais grupos demográficos ocupam majoritariamente os cargos de trabalho de serviços gerais, ou qual é o gênero da maior parte das pessoas que atuam na educação infantil e nas séries iniciais. Pensar em gênero e trabalho também é desnaturalizar o ambiente escolar, o que é necessário para o cultivo de sujeitos que pensem criticamente a realidade em que se inserem.

O tema gênero e trabalho é ainda um campo de pesquisa frutífero e vasto. Qualquer pesquisa que tenha como objeto o mundo do trabalho pode e deve considerar a dimensão de gênero para complexificar a análise proposta. Alguns tópicos interessantes podem ser destacados, como: gênero e sexualidade no mercado de trabalhadores e trabalhadoras sexuais; gênero no trabalho de cuidado – remunerado ou doméstico; a inserção de mulheres em campos de trabalho visto como preferencialmente masculinos; o acesso à educação profissionalizante e vieses de gênero; direitos trabalhistas e desigualdade de gênero etc.

As relações de gênero, raça e classe são constitutivas de nossa sociedade. Assim, seja no contexto escolar, seja no meio acadêmico ou no cotidiano, um olhar analítico que considere tais questões pode mudar nossa compreensão sobre muitos dos fenômenos e das realidades que nos cercam.

Referências

ABRAMO, L. W. **A inserção da mulher no mercado de trabalho**: uma força de trabalho secundária? 327 f. Tese (Doutorado em Sociologia) – Universidade de São Paulo, São Paulo, 2007.

ABRAMOWSKI, A. L. La afectividad docente: Narrativa Sentimental, Trabajo Emocional y Atmósferas Afectivas en la labor de los Maestros en Argentina (1920-1940). **Revista Brasileira de História da Educação**, v. 18, p. 1-21, 2018. Disponível em: <https://www.scielo.br/j/rbhe/a/yrNtLnMmhnnpLWVMT9HZz3b/?format=pdf&lang=es>. Acesso em: 22 ago. 2022.

ABREU, M. L. G. Feminismo materialista na França: sócio-história de uma reflexão. **Revista Estudos Feministas**, Florianópolis, v. 26, n. 3, 2018, p. 1-17. Disponível em: <https://periodicos.ufsc.br/index.php/ref/article/view/54237/37914>. Acesso em: 17 ago. 2022.

ALMEIDA, S. L. **Racismo estrutural**. São Paulo: Sueli Carneiro; Pólen, 2019.

ANTUNES, R. Trabalho e precarização numa ordem neoliberal. In: FRIGOTO, G.; GENTILI, P. **La Ciudadania Negada**: Políticas de Exclusión en la Educación y el Trabajo. Buenos Aires: Clacso, 2000.

ARAÚJO, A. B. Gênero, reciprocidade e mercado no cuidado de idosos. **Estudos Feministas**, Florianópolis, v. 27, n. 1, p. 1-13, 2019. Disponível em: <https://periodicos.ufsc.br/index.php/ref/article/view/1806-9584-2019v27n145553/38944>. Acesso em: 22 ago. 2022.

ARAUJO, Â. M. C.; AMORIM, E. R. A. Redes de subcontratação e trabalho a domicílio na indústria de confecção: um estudo na região de Campinas. **Cadernos Pagu**, n. 17, p. 267-310, 2001. Disponível em: <https://www.scielo.br/j/cpa/a/C9ZXZQzWkTLhSvJzVJHbhXb/?format=pdf&lang=pt>. Acesso em: 22 ago. 2022.

ARRUZZA, C. **Ligações perigosas**: casamentos e divórcios entre marxismo e feminismo. São Paulo: Usina, 2019.

BADINTER, E. **Um amor conquistado**: o mito do amor materno. Rio de Janeiro: Nova Fronteira, 1985.

BAKAN, A. Marxismo e antirracismo: repensando a política da diferença. **Revista Outubro**, n. 27, p. 45-76, nov. 2016. Disponível em: <http://outubrorevista.com.br/wp-content/uploads/2016/11/02_Bakan_2016.pdf>. Acesso em: 16 ago. 2022.

BAKER, D.; FEINER, S. F. Affect, Race, and Class: an Interpretative Reading of Caring Labor. **Frontiers**: a Journal of Women Studies, v. 30, n. 1, p. 41-54, 2009.

BANNERJI, H. **Thinking Through**: Essays on Feminism, Marxism and Anti-racism. Toronto: Women's Press, 1995.

BARRETT, M.; MCINTOSH, M. Christine Delphy: Towards a Materialist Feminism? **Feminist Review**, n. 1, 1979, p. 95-196.

BARRETO, R. Lélia Gonzalez: uma intérprete do Brasil. In: GONZALEZ, L. **Primavera para as rosas negras**: Lélia Gonzalez em primeira pessoa. São Paulo: Diáspora Africana, 2018.

BEAUVOIR, S. **O segundo sexo**. Rio de Janeiro: Nova Fronteira, 2009.

BEBEL, A. **La Mujer y el Socialismo**. Habana: Editorial de Ciencias Sociales, 1986.

BENSTON, M. Political Economy of Women's Liberation. In: HENESSY, R.; INGRAHAM, C. (Ed.). **Materialist Feminism**: a Reader in Class, Difference, and Women's Lives. London; New York: Routledge, 1997. p. 17-23.

BENSTON, M. **The Political Economy of Women's Liberation**. S.l.: S.n., 1969. Panfleto.

BERNARDO, A. A. O campo da sociologia das emoções: relevância acadêmica e perspectivas de análise. **Revista Urutágua**, Maringá, n. 34, p. 156-173, jun./nov. 2016. Disponível em: <https://periodicos.uem.br/ojs/index.php/Urutagua/article/view/31727/17937>. Acesso em: 22 ago. 2022.

BHATTACHARYA, T. Introduction: Mapping Social Reproduction Theory. In: BHATTACHARYA, T. (Org.). **Social Reproduction Theory**: Remapping Class, Recentering Oppression. London: Pluto Press, 2017.

BIRD, R.; CODDING, B. The Sexual Division of Labor. In: SCOTT, R.; KOSSLYN, S. (Ed.). **Emerging Trends in the Social and Behavioral Sciences**. Nova Jersey: John Wiley & Sons, 2015.

BLACKBURN, S. **Dicionário Oxford de filosofia**. Rio de Janeiro: J. Zahar, 1997.

BONELLI, M. G. Arlie Russell Hochschild e a sociologia das emoções. **Cadernos Pagu**, n. 21, p. 357-372, 2003. Disponível em: <https://www.scielo.br/j/cpa/a/B6bYMqGqpzgvqkjy9JFgwyj/?format=pdf&lang=pt>. Acesso em: 22 ago. 2022.

BOURDIEU, P. **A dominação masculina**. Rio de Janeiro: Bertrand Brasil, 2012.

BOURDIEU, P. **Sobre a televisão**. Rio de Janeiro: J. Zahar, 1997.

BRASIL. Emenda Constitucional n. 72, de 2 de abril de 2013. **Diário Oficial da União**, Poder Legislativo, Brasília, 4 abr. 2013. Disponível em: <http://www.planalto.gov.br/ccivil_03/constituicao/emendas/emc/emc72.htm>. Acesso em: 19 ago. 2022.

BRUSCHINI, C. Trabalho doméstico: inatividade econômica ou trabalho não remunerado? **Revista Brasileira de Estudos de População**, v. 23, n. 2, p. 331-353, jul./dez. 2006. Disponível em: <https://www.scielo.br/j/rbepop/a/vG3HhnyjrSY7vFZFhSqWL7N/?format=pdf&lang=pt>. Acesso em: 22 ago. 2022.

BRUSCHINI, C. Trabalho e gênero no Brasil nos últimos dez anos. **Cadernos de Pesquisa**, v. 37, n. 132, p. 537-572, set./dez. 2007. Disponível em: <https://www.scielo.br/j/cp/a/KybtYCJQvGnnFWWjcyWKQrc/?format=pdf&lang=pt>. Acesso em: 22 ago. 2022.

BRUSCHINI, C. **Trabalho feminino no Brasil**: novas conquistas ou persistência da discriminação? Prepared for Delivery at the 1998 Meeting of the Latin American Studies Association (LASA). Chicago, USA, Sept. 24-26, 1998. Disponível em: <http://biblioteca.clacso.edu.ar/ar/libros/lasa98/Bruschini.pdf>. Acesso em: 22 ago. 2022.

BRUSCHINI, C.; LOMBARDI, M. R. Instruídas e trabalhadeiras: trabalho feminino no final do século XX. **Cadernos Pagu**, n. 17, p. 157-196, 2002. Disponível em: <https://www.scielo.br/j/cpa/a/VTDTBZBKQjxkmCK8BQttYVw/?format=pdf&lang=pt>. Acesso em: 22 ago. 2022.

BUTLER, J. **Problemas de gênero**: feminismo e subversão da identidade. Rio de Janeiro: Civilização Brasileira, 2020.

CANTO das três raças. Intérprete: Clara Nunes. Compositores: Mauro Duarte (música) e Paulo César Pinheiro (letra). In: CANTO das três raças. Intérprete: Clara Nunes. São Paulo: EMI-Odeon Brasil, 1976. 1 disco vinil, lado A, faixa 1 (4 min 22 s).

CARBIN, M; EDENHEIM, S. The Intersectional Turn in Feminist Theory: a Dream of a Common Language? **European Journal of Women's Studies**, p. 1-16, Aug. 2013. Disponível em: <https://www.researchgate.net/publication/258135286_The_intersectional_turn_in_feminist_theory_A_dream_of_a_common_language>. Acesso em: 18 ago. 2022.

CARCANHOLO, R.; SABADINI, M. Sobre o capital e a mais-valia. In: CARCANHOLO, R. (Org.). **Capital**: essência e aparência. São Paulo: Expressão Popular, 2011.

CARNEIRO, S. Enegrecer o feminismo: a situação da mulher negra na América Latina a partir de uma perspectiva de gênero. In: HOLLANDA, H. B. (Org.). **Pensamento feminista**: conceitos fundamentais. Rio de Janeiro: Bazar do Tempo, 2019. *E-book* (não paginado).

CARNEIRO, S. **Escritos de uma vida**. Belo Horizonte: Letramento, 2018.

CARNEIRO, S. Gênero, raça e ascensão social. **Estudos feministas**, Florianópolis, n. 2, p. 544-552, 1995. Disponível em: <https://periodicos.ufsc.br/index.php/ref/article/view/16472>. Acesso em: 19 ago. 2022.

CARNEIRO, S. Mulheres em movimento. **Estudos Avançados**, v. 17, n. 49, p. 117-132, 2003. Disponível em: <https://www.revistas.usp.br/eav/article/view/9948>. Acesso em: 19 ago. 2022.

CAVALLARO, D. **French Feminist Theory**. Londres; Nova York: Continuum, 2003.

CERQUEIRA, D.; BUENO, S. (Coord.). **Atlas da Violência 2020**. Brasília: Ipea, 2020. Disponível em: <https://www.ipea.gov.br/portal/images/stories/PDFs/relatorio_institucional/200826_ri_atlas_da_violencia.pdf>. Acesso em: 19 ago. 2022.

CISNE, M. Relações sociais de sexo, "raça"/etnia e classe: uma análise feminista-materialista. **Temporalis**, Brasília, ano 14, n. 28, p. 133-149, jul./dez. 2014. Disponível em: <https://dialnet.unirioja.es/descarga/articulo/5010761.pdf>. Acesso em: 17 ago. 2022.

CISNE, M.; FALQUET, J. Economia Política sob uma análise feminista materialista: a imbricação das relações sociais de sexo, raça e classe. **Serviço Social em Revista**, Londrina, v. 22, n. 2, p. 425-440, jan./jun. 2020. Disponível em: <https://www.researchgate.net/publication/343094143_Economia_politica_sob_uma_analise_feminista-materialista_a_imbricacao_das_relacoes_sociais_de_sexo_raca_e_classe>. Acesso em: 17 ago. 2022.

COLLINS, P. H. O que é um nome? Mulherismo, Feminismo Negro e além disso. **Cadernos Pagu**, n. 51, 2017. Disponível em: <https://www.scielo.br/j/cpa/a/P3Hpz4XQsPqSqJJLm9KH6tC/?format=pdf&lang=pt>. Acesso em: 15 maio 2022.

COLLINS, P. H. **Pensamento feminista negro**: conhecimento, consciência e a política do empoderamento. São Paulo: Boitempo, 2019.

COLLINS, P. H.; BILGE, S. **Interseccionalidade**. São Paulo: Boitempo, 2021.

COMBAHEE RIVER COLLECTIVE. Manifesto do Coletivo Combahee River. Tradução de Stefania Pereira e Letícia Simões Gomes. **Plural, Revista do Programa de Pós-Graduação em Sociologia da USP**, São Paulo, v. 26, n. 1, p. 197-207, jun. 2019. Disponível em: <https://www.revistas.usp.br/plural/article/view/159864/154434>. Acesso em: 18 ago. 2022.

CONNELL, R.; PEARSE, R. **Gênero**: uma perspectiva global. São Paulo: nVersos, 2015.

CONRAD, S. **O que é história global?** Tradução de Teresa Furtado e Bernardo Cruz. Lisboa: Edições 70, 2019.

CRENSHAW, K. Demarginalizing the Intersection of Race and Sex: A Black Feminist Critique of Antidiscrimination Doctrine, Feminist Theory and Antiracist Politics. **University of Chicago Legal Forum**, n. 1, p. 139-167, 1989. Disponível em: <https://chicagounbound.uchicago.edu/cgi/viewcontent.cgi?article=1052&context=uclf>. Acesso em: 18 ago. 2022.

CRENSHAW, K. Documento para o encontro de especialistas em aspectos da discriminação racial relativos ao gênero. **Estudos Feministas**, Florianópolis, v. 10, n. 1, p. 171-188, 2002. Disponível em: <https://www.scielo.br/j/ref/a/mbTpP4SFXPnJZ397j8fSBQQ/?format=pdf&lang=pt>. Acesso em: 18 ago. 2022.

CRENSHAW, K. Mapping the Margins: Intersectionality, Identity Politics, and Violence Against Women of Color. **Stanford Law Review**, v. 43, p. 1241-1299, 1993.

CURIEL, O. **Género, Raza, Sexualidad**: debates contemporaneos. 2008. Disponível em: <http://www.urosario.edu.co/urosario_files/1f/1f1d1951-0f7e-43ff-819f-dd05e5fed03c.pdf>. Acesso em: 15 maio 2022.

CURIEL, O. **La nación heterosexual**: análisis del discurso jurídico y el régimen heterosexual desde la antropologia de la dominación. Bogotá: Brecha lésbica; En la Frontera, 2013.

DAVIS, A. **Atravessando o tempo e construindo o futuro da luta contra o racismo**. Tradução de Naruna Costa. Palestra de Angela Davis na Universidade Federal da Bahia. Salvador. 25 jul. 2017. Disponível em: <https://lucianagenro.com.br/2017/07/o-discurso-completo-de-angela-davis-na-ufba>. Acesso em: 10 jun. 2022.

DAVIS, A. **Estarão as prisões obsoletas?** Rio de Janeiro: Difel, 2018.

DAVIS, A. **Mulheres, raça e classe**. São Paulo: Boitempo, 2016.

DELPHY, C. Form a Materialist Feminism. In: HENESSY, R.; INGRAHAM, C. (Ed.) **Materialist Feminism**: a Reader in Class, Difference, and Women's Lives. London; New York: Routledge, 1997. p. 59-64.

DELPHY, C. **Main Enemy**. London: Women's Research and Resources Centre Publications, 1977.

DELPHY, C. O inimigo principal: a economia política do patriarcado. **Revista Brasileira de Ciência Política**, Brasília, n. 17, p. 99-119, maio/ago. 2015. Disponível em: <https://www.scielo.br/j/rbcpol/a/wwgKkcLrkZv5qgnF6kRQfXs/?format=pdf&lang=pt>. Acesso em: 15 ago. 2022.

DELPHY, C. Patriarcado. In: HIRATA, H. et al. (Org.). **Dicionário crítico do feminismo**. São Paulo: Ed. da Unesp, 2009. p. 173-178.

DELPHY, C.; LEONARD, D. A Materialist Feminism is Possible. **Feminist Review**, n. 4, p. 79-105, 1980.

DIAS, M. O. L. S. Teoria e método dos estudos feministas: perspectiva histórica e hermenêutica do cotidiano. In: COSTA, A.; BRUSCHINNI, C. (Org.). **Uma questão de gênero**. Rio de Janeiro: Rosa dos Tempos; São Paulo: Fundação Carlos Chagas, 1992. p. 39-53.

DIOGO, P. M. J. et al. Trabalho emocional de enfermeiros na linha de frente do combate à pandemia de Covid-19. **Revista Brasileira de Enfermagem**, n. 74, p. 1-9, 2021, suppl. 1. Disponível em: <https://www.scielo.br/j/reben/a/gGvSvWDpB8Hb7rqhJFLmqHn/?format=pdf&lang=pt>. Acesso em: 22 ago. 2022.

DRUCK, G.; BORGES, A. Terceirização: balanço de uma década. **Caderno CRH**, Salvador, n. 37, p. 111-139, jul./dez. 2002. Disponível em: <https://periodicos.ufba.br/index.php/crh/article/view/18604/11978>. Acesso em: 22 ago. 2022.

DUBY, G.; PERROT, M. **História das mulheres no Ocidente**. São Paulo: Edições Afrontamento, 1994.

ENGELS, F. **A origem da família, da propriedade privada e do Estado**. São Paulo: Boitempo, 2019.

ENGLAND, P. Emerging Theories of Care Work. **Annual Review of Sociology**, n. 31, p. 381-399, 2005.

ENGLAND, P.; FOLBRE, N. The Cost of Caring. **The Annals of the American Academy of Political and Social Science**, v. 561, p. 39-51, jan. 1999.

FALQUET, J. Repensar as relações sociais de sexo, classe e "raça" na globalização neoliberal. **Mediações**, v. 13, n. 1-2, p. 121-142, 2008. Disponível em: <https://www.uel.br/revistas/uel/index.php/mediacoes/article/download/3290/2702>. Acesso em: 15 maio 2022.

FEDERICI, S. **Calibã e a bruxa**: mulheres, corpo e acumulação primitiva. São Paulo: Elefante, 2017.

FEDERICI, S. **O ponto zero da revolução**: trabalho doméstico, reprodução e luta feminista. São Paulo: Elefante, 2019.

FERGUSON, S. Feminismos interseccional e da reprodução social: rumo a uma ontologia integrativa. **Cadernos Cemarx**, n. 10, p. 13-38, 2017.

FERGUSON, S. **Women and Work**: Feminism, Labour, and Social Reproduction. London: Pluto Press, 2020.

FERGUSON, S.; MCNALLY, D. Capital, força de trabalho e relações de gênero. **Revista Outubro**, n. 29, 2017. Disponível em: <http://outubrorevista.com.br/wp-content/uploads/2017/11/02_McNally-e-Ferguson_2017.pdf>. Acesso em: 15 ago. 2022.

FERNANDES, F. **A integração do negro na sociedade de classes**: o legado da "raça branca". São Paulo: Globo, 2008. v. 1.

FERNANDES, F. **A Revolução burguesa no Brasil**: ensaio de interpretação sociológica. São Paulo: Globo, 2006.

FERNANDES, F. **Significado do protesto negro**. São Paulo: Expressão Popular; Fundação Perseu Abramo, 2017.

FIGUEIREDO FILHO, C. F.; OLIVEIRA, N. C. Contribuições das teses marxistas da marginalidade para a análise das classes trabalhadoras e dos movimentos sociais. In: VII COLÓQUIO INTERNACIONAL MARX E ENGELS, 7., 2012, Campinas. **Anais**... Campinas: Cemarx, 2012. p. 1-10. Disponível em: <https://www.ifch.unicamp.br/formulario_cemarx/selecao/2012/trabalhos/6341_Filho_Carolina.pdf>. Acesso em: 19 ago. 2022.

FOLBRE, N. Children as Public Goods. **The American Economic Review**, v. 84, n. 2, p. 86-90, May 1994.

FOLBRE, N. **Greed, Lust and Gender:** a History of Economics Ideas. Oxford: Oxford University Press, 2009.

FOLBRE, N.; NELSON, J. For Love or Money – or Both? **The Journal of Economic Perspectives**, v. 14, n. 14, p. 123-140, 2000.

FRASER, N. Contradictions of Capital and Care. **New Left Review**, n. 100, p. 99-117, 2016. Disponível em: <https://newleftreview.org/issues/ii100/articles/nancy-fraser-contradictions-of-capital-and-care>. Acesso em: 22 ago. 2022.

FREIRE, P. **Pedagogia do oprimido**. Rio de Janeiro: Paz e Terra, 2013.

FRIEDAN, B. **Mística feminina**. Petrópolis: Vozes, 1971.

FRIZZO, F. **Uma história do pensamento histórico do século XIX**. Curitiba: Intersaberes, 2018.

GILLIAN, C. **Uma voz diferente:** psicologia da diferença entre homens e mulheres da infância à vida adulta. Rio de Janeiro: Rosa dos Tempos, 1982.

GOLDMAN, W. **Mulher, Estado e revolução**. São Paulo: Boitempo, 2014.

GONÇALVES, A. L. **História e gênero**. Belo Horizonte: Autêntica, 2006.

GONÇALVES, R. Dinâmica sexista do capital: feminização do trabalho precário. **Lutas Sociais**, São Paulo, n. 9/10, p. 125-131, 2003. Disponível em: <https://revistas.pucsp.br/index.php/ls/article/view/25776/18420>. Acesso em: 12 ago. 2022.

GONZALEZ, L. **Por um feminismo afro-latino-americano**: ensaios, intervenções e diálogos. Rio de Janeiro: Zahar, 2020.

GONZALEZ, L; HASENBALG, C. **Lugar de negro**. Rio de Janeiro: Marco Zero, 1982.

GRECCO, F. S. Trabalho doméstico e de cuidados sob a ótica da teoria da reprodução social. **Mediações**, Londrina, v. 23, n. 3, p. 70-102, set./dez. 2018. Disponível em: <https://www.uel.br/revistas/uel/index.php/mediacoes/article/download/34318/31450>. Acesso em: 15 maio 2022.

GUILLAUMIN, C. The Practice of Power and Belief in Nature. In: LEONARD, D.; ADKINS, L. (Ed.). **Sex Questions**: French Materialist Feminism. London: Taylor & Francis, 2005. p. 73-109.

GUIRALDELLI, R. Adeus à divisão sexual do trabalho? Desigualdade de gênero na cadeia produtiva da confecção. **Revista Sociedade e Estado**, v. 27, n. 3, p. 709-732, set./dez. 2012. Disponível em: <https://www.scielo.br/j/se/a/93kRWJRdWyT85LKRxtLZj3n/?format=pdf&lang=pt>. Acesso em: 22 ago. 2022.

HARTMANN, H. The Unhappy Marriage of Marxism and Feminism: towards a more progressive union. In: SARGENT, L. (Ed.) **Women and Revolution**: a Discussion of the Unhappy Marriage of Marxism and Feminism. Montreal: Black Rose Books, 1981.

HEILBORN, M. L.; RODRIGUES, C. Gênero: breve história de um conceito. **Aprender: Caderno de Filosofia e Psicologia da Educação**, n. 20, p. 9-21, jul./dez. 2018. Disponível em: <https://periodicos2.uesb.br/index.php/aprender/article/view/4547/3591>. Acesso em: 15 ago. 2022.

HEMMINGS, C. Contando estórias feministas. **Estudos Feministas**, Florianópolis, v. 17, n. 1, p. 215-241, jan./abr. 2009. Disponível em: <https://periodicos.ufsc.br/index.php/ref/article/view/S0104-026X2009000100012/10991>. Acesso em: 15 ago. 2022.

HIMMELWEIT, S. The Discovery of "unpaid work": the social consequences of the expansion of "work". **Feminist Economics**, v. 1, n. 2, p. 1-19, 1995.

HIRATA, H. Gênero, classe e raça: interseccionalidade e consubstancialidade das relações sociais. **Tempo Social, Revista de Sociologia da USP**, v. 26, n. 1, p. 61-73, 2014. Disponível em: <https://www.revistas.usp.br/ts/article/view/84979/87743>. Acesso em: 16 ago. 2022.

HIRATA, H. **Nova divisão sexual do trabalho?** Um olhar voltado para a empresa e a sociedade. São Paulo: Boitempo, 2002. (Coleção Mundo do Trabalho).

HIRATA, H. O trabalho de cuidado: comparando Brasil, França e Japão. **Sur 24**, v. 13, n. 24, p. 53-64, 2016. Disponível em: <https://sur.conectas.org/wp-content/uploads/2017/02/5-sur-24-por-helena-hirata.pdf>. Acesso em: 16 ago. 2022.

HOBSBAWM, E. **Era dos extremos**: o breve século XX – 1914-1991. São Paulo: Companhia das Letras, 1995.

HOCHSCHILD, A. Global Care Chains and Emotional Surplus Value. In: ENGSTER, D.; METZ, T; (Ed.). **Justice, Politics, and Family**. New York: Routledge, 2014. p. 249-261.

HOOKS, B. **Teoria feminista**: da margem ao centro. São Paulo: Perspectiva, 2019.

IPEA – Instituto de Pesquisa Econômica Aplicada. **Mulheres dedicam muito mais tempo ao trabalho doméstico, mas a diferença cai**. 29 nov. 2018. Disponível em: <https://www.ipea.gov.br/portal/index.php?option=com_content&view=article&id=34450&Itemid=9>. Acesso em: 12 maio 2022.

JANY-CATRICE, F. Economia do cuidado e sociedades do bem viver: revisitar nossos modelos. In: ABREU, A.; HIRATA, H.; LOMBARDI, M. (Org.). **Gênero e trabalho no Brasil e na França**: perspectivas intersecccionais. São Paulo: Boitempo, 2016. p. 267-275.

JUNQUEIRA, R. D. Ideologia de gênero: uma ofensiva reacionária transnacional. **Tempo e Presença Digital**, v. 32, p. 1-22, 2019. Disponível em: <http://www.koinonia.org.br/tpdigital/detalhes.asp?cod_artigo=591&cod_boletim=32&tipo=Artigo>. Acesso em: 15 ago. 2022.

KERGOAT, D. Dinâmica e consubstancialidade das relações sociais. **Novos Estudos**, n. 86, p. 93-103, 2010.

KERGOAT, D. Relações sociais de sexo e divisão sexual do trabalho. In: LOPES, M. et al. (Org.). **Gênero & Saúde**. Porto Alegre: Artes Médicas, 1996. p. 19-26.

KERNER, I. Relations of Difference: Power and Inequality in Intersectional and Postcolonial Feminist Theories. **Current Sociology**, v. 65, n. 6, p. 1-21, 2016.

KONDER, L. **Flora Tristan**: uma vida de mulher, uma paixão socialista. Rio de Janeiro: Relume Dumará, 1994.

KUHN, A.; WOLPE, A. Feminism and Materialism. In: HENESSY, R.; INGRAHAM, C. (Ed.). **Materialist Feminism**: a Reader in Class, Difference, and Women's Lives. London; New York: Routledge, 1997. p. 83-87.

LARAIA, R. B. **Cultura**: um conceito antropológico. Rio de Janeiro: Jorge Zahar, 2001.

LIMA, L.; SOUZA, S. Patriarcado. In: COLLING, A. M.; TEDESCHI, L. (Org.). **Dicionário crítico de gênero**. Dourados: Ed. da UFGD, 2015. p. 215-219.

LIMA, M.; RIOS, F.; FRANÇA, D. Articulando gênero e raça: a participação das mulheres negras no mercado de trabalho (1995-2009). In: MARCONDES, M. M. et al. (Org.). **Dossiê mulheres negras**: retrato das condições de vida das mulheres negras no Brasil. Brasília: Ipea, 2013.

LORDE, A. **Irmã Outsider**. Belo Horizonte: Autêntica, 2019.

LUXTON, M. The UM, Women, and Household Labour: Measuring and Valuing Unpaid Work. **Women's Studies International Forum**, v. 20, n. 3, p. 431-439, 1997.

MANALANSAN, M. F. Queering the Chain of Care Paradigm. **The Scholar and Feminist Online**, n. 6, v. 3, 2008. Disponível em: <https://sfonline.barnard.edu/immigration/print_manalansan.htm>. Acesso em: 22 ago. 2022.

MARX, K. **Introdução à contribuição para a crítica da economia política**. 1859. Disponível em: <https://www.marxists.org/portugues/marx/1859/contcriteconpoli/introducao.htm>. Acesso em: 7 dez. 2021.

MARX, K. **Manuscritos econômico-filosóficos**. São Paulo: Boitempo, 2010.

MARX, K. **O 18 de brumário de Luís Bonaparte**. São Paulo: Boitempo, 2011.

MARX, K. **O capital**: crítica da economia política. 2. ed. São Paulo: Boitempo, 2017. Livro I: o processo de produção do capital.

MARX, K.; ENGELS, F. **A ideologia alemã**. São Paulo: Boitempo, 2007.

MATHIEU, N. Man-Culture and Woman-Nature. **Women's Studies International Quarterly**, v. 1, p. 55-65, 1978.

MATOS, M. Teorias de gênero ou teorias e gênero? Se e como os estudos de gênero e feministas se transformaram em um campo novo para as ciências. **Estudos Feministas**, Florianópolis, v. 16, n. 2, maio/ago. 2008. Disponível em: <https://www.scielo.br/j/ref/a/6Y8dcfxYKPXWmyyZmhF5yph/?format=pdf&lang=pt>. Acesso em: 15 ago. 2022.

MATTOS, M. B.; TERRA, P. C.: Inserindo a precarização e a informalização em um quadro mais amplo. In: MATTOS, M. B.; TERRA, P.; VARELA, R. (Org.). **História das relações de trabalho**: Brasil e Portugal em perspectiva global. Rio de Janeiro: Consequência, 2017.

MCNALLY, D. Intersections and Dialectics: Critical Reconstructions in Social Reproduction Theory. In: BATTHACHARYA, T. (Org.). **Social Reproduction Theory**: Remapping Class, Recentering Oppression. London: Pluto Press, 2017.

MINCER, J.; POLACHEK, S. Family Investments in Human Capital: Earnings of Women. **Journal of Political Economy**, n. 2, p. S76-S108, Mar./Apr. 1974.

MORAES, M. L. Q. Prefácio. In: WOLLSTONECRAFT, M. **Reivindicação dos direitos da mulher**. São Paulo: Boitempo, 2016.

MOTTA, L. E.; SERRA, C. H. A. A ideologia em Althusser e Laclau: diálogos (im)pertinentes. **Revista Sociologia e Política**, v. 22, n. 50, p. 125-147, jun. 2014. Disponível em: <https://revistas.ufpr.br/rsp/article/view/38793/23676>. Acesso em: 16 ago. 2022.

NELSON, J. Gender and Caring. In: FIGART, D.; WARNECKE, T. (Ed.). **Handbook of Research on Gender and Economic Life**. Northampton: Edgar Elgar Publishing, 2013. p. 62-76

NEVES, M. de A. Trabalho e gênero: permanências e desafios **Sociedade e Cultura**, v. 9, n. 2, p. 257-265, 2006. Disponível em: <https://www.revistas.ufg.br/fcs/article/view/483/402>. Acesso em: 22 ago. 2022.

NEVES, M. de A.; PEDROSA, C. M. Gênero, flexibilidade e precarização: o trabalho a domicílio na indústria de confecções. **Sociedade e Estado**, Brasília, v. 22, n. 1, p. 11-34, jan./abr. 2007. Disponível em: <https://www.scielo.br/j/se/a/JcCwKD3qbVW8P87D3vfdbSF/?format=pdf&lang=pt>. Acesso em: 22 ago. 2022.

NOGUEIRA, C. M. **A feminização no mundo do trabalho**: entre a emancipação e a precarização. Campinas: Autores Associados, 2004.

OFFEN, K. Gênero: uma invenção americana? **ArtCultura**, Uberlândia, v. 13, n. 23, p. 57-64, jul./dez. 2011. Disponível em: <https://seer.ufu.br/index.php/artcultura/article/view/15119/8510>. Acesso em: 15 ago. 2022.

OROZCO, A. Del Trabajo Doméstico al Trabajo de Cuidados. In: CARRASCO, C. (Ed.). **Con Voz Propia**: la Economía Feminista Como Apuesta Teórica y Política. Madrid: La Oveja Roja, 2014. p. 49-73.

PADILHA, V. Nojo, humilhação e controle na limpeza de *shopping centers* no Brasil e no Canadá. **Caderno CRH**, Salvador, v. 27, n. 71, p. 329-346, maio/ago. 2014. Disponível em: <https://www.scielo.br/j/ccrh/a/KLNh3RT9YyqLD3gBhqGnsZy/?format=pdf&lang=pt>. Acesso em: 22 ago. 2022.

PASSOS, R. G.; NOGUEIRA, C. M. O fenômeno da terceirização e a divisão sociossexual e racial do trabalho. **Katal**, Florianópolis, v. 21, n. 3, p. 484-503, set./dez. 2018. Disponível em: <https://www.scielo.br/j/rk/a/FZZkz3L9K6YwyxW3jwMGRwr/?lang=pt&format=pdf>. Acesso em: 19 ago. 2022.

PEDRO, J. M. Corpo, prazer e trabalho. In: PINSKY, C. B.; PEDRO, J. M. (Org.). **Nova História das mulheres no Brasil**. São Paulo: Contexto, 2012.

PEDRO, J. M. Relações de gênero como categoria transversal na historiografia contemporânea. **Topoi**, v. 12, n. 22, p. 270-283, jan./jun. 2011. Disponível em: <https://www.scielo.br/j/topoi/a/yy9vP5JS9VSb9MCmrxCWZBG/?format=pdf&lang=pt>. Acesso em: 15 ago. 2022.

PEDRO, J. M.; VEIGA, A. M. Gênero. In: COLLING, A. M.; TEDESCHI, L. (Org.). **Dicionário crítico de gênero**. Dourados: Ed. da UFGD, 2015.

PERROT, M. Práticas da memória feminina. **Revista Brasileira de História**, São Paulo, v. 9, n. 18, p. 9-18, ago./set. 1989.

PICQ, F. The MLF: Run for your Life. In: DUCHEN, C. (Ed.). **French Connections**: Voices from the Women's Movement in France. Amherst: The University of Massachusetts Press, 1987. p. 23-31.

PINSKY, C. B. Estudos de Gênero e História Social. **Estudos Feministas**, Florianópolis v. 17, n. 1, Florianópolis, p. 159-189, jan./abr. 2009. Disponível em: <https://www.scielo.br/j/ref/a/rWNRkfDygZwFKmR3NMDk94S/?format=pdf&lang=pt>. Acesso em: 15 ago. 2022.

PISCITELLI, A. Carinho, limpeza e cuidado: experiências de migrantes brasileiras. In: ABREU, A. R. P.; HIRATA, H.; LOMBARDI, M. R. **Gênero e trabalho no Brasil e na França**: perspectivas interseccionais. São Paulo: Boitempo, 2016.

PISCITELLI, A. Recriando a (categoria) mulher? In: ALGRANTI, L. (Org.). **A prática feminista e o conceito de gênero**. Campinas: IFCH-Unicamp, 2002.

PORTAL GELEDÉS. Disponível em: <https://www.geledes.org.br>. Acesso em: 10 jun. 2022.

RAGO, M. Epistemologia feminista, gênero e história. HOLLANDA, H. B. de. **Pensamento feminista brasileiro**: formação e contexto. Rio de Janeiro: Bazar do Tempo, 2019.

RAZAVI, S. The Political and Social Economy of Care in Development Context: Conceptual Issues, Research Questions and Policy Options. **Programme Paper Number 3**, United Nations Research Institute for Social Development, 2007. Disponível em: <https://repositorio.unal.edu.co/bitstream/handle/unal/47163/The%20Political%20and%20Social%20Economy.pdf?sequence=1&isAllowed=y>. Acesso em: 10 jul. 2022.

RIDENTI, M. 1968: rebeliões e utopias. In: ARÃO, D., FERREIRA, J.; ZENHA, C. (Org.). **O século XX: o tempo das dúvidas** – do declínio das utopias às globalizações. Rio de Janeiro: Civilização Brasileira, 2000. p. 133-159.

ROMIO, J. A. P. A vitimização de mulheres por agressão física, segundo raça/cor no Brasil. In: MARCONDES et al. (Org.). **Dossiê mulheres negras:** retrato das condições de vida das mulheres negras no Brasil. Brasília: Ipea, 2013.

RUBIN, G. A mulher sob o modo de produção capitalista. **Contexto**, São Paulo, n. 1, p. 1-21, 1976.

RUBIN, G. O tráfico de mulheres. In: _____. **Políticas do sexo**. São Paulo: Ubu, 2017a. p. 9-61.

RUBIN, G. Pensando o sexo. In: _____. **Políticas do sexo**. São Paulo: Ubu, 2017b. p. 63-128.

SAFFIOTI, H. **A mulher na sociedade de classes:** mito e realidade. São Paulo: Expressão Popular, 2013.

SAFFIOTI, H. A mulher sob o modo de produção capitalista. **Contexto**, São Paulo, n. 1, p. 1-21, 1976.

SAFFIOTI, H. **Gênero patriarcado violência**. São Paulo: Expressão Popular; Fundação Perseu Abramo, 2015.

SAFFIOTI, H. **O poder do macho**. São Paulo: Moderna, 1987.

SAFFIOTI, H. Primórdios do conceito de gênero. **Cadernos Pagu**, n. 12, p. 157-163, 1999. (Dossiê "Simone de Beauvoir e os feminismos do século XX"). Disponível em: <https://periodicos.sbu.unicamp.br/ojs/index.php/cadpagu/article/view/8634812/2731>. Acesso em: 22 ago. 2022.

SALVINI, L.; SOUZA, J.; MARCHI JÚNIOR, W. A violência simbólica e a dominação masculina no campo esportivo: algumas notas e digressões teóricas. **Revista Brasileira de Educação Física e Esporte**, São Paulo, v. 26, n. 3, p. 401-410, jul./set. 2021. Disponível em: <https://www.scielo.br/j/rbefe/a/syj4xcRN9JQnrSp7F4s6CXS/?lang=pt&format=pdf>. Acesso em: 16 ago. 2022.

SARGENT, L. (Ed.). **Women and Revolution**: a Discussion of the Unhappy Marriage of Marxism and Feminism. Montreal: Black Rose Books, 1981.

SCHWARZER, A. **Simone de Beauvoir Today**: Conversations 1972-1982. London: Chatto & Windus, 1984.

SCOTT, J. Gender: a Useful Category of Historical Analysis. **The American Historical Review**, The University of Chicago Press, v. 91, n. 5, Dec. 1986.

SCOTT, J. Gênero: uma categoria útil para a análise histórica. **Educação e Realidade**, Porto Alegre, v. 2, n. 16, p. 5-22, jul./dez. 1990. Disponível em: <https://edisciplinas.usp.br/pluginfile.php/185058/mod_resource/content/2/G%C3%AAnero-Joan%20Scott.pdf>. Acesso em: 15 ago. 2022.

SCOTT, J. História das mulheres. In: BURKE, P. (Org.). **A escrita da história**: novas perspectivas. São Paulo: Ed. da Unesp, 2011. p. 63-95.

SCOTT, J. W. Os usos e abusos do gênero. **Projeto História**, São Paulo, n. 45, p. 327-351, dez. 2012. Disponível em: <https://revistas.pucsp.br/index.php/revph/article/view/15018/11212>. Acesso em: 15 ago. 2022.

SILVA, D. J. Alexandra Kollontai: entre feminismo e socialismo. **História e Luta de Classes**, n. 23, p. 57-71, mar. 2017. Disponível em: <https://dev.historiaelutadeclasses.com.br/upload/arquivo/2018/03/e2757e795968716a4102ea048f0ff06a087efef0>. Acesso em: 16 ago. 2022.

SMITH, B. G. **Gênero e história**: homens, mulheres e a prática histórica. Tradução de Flávia Beatriz Rossler. Bauru: Edusc, 2003.

SOIHET, R. A conquista do espaço público. In: PINSKY, C. B.; PEDRO, J. M. (Org.). **Nova História das mulheres no Brasil**. São Paulo: Contexto, 2012. p. 218-237.

SOIHET, R.; PEDRO, J. M. A emergência da pesquisa da história das mulheres e das relações de gênero. **Revista Brasileira de História**, São Paulo, v. 27, n. 54, p. 281-300, 2007. Disponível em: <https://www.scielo.br/j/rbh/a/QQh4kZdCDdnQZjv6rqJdWCc/?format=pdf&lang=pt>. Acesso em: 12 ago. 2022.

SOIHET, R.; SOARES, R. M. A.; COSTA, S. G. História das mulheres: cultura e poder das mulheres – ensaios de historiografia. **Gênero**, Niterói, v. 2, n. 1, p. 7-30, 2001. Disponível em: <https://periodicos.uff.br/revistagenero/article/view/30986/18075>. Acesso em: 12 ago. 2022.

SOUZA-LOBO, E. **A classe operária tem dois sexos**: trabalho, dominação e resistência. São Paulo: Fundação Perseu Abramo; Expressão Popular, 2021.

STOLKE, V. La Mujer es Puro Cuento: la Cultura del Género. **Estudos Feministas**, Florianópolis, v. 12, n. 2, p. 77-105, maio/ago. 2004. Disponível em: <https://www.scielo.br/j/ref/a/Y34wfFVpkt3B64sjBwYGYNS/?format=pdf&lang=es>. Acesso em: 15 ago. 2022.

THÉBAUD, F. Políticas de gênero nas Ciências Humanas: o exemplo da disciplina histórica na França. **Espaço Plural**, ano X, n. 21, p. 33-42, 2009. Disponível em: <https://e-revista.unioeste.br/index.php/espacoplural/article/view/3551/2821>. Acesso em: 15 ago. 2022.

THOMPSON, E.P. **A miséria da teoria ou um planetário de erros**: uma crítica ao pensamento de Althusser. Rio de Janeiro: Zahar, 1981.

TILLY, L. A. Gênero, história das mulheres e história social. **Cadernos Pagu**, v. 3, p. 29-62, 1994. Disponível em: <https://periodicos.sbu.unicamp.br/ojs/index.php/cadpagu/article/view/1722/1706>. Acesso em: 22 ago. 2022.

TRUTH, S. **E não sou uma mulher?** Tradução de Osmundo Pinho. 2014. Disponível em: <https://www.geledes.org.br/e-nao-sou-uma-mulher-sojourner-truth>. Acesso em: 18 ago. 2022.

VARIKAS, E. **Pensar o sexo e o gênero**. Campinas: Ed. da Unicamp, 2016.

VASQUINHAS, I. História das mulheres. In: COLLING, A. M.; TEDESCHI, L. (Org.). **Dicionário crítico de gênero**. Dourados: Ed. da UFGD, 2015.

VINUTO, J. "Tudo é questão de postura": o trabalho emocional realizado por agentes socioeducativos em centros de internação do Rio de Janeiro. **Cadernos Pagu**, n. 61, p. 1-16, 2021. Disponível em: <https://www.scielo.br/j/cpa/a/tvMjjvPPcbCwgMDXJRysTtN/?format=pdf&lang=pt>. Acesso em: 22 ago. 2022.

VOGEL, L. **Marxism and the Oppression of Women:** Toward a Unitary Theory. Chicago: Haymarket Books, 2013.

WEST, E. Reflections on the 'History and Historians' of the black woman's role in the community of slaves: enslaved women and intimate partner sexual violence. **American Nineteenth Century History,** v. 19, n. 1, p. 1-22, 2018.

WIKIFAVELAS. **Campanha Jovem Negro Vivo.** Disponível em: <https://wikifavelas.com.br/index.php?title=Campanha_Jovem_Negro_Vivo>. Acesso em: 19 ago. 2022.

WITTIG, M. Não se nasce mulher. In: HOLLANDA, H. B. de (Org.). **Pensamento feminista:** conceitos fundamentais. Rio de Janeiro: Bazar do Tempo, 2019. p. 83-92.

WOLLSTONECRAFT, M. **Reivindicação dos direitos da mulher.** São Paulo: Boitempo, 2016.

YOUNG, I. Beyond the Unhappy Marriage: a Critique of the Dual Systems Theory. In: SARGENT, L. (Ed.). **Women and Revolution:** a Discussion of the Unhappy Marriage of Marxism and Feminism. Montreal: Black Rose Books, 1981.

Bibliografia comentada

ABREU, A. R. P.; HIRATA, H.; LOMBARDI, M. R. (Org.). **Gênero e trabalho no Brasil e na França:** perspectivas interseccionais. São Paulo: Boitempo, 2016.

Esse livro é fruto de um colóquio internacional que reuniu pesquisadoras e pesquisadores franceses e brasileiros sob o título *Trabalho, cuidado e políticas sociais: Brasil e França em debate*. Os artigos nele reunidos possibilitam uma comparação analítica da realidade desses dois países, principalmente no que diz respeito a temas ligados ao trabalho feminino. O conceito de divisão sexual do trabalho é um fio condutor da obra, que trata de questões como o acesso de mulheres a novas áreas de trabalho e à educação, o trabalho de cuidado e a articulação entre as relações sociais de classe, raça e sexo/gênero.

ARRUZZA, C. **Ligações perigosas:** casamentos e divórcios entre marxismo e feminismo. São Paulo: Usina, 2019.

Essa obra explora a relação histórica e teórica entre feminismo e marxismo, bem como entre gênero e classe. A filósofa Cinzia

Arruzza, um dos nomes mais importantes do campo da teoria da reprodução social na atualidade, analisa os momentos em que historicamente as lutas das mulheres e aquela contra o capitalismo se aproximaram e fundiram, bem como as situações em que essas lutas se afastaram e contrapuseram. Ela oferece, ainda, uma análise bastante completa das formas como a relação entre gênero e classe foi tratada, apresentando uma abordagem histórica crítica do feminismo marxista e apontando caminhos para construções futuras.

CONNELL, R.; PEARSE, R. **Gênero**: uma perspectiva global. São Paulo: nVersos, 2015.

Essa obra consiste em uma síntese bastante completa das concepções do conceito de gênero e das formas como o gênero opera em diferentes sociedades. A renomada socióloga Raewyn Connell e Rebecca Pearse fazem uma abordagem da questão que mapeia a história do conceito de gênero e incorpora as contribuições do chamado *sul global*, buscando superar a tradicional visão sobre o tema limitada aos países centrais.

DAVIS, A. **Mulheres, raça e classe**. São Paulo: Boitempo, 2016.

Originalmente publicado em 1981, esse trabalho de Davis é um clássico do feminismo, particularmente daquelas correntes preocupadas com uma abordagem interseccional de gênero, raça e classe. Trata-se de uma obra de cunho histórico e sociológico com base na qual discussões fundamentais sobre intervenção política podem ser construídas. Davis aborda a realidade estadunidense desde a escravidão, passando pelos movimentos sufragista, abolicionista, comunista e outras formas organizativas, culminando com uma discussão sobre o trabalho doméstico que dialoga com a realidade na qual a obra foi produzida.

GONZALEZ, L. **Por um feminismo afro-latino-americano:** ensaios, intervenções e diálogos. Rio de Janeiro: Zahar, 2020.

Essa obra reúne ensaios acadêmicos, textos de intervenção política e entrevistas em que a grande intelectual negra brasileira Lélia Gonzalez tece suas considerações e análises sobre temas que vão desde a formação do capitalismo brasileiro até a importância de uma construção transnacional para o feminismo negro latino-americano. Leitura fundamental para aprofundar a compreensão sobre a sociedade brasileira em seus aspectos contraditórios e conhecer os diferentes momentos do desenvolvimento do pensamento de Lélia Gonzalez, cujas influências incluem o marxismo, a psicanálise lacaniana e o panafricanismo.

HIRATA, H. et al. (Org.). **Dicionário crítico do feminismo.** São Paulo: Edit. da Unesp, 2009.

Esse dicionário crítico, publicado pela primeira vez na França em 2000, compila vários conceitos e temas caros à teoria feminista, particularmente ao feminismo materialista francês. A organizadora da obra é Helena Hirata, socióloga brasileira radicada na França. Embora o dicionário seja marcado pelo contexto nacional e europeu em que foi produzido, as discussões apresentadas nele são mundialmente influentes, aplicando-se também ao Brasil. Verbetes como *Divisão sexual do trabalho e relações sociais de sexo*, *Patriarcado (teorias do)* e *Trabalho doméstico* dialogam e aprofundam as discussões presentes nesse livro.

RUBIN, G. **Políticas do sexo**. São Paulo: Ubu, 2017.

Esse livro reúne dois ensaios da antropóloga Gayle Rubin, uma das construtoras do conceito de gênero nas ciências humanas. Em *O tráfico de mulheres*, de 1975, Rubin descreveu seu sistema sexo/gênero (Rubin, 2017a), que influenciaria a escrita de Joan Scott, outra leitura essencial dos estudos de gênero. Em *Pensando o sexo*, de 1984, Rubin revisou o tratamento que havia dado à questão da sexualidade no trabalho de 1975 e descreveu o "sistema de estigmatização erótica" (Rubin, 2017b), que teria influência sobre *Problemas de gênero*, de Judith Butler, em 1990 (Butler, 2020).

SAFFIOTI, H. **Gênero patriarcado violência**. São Paulo: Expressão Popular; Fundação Perseu Abramo, 2015.

Nesse escrito, Heleieth Saffioti parte do tema da violência contra as mulheres no Brasil na virada dos anos 1990 para os 2000 para apresentar aspectos fundamentais de seu aparato teórico sobre o que ela chama de *patriarcado-racismo-capitalismo*. A obra é uma leitura-chave para um panorama geral sobre a perspectiva feminista de Saffioti em uma época em que diversas de suas ideias iniciais já haviam se desenvolvido e transformado. Ela apresenta aqui o importante conceito de nó, com base no qual explica as relações entre gênero, raça e classe.

Bárbara Araújo Machado | Camila Fernandes Pinheiro

Respostas

Capítulo 1

Atividades de autoavaliação
1. a
2. e
3. a
4. e
5. c

Atividades de aprendizagem

Questões para reflexão
1. Pode ser citada uma variedade de exemplos, a depender da experiência do(a) leitor(a), como habilidades ligadas ao cuidado, como cozinhar e cuidar de bonecas voltadas para meninas, e aquelas ligadas a práticas de atividades físicas que incluam competitividade, jogos de tabuleiro ou jogos eletrônicos voltadas para meninos. Com relação às profissões, o(a) leitor(a) pode identificar áreas nas quais os signos

de feminilidade e masculinidade são construídos e reforçados, como o maior contingente feminino no ensino básico.

2. O(A) leitor(a) pode citar as modificações relativas a acesso a direitos políticos, escolarização, mercado de trabalho, direitos sexuais e reprodutivos, direito de constituir patrimônio, divórcio ou qualquer outra demanda desses movimentos. Pode escolher, por exemplo, o grupo de colegas da faculdade e identificar os impactos da escolarização na vida dessas pessoas. O grupo eleito também pode variar de acordo com as vivências do(a) leitor(a) que está produzindo a reflexão.

Atividade aplicada: prática

1. A coluna da direita pode variar em relação ao *status*, a depender da região onde o(a) leitor(a) vive. A ideia é que fique evidente a necessidade de continuidade desse movimento social, uma vez que suas pautas seguem atuais.

Reivindicações	Status no século XXI
Fim da violência doméstica contra a mulher	não conquistada
Valorização do trabalho doméstico	não conquistada
Ampliação do acesso à educação formal	parcialmente conquistada
Creches	parcialmente conquistada
Licença-maternidade	parcialmente conquistada
Direitos reprodutivos (contracepção)	parcialmente conquistada
Direitos reprodutivos (aborto seguro)	não conquistada
Direitos reprodutivos (fim da esterilização de mulheres negras e pobres)	parcialmente conquistada
Fim dos assédios e estupros	não conquistada
Anticolonialismo	conquistada
Luta antirracista	não conquistada

Capítulo 2
Atividades de autoavaliação
1. e
2. c
3. e
4. b
5. a

Atividades de aprendizagem

Questões para reflexão
1. Para responder, o(a) leitor(a) tem de relacionar suas experiências pessoais com as discussões sobre gênero e trabalho desenvolvidas no capítulo.
2. Para responder, o(a) leitor(a) deve articular a questão racial com reflexões feitas na questão anterior.

Atividade aplicada: prática
1. A pesquisa deve indicar desigualdades significativas de acordo com as diferentes formas de desigualdade social apontadas. Essas desigualdades podem ser avaliadas à luz das reflexões propostas no capítulo.

Capítulo 3

Atividades de autoavaliação
1. c
2. b
3. a
4. b
5. e

Atividades de aprendizagem

Questões para reflexão
1. Para responder, o(a) leitor(a) tem de refletir sobre o predomínio dos homens na política, tendo em vista cargos eletivos ou não, e em outras instituições de poder, como as militares, religiosas e de saber, entre elas as universidades. Pode-se fazer uma

reflexão sobre o aumento da participação feminina em universidades, embora historicamente elas tenham sido reservadas aos homens.
2. A resposta deve apresentar dados sobre ocupação de cargos eletivos em um espaço geográfico de escolha do(a) leitor(a), como a legislatura do município onde reside.

Atividade aplicada: prática
1. A resposta deve apresentar dados sobre o partido político escolhido. Muito provavelmente o(a) leitor(a) identificará que, embora cumpram formalmente as determinações legais relativas às candidaturas femininas, as verbas destinadas são menores. Poderá aparecer a conclusão de que as mudanças formais não garantem condições materiais e simbólicas no combate à desigualdade de gênero na política.

Capítulo 4
Atividades de autoavaliação
1. b
2. c
3. a
4. c
5. a

Atividades de aprendizagem

Questões para reflexão
1. Para responder, o(a) leitor(a) precisa indicar a presença ou ausência de mulheres negras como intelectuais produtoras de conteúdo escrito, literário ou acadêmico, conhecidas e lidas por

ele(a). O objetivo é gerar uma reflexão sobre os motivos dessa ausência ou presença.
2. O(a) leitor(a) tem de demonstrar uma ausência ou presença comparativa de historiadoras e acadêmicas negras no ambiente universitário frequentado por ele(a), com o intuito de refletir sobre esse dado.

Atividade aplicada: prática
1. A depender do capítulo escolhido, o resultado obtido será diferente. O importante é destacar pontos relevantes, articulando-os com os conteúdos discutidos ao longo deste livro.

Capítulo 5

Atividades de autoavaliação
1. c
2. e
3. e
4. e
5. c

Atividades de aprendizagem

Questões para reflexão
1. Para responder, o(a) leitor(a) deve indicar como a ideia de miscigenação aparece no senso comum sobre a realidade brasileira assumindo diferentes facetas; uma delas considera que a miscigenação resultaria em uma impossibilidade de existência de racismo no Brasil diante da "mistura" racial.
2. Para responder, o(a) leitor(a) tem de abordar as raízes históricas do discurso sobre a miscigenação, que retrata uma relação

harmônica entre os homens brancos e as mulheres negras e indígenas, escondendo a violência presente em tais relações.

Atividade aplicada: prática

1. A canção *Canto das Três Raças* é comumente considerada uma canção progressista, mas aponta uma visão idealizada da miscigenação presente na história da sociedade brasileira. Ela deixa, por exemplo, de problematizar a composição de classe e racial da Inconfidência Mineira, dando a entender que sua luta era equivalente às lutas dos povos indígenas e da população negra. É possível problematizar como isso aparece na canção valendo-se das discussões elaboradas ao longo do capítulo.

Capítulo 6

Atividades de autoavaliação

1. c
2. e
3. e
4. e
5. d

Atividades de aprendizagem

Questões para reflexão

1. Para responder, o(a) leitor(a) tem de comentar sobre a relação entre a perda de direitos gerada pelo neoliberalismo e o trabalho precarizado das babás e cuidadoras. O ideal é que se conclua que as babás precisam contratar outras mulheres em situações de trabalho mais precárias do que as delas ou contar com a disponibilidade desse cuidado dentro das famílias. Para isso, é necessário haver alguém na família com disponibilidade

de tempo, e alguma renda, e que possa desempenhar esse trabalho, o que tem sido mais difícil sob os ditames neoliberais.
2. Os serviços oferecidos pelo Estado têm sido minorados, o que dificulta o acesso a creches e ao atendimento de saúde, por exemplo.

Atividade aplicada: prática
1. A síntese de um dos capítulos, que refletem sobre os estímulos à maternidade, a relação de cuidados implicada nela e a desigualdade na oferta desses cuidados, deve ser articulada à noção de trabalho de cuidados, da Seção 6.2, e à reflexão sobre trabalho emocional, da Seção 6.3.

Sobre as autoras

Bárbara Araújo Machado é doutora, mestre e graduada em História pela Universidade Federal Fluminense (UFF). Trabalha como professora adjunta no Instituto de Aplicação da Universidade do Estado do Rio de Janeiro (UERJ). No doutorado, pesquisou o movimento de mulheres negras no Brasil e, no mestrado, a trajetória e a obra da escritora Conceição Evaristo. Tem como principais temas de pesquisa relações de gênero e feminismo, relações raciais e diáspora africana, movimentos sociais, teoria social e educação. Publicou *Clássicos da História: Edward Palmer Thompson* (2020), pela Editora InterSaberes.

Camila Fernandes Pinheiro é doutoranda, mestre e graduada em História pela Universidade Federal Fluminense (UFF). Atua como professora na rede municipal em Cachoeiras de Macacu e Guapimirim, no Estado do Rio de Janeiro. Sua pesquisa de mestrado abordou a economia doméstica e a extensão rural como formas de controle do trabalho feminino no campo brasileiro. Integra o Núcleo de Pesquisas sobre Estado e Poder no Brasil, da UFF, e atua na área de história do Brasil republicano, com ênfase em história agrária e relações de gênero no campo.

Os papéis utilizados neste livro, certificados por instituições ambientais competentes, são recicláveis, provenientes de fontes renováveis e, portanto, um meio responsável e natural de informação e conhecimento.

FSC
www.fsc.org
MISTO
Papel produzido a partir de fontes responsáveis
FSC® C103535

Impressão: Reproset
Maio/2023